METRO
POLITAN

Vertriebscoaching

Wir freuen uns über Ihr Interesse an diesem Buch. Gerne stellen wir Ihnen kostenlos zusätzliche Informationen zu diesem Titel oder Programmsegment zur Verfügung. Bitte sprechen Sie uns an:

E-mail: metropolitan@walhalla.de
http://www.metropolitan.de

Metropolitan Verlag, Uhlandstraße 44, 40237 Düsseldorf,
Telefon: 02 11 / 6 80 42 13, Telefax: 02 11 / 6 80 20 82

Hermann Koch
Ralf Hilgenstock
Hartmut Bröckmann

Vertriebscoaching

Markterfolg im Team

Metropolitan Verlag
Regensburg · Düsseldorf

Die Deutsche Bibliothek – CIP-Einheitsaufnahme

Koch, Hermann:
Vertriebscoaching : Markterfolg im Team / Hermann Koch;
Ralf Hilgenstock ; Hartmut Bröckmann. - Düsseldorf ;
Regensburg : Metropolitan-Verl., 1998
ISBN 3-89623-125-1

Zitiervorschlag:
H. Koch/R. Hilgenstock/H. Bröckmann:
Vertriebscoaching. Markterfolg im Team
Regensburg/Düsseldorf 1998

Umschlaggestaltung: Gruber + König, Augsburg
Printed in Germany
ISBN 3-89623-125-1

Schnellübersicht

Vorwort: Steigen Sie ein!

»Haben Sie Lust darauf, innerhalb eines Jahres Ihre Umsätze um mindestens 50 Prozent zu steigern?« lautete die provokative Ausgangsfrage, mit der unser Projekt vor drei Jahren begann. Verkäufer einer großen deutschen Versicherungsgesellschaft wurden von uns eingeladen, im Rahmen eines Pilotprojekts »*Strategisches ErfolgsCoaching* SECO®« systematisch, elegant und lustvoll ihre persönlichen Erfolgsziele zu verwirklichen.

Voraussetzung war der Besuch eines (zu bezahlenden) Auswahlseminars und die Verpflichtung zur regelmäßigen Teilnahme an einer Coachinggruppe. Obwohl ein ähnliches, aber kostenloses Fortbildungsangebot der Versicherungsgesellschaft zur Verfügung stand, meldeten sich mehr Verkäufer als wir annehmen konnten. Die Maßnahme wurde ein durchschlagender Erfolg.

Am Anfang wurden die externen Coachs von den internen Führungskräften mißtrauisch beäugt: »Wieso bilden die sich denn ein, in einem Jahr Ziele zu erreichen, die wir in jahrelanger Arbeit nicht geschafft haben?«, oder »Wenn die das erreichen, was sie angekündigt haben, dann sieht das bei unserem Vorstand so aus, als ob wir völlig überflüssig wären« waren Kommentare, die mehr oder minder versteckt geäußert wurden.

Wir haben diese Äußerungen sofort sehr ernst genommen und soweit wie möglich mit offenen Karten gespielt. In mehreren Gesprächsrunden haben wir den Führungskräften unsere Vorgehensweisen erklärt und auch unsere Coachingpartner, die Verkäufer, zu kooperativem und offenem Verhalten gegenüber der Vertriebsführung motiviert. Gewinner-Gewinner-Spiele sind unsere Welt.

Die Folge: Wir konnten weitergehenden Nutzen stiften. Aus internen Führungskräften wurden ErfolgsCoachs der Verkäufer, die unsere Arbeit fortsetzen. Neue Wege des Zusammenspiels, der hierarchieübergreifenden Teamarbeit wurden erschlossen. Regionale Vertriebsorganisationen entwickelten gemeinsame Visionen und Zielperspektiven, die die vorgegebenen Unternehmensziele zur

Grundlage haben, aber in ihrer Konkretisierung weit darüber hinaus gehen. Führungskräfte, die sich vormals eher als Konkurrenten gebärdeten, haben heute Freude daran, sich gegenseitig zu unterstützen und die Firma gemeinsam nach vorne zu bringen.

Coaching schafft vielfältigen Nutzen: Das Unternehmen erobert ungeahnte Marktanteile, die Führungskräfte erledigen begeistert ihre Arbeit, die Verkäufer realisieren anspruchsvolle Ziele und schaffen treue und zufriedene Kunden. Coaching ist *das* kooperative Führungskonzept der Zukunft!

Im *ersten Abschnitt* zeigen wir, welchen Schaden traditionelle Führungsstrategien anrichten können, wie demotivierend »Zuckerbrot und Peitsche« für eine Vertriebsmannschaft sind. Wir erläutern danach, wie sich der Verkäufer von morgen konsequent am Kundennutzen orientiert und dadurch selbst in hart umkämpften Märkten außerordentliche Erfolge erzielt.

Im *zweiten Abschnitt* verdeutlichen wir, daß Coaching ein erfolgreicher Weg im Vertrieb ist, der die Verkäufer fordert und Kundennutzen schafft.

Wissen alleine reicht nicht aus, es muß in konsequentes Handeln umgesetzt werden. Der größte Teil des Buches ist daher der praktischen Umsetzung gewidmet. Im *dritten Kapitel* setzen Sie sich mit dem Weg zum Coach auseinander. Sie erfahren mehr über die Qualitäten und Bedeutung der eigenen und fremden Emotionalitäten, Kernfähigkeiten des Coachs und die verschiedenen Verhaltensstile, mit denen er sich auseinandersetzen muß.

Das *vierte Kapitel* vermittelt Ihnen ein Bild vom Coachingprozeß mit all seinen Stufen und gibt einen ersten Eindruck von den Instrumenten des Coachs. Im *fünften Kapitel* erfahren Sie alles über die wichtigsten Hilfsmittel für den Coach und erhalten detaillierte Anleitungen für den praktischen Einsatz.

Ob Sie selbst als Verkäufer, Trainer, Führungskraft oder Vertriebsvorstand tätig sind, ist gleichgültig. Sie werden aus diesem Buch einen enormen Nutzen ziehen, wenn sie die hier beschriebenen

Strategien konsequent in Ihrem Alltag anwenden. Bitte teilen Sie uns Ihre Erfahrungen mit, wir freuen uns, wenn wir erfahren, welche Erfolgsziele Sie realisiert haben und helfen Ihnen gerne weiter, wenn sich Probleme oder Engpässe einstellen. Unsere Adressen finden Sie auf den Seiten 248 f.

Noch eine letzte Anmerkung: Im Vertrieb arbeiten Männer und Frauen. Führungskräfte sind sowohl Frauen als auch Männer. Nur, wie drückt unsere Sprache dies aus? In der ersten Textfassung haben wir verschiedene Sprachformen genutzt, um die gemeinten Personen zu benennen. So hieß es dann in unseren Textentwürfen:

- Verkäufer und Verkäuferinnen

- Verkäufer/innen

- VerkäuferInnen.

Die deutsche Sprache verwendet in vielen Situationen das gleiche Wort, um einerseits Männer zu bezeichnen oder Männer und Frauen zugleich anzusprechen. (Nicht nur) viele Frauen kritisieren diesen ungenauen Sprachgebrauch. Auch wir sind mit keiner der verschiedenen Sprachformen ganz zufrieden. Wir haben uns für dieses Buch letztlich dazu entschlossen, die herkömmliche Schreibweise zu verwenden. Gemeint sind immer zugleich die Frauen *und* auch die Männer.

Mit Zuckerbrot und Peitsche: Herkömmliche Führungsstrategien

1

Führungsstrategien

1. Umsatzsteigerung durch Incentives?

In der Ontologia-Versicherung ist der Teufel los. Erst kürzlich hat man mit der Pfefferminzia Assekuranz fusioniert. Jetzt werden Verwaltungsbereiche zusammengelegt, Geschäftsstellen aufgelöst und Arbeitsplätze abgebaut. Man will auch bei wachsender Konkurrenz im globalisierten, deregulierten Versicherungsmarkt weiterhin wettbewerbsfähig bleiben.

Kostendruck als Unruhefaktor im Unternehmen

Die Kosten sollen gesenkt werden – koste es, was es wolle. Gleichzeitig bemüht man sich jedoch auch, die bestehenden Marktanteile zu halten, oder besser noch, sie auszubauen. Man will im Wettbewerb nicht nur bestehen, sondern möglichst gut dastehen.

Der Druck wird nach unten weitergegeben, denn die Vertriebsführung steht unter Druck. Die Umsätze sollen erhöht werden – aber jede Monatsstatistik zeigt sinkende Tendenzen. Die Vertriebschefs aus den Regionen werden in letzter Zeit häufiger in die Zentrale zitiert (»Als wenn wir draußen nichts zu tun hätten«, stöhnen sie vor jeder Reise).

Klare, deutliche und immer härter werdende Worte klingen allen Beteiligten ständig in den Ohren. »Die gegenwärtigen Verkaufsergebnisse können in der Zentrale so einfach nicht mehr länger hingenommen werden.« Die regional tätigen Vertriebschefs nehmen die harten Worte mit in ihre Bezirke und geben sie so oder ähnlich an ihre Führungsmannschaft vor Ort weiter. Der wachsende Druck wird nach unten durchgereicht.

Vertreter als selbständige Unternehmer

Vertreter sind meist selbständig. Auch die unterste Führungsebene würde sich gern in ähnlicher Art entlasten – aber die Menschen, die sie führen soll, stehen in einem anderen Rechtsverhältnis zu dem Versicherungsunternehmen, bei dem diese »Führungskräfte« angestellt sind. Die Verkäufer sind freie Handelsvertreter, also selbständige Unternehmer, die in eigener Regie die Produkte der Versicherungsgesellschaft auf dem Markt vertreten. Sie sind nur in einem sehr eingeschränkten Maße für Vertriebs- und Führungsdruck zugänglich.

Nur die ganz schwachen Verkäufer (die, die eigentlich meinen, daß sie für diese Tätigkeit nicht geeignet sind, aber Angst davor haben, daß das jemand in der Vertriebsleitung entdeckt) lassen sich durch Vorwürfe und Druck der Führungskräfte beeindrucken.

Führungsdruck, den man nicht los wird, nimmt man meist mit nach Hause, oder er vergräbt sich in den Magenschleimhäuten. Gerade in den letzten Jahren sind uns in vielen Vertriebsorganisationen immer häufiger ausgebrannte und frustrierte Führungskräfte begegnet, die in ihrer Situation immer weniger Handlungsmöglichkeiten sehen und »innerlich gekündigt« haben.

Die Verkäufer, als letztes Glied der Vertriebskette, *müssen* sich gegen »Druck von oben« wehren, wenn sie im Markt erfolgreich agieren wollen; denn sie *können* ihn nicht mehr weitergeben. Die Verkäufer haben mit realen (und nicht nur mit unternehmensinternen) Kunden zu tun – und welcher Kunde läßt sich heute noch von einem Verkäufer unter Druck setzen?

Gerade die Versicherungskunden sind in den letzten Jahren besonders kritisch und anspruchsvoll geworden. Lange genug wurden sie von »Drückerkolonnen« unseriöser Strukturvertriebe gehetzt, gejagt und an der Nase herumgeführt. Hochseriöse Vertriebsvorstände angesehener Versicherungsgesellschaften haben es zugelassen und gefördert, daß fadenscheinige Geschäftemacher ihnen die Umsatzzahlen aufpolierten.

Kunden werden immer kritischer

»Struckis« – schnell ausgebildete und mit der Aussicht auf den eigenen Porsche geköderte junge Leute, die meist nichts anderes zustande brachten, als ihrer Verwandtschaft ein paar überflüssige Versicherungen aufzuschwatzen, haben den Ruf eines ganzen, volkswirtschaftlich immer wichtiger werdenden Berufsstandes ruiniert. »Versicherungsvertreter« ist heute ein in den Medien immer häufiger genutztes Schimpfwort geworden.

Sicher, die Situation im hart umkämpften Markt der Finanzdienstleistungen ist besonders extrem: 40 Prozent des Neugeschäfts, so schätzt Dr. Thomas List, Chefredakteur des »Versicherungskaufmann«, sind abgeworbenes Geschäft. Aber auch dort, wo es noch nicht so hoch hergeht, wo noch nicht mit ganz so harten Bandagen gekämpft wird, stehen die Vertriebsmannschaften unter einem enormen, ständig wachsenden Druck.

Druck als Führungs- instrument Nummer Eins

Die durchaus richtigen Einsichten, daß Verkaufen wie Liebe sei, daß Verkaufserfolge von guten zwischenmenschlichen Beziehungen abhängig seien, werden zwar von immer mehr Verkäufern ernst genommen und in praktisches Handeln umgesetzt; sie finden jedoch noch viel zu selten die nötige Resonanz in der rauhen Wirklichkeit der real existierenden Vertriebsorganisationen. Dort ist nach wie vor der Druck von oben nach unten das Führungsinstrument Nummer eins.

Daneben und oft gleichzeitig werden jedoch auch positivere Führungsmittel eingesetzt. Da ist zunächst einmal die umsatzabhängige Bezahlung zu erwähnen. Der freie Handelsvertreter ist schließlich selbständig. Er kann sein Einkommen durch mehr oder weniger aktives und effektives verkäuferisches Handeln beeinflussen. Aber auch der angestellte Verkäufer wird umsatzabhängig entlohnt. Sein Festgehalt ist meist so spärlich bemessen, daß auch er tüchtig verkaufen muß, wenn er eine angemessene Bezahlung für seine anspruchsvolle Tätigkeit erreichen will.

Verkaufswett- bewerbe werden geplant

Das allein reicht jedoch den Vertriebschefs nicht. Sie wollen die Aktivitäten der faktisch selbständigen und eigenverantwortlich tätigen Verkäufer noch genauer steuern. Ein wesentliches Instrument, die Verkäufer dazu zu bewegen, das zu tun, was die Vertriebsführung sich wünscht, sind die einerseits heißgeliebten und andererseits auch kühl verachteten Verkaufswettbewerbe.

Sie werden beispielsweise ausgeschrieben, wenn es irgendwo mit dem Umsatz klemmt oder wenn der Verkauf eines bestimmten Produkts besonders gefördert werden soll. Verkäufer oder Vertriebseinheiten, die das durch den Wettbewerb geförderte Produkt in dem durch die Wettbewerbsbedingungen geforderten Umfang verkaufen, erhalten zu ihrer Provision noch eine attraktive Zusatzprämie. Reisen in ferne Länder, Fernsehgeräte, Videokameras oder

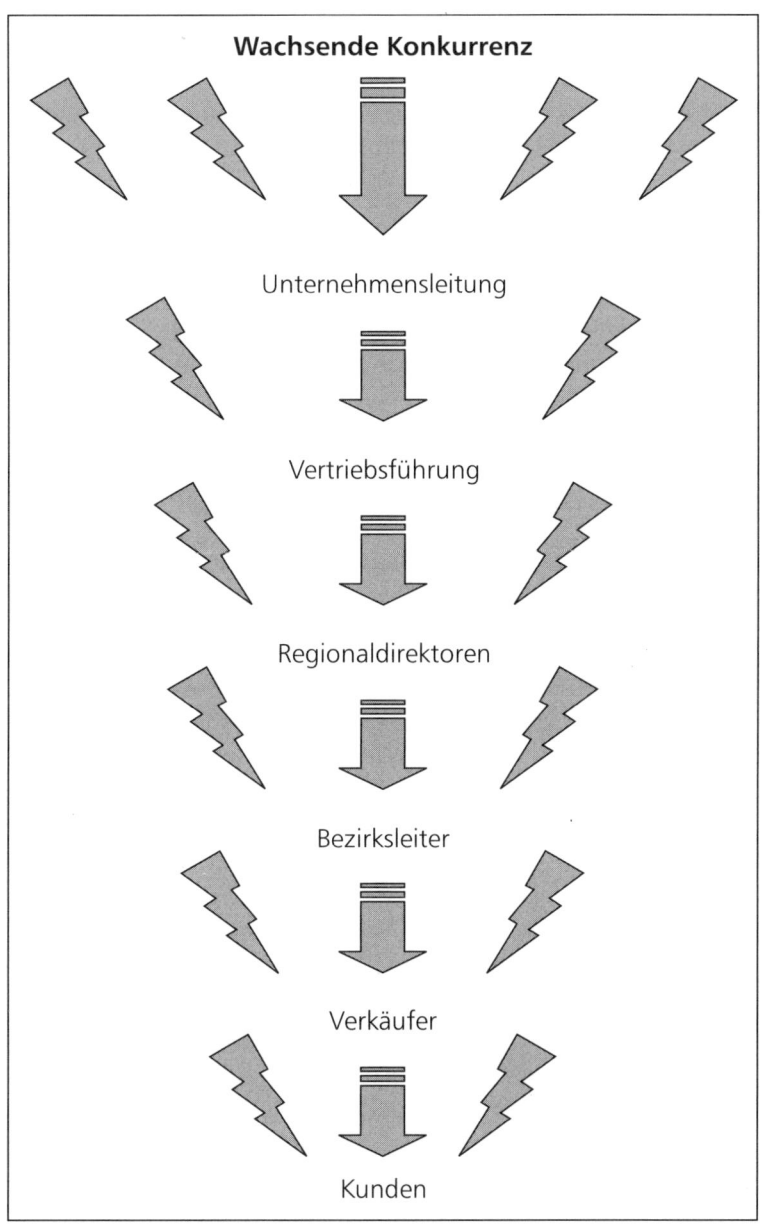

goldene Füllfederhalter und viele andere Preise können von den Siegern gewonnen werden.

Jeder weiß, daß gerade die guten Verkäufer immer wieder die attraktivsten Wettbewerbe gewinnen. Es ist bekannt, daß clevere Verkäufer Umsätze untereinander hin und her verschieben – streng nach dem Motto: »Hilfst du mir, die Japanreise zu gewinnen, helfe ich Dir, die Chinareise abzustauben. – Man gönnt sich ja sonst nichts.«

Sicher weiß man, daß ständige materielle Anreize kontinuierlich an Attraktivität verlieren und folglich immer wieder durch größere ersetzt werden müssen. In vielen Vertriebs-Chefetagen hat sich zwischenzeitlich auch herumgesprochen, daß ständige materielle Anreize die Verkäufer dazu erziehen, nur noch auf ihren Profit zu schielen, nur noch dann Vollgas zu fahren, wenn eine entsprechende Prämie winkt.

Incentives sind Instrumente des Selbstbetrugs

Incentives suggerieren – stärker noch als Druck und Drohungen – den Anschein der Einflußmöglichkeiten der Führungskräfte im Vertrieb. Man kann als Vertriebschef nachweisen, daß man etwas unternommen hat, um die Umsätze wieder einmal positiv zu beeinflussen (Es spielt im Moment keine Rolle, daß später dann die Kurve wahrscheinlich auch wieder nach unten geht). Incentives und Wettbewerbe sind Instrumente des Selbstbetrugs, auf die kaum ein Vertriebschef verzichten will:

- Weil alle Verkaufsorganisationen diese Instrumente nutzen.

- Weil die anderen Vorstandsmitglieder sonst merken könnten, wie hilflos ein Vertriebsvorstand den naturbedingten Umsatzschwankungen an der Verkaufsfront ausgeliefert ist.

Fazit: Vertriebsführungen geraten bei wachsender Konkurrenz in gesättigten Märkten zwangsläufig unter Druck. Dieser zwingt sie zum Handeln. Die Vertriebsführung muß den Nachweis erbringen, daß sie etwas tut. Die gängigen Steuerungsinstrumente sind Druck und materielle Anreize. Diese können jedoch langfristig nicht die gewünschten Erfolge bringen und bergen außerdem noch große

Gefahren. Druck erzeugt bei den Gedrückten (Führungskräften und Verkäufern) Demotivation, Widerstand, Verweigerungshaltungen sowie innere und äußere Kündigungen.

Materielle Anreize dagegen erzeugen wachsende Ansprüche nach immer größeren Anreizen und die Tendenz, sich nur noch dann wirklich anzustrengen, wenn eine noch höhere Belohnung als beim letzten Mal ausgesetzt wird. Die Katze beißt sich in den Schwanz; gerade weil die gängigen Instrumente der Vertriebsführungen nicht zu dauerhaften Umsatzsteigerungen führen können, erhöht sich zwangsläufig der Druck auf die Vertriebsorganisationen, denn Umsätze braucht das Unternehmen nun einmal – zum Überleben.

Der Teufelskreis wachsender Ansprüche

2. Überleben im Vertrieb

Der wachsende Druck auf den Vertrieb fördert zwei Anpassungsstrategien, die Dudley Lynch und Paul Cordis in ihrem Buch »*Delphinstrategien*« als die Strategien der Karpfen und der Haie charakterisiert haben.

Druck fördert Anpassungsstrategien

Die Strategie der Karpfen

> »*Ich bin ein Karpfen, und ich glaube an den Mangel.*
> *Aufgrund dieses Glaubens erwarte ich nicht, daß ich*
> *jemals alles leisten kann oder haben werde.*
> *Wenn ich also dem Lernen und der Verantwortung*
> *nicht entkommen kann, indem ich mich davon*
> *fernhalte, dann opfere ich mich gewöhnlich.*«
> (Dudley Lynch, S. 33)

Der Karpfen ist ein träges und behäbiges Tier. Sein Weltbild ist geprägt vom Mangel. Er sieht überall nur Grenzen und Einschränkungen seiner Möglichkeiten. Die Welt ist voller Mängel, seine Mitmenschen sind unfähige, bedauernswerte Wesen, und auch er selbst sieht an sich vorwiegend die Schwächen. Der Karpfen ist zwangsläufig ein unzufriedener Zeitgenosse, der ständig in der Angst lebt, von dem wenigen, was die Welt zu bieten hat, nicht genug abzubekommen. Er ist der typische Verlierer, der sich in dieser Position immer wieder selbst bestätigt.

Und er ist risikoscheu. Fest in seinem Inneren verankert lebt der Glaubenssatz: Ich kann nicht gewinnen. Diese Furcht zu verlieren begleitet und formt all seine Handlungen. Sie macht ihn mutlos, passiv und schlecht gelaunt.

Furcht erzeugt Abwehr

Wer jedoch auf dieser Grundlage handelt, trifft auf wenig Gegenliebe für seine Absichten und erzeugt eher Abwehr bei seinen Mitmenschen. Die Schwierigkeiten werden größer als notwendig. Das Versauern, die Erfolglosigkeit sind vorprogrammiert. Karpfen erzeugen sich selbst verstärkende Spiralen des Mißerfolgs.

Karpfen sind Spielverderber und Miesmacher. Sie fürchten, daß aus jeder Initiative ein Problem erwächst und in jeder Suppe ein

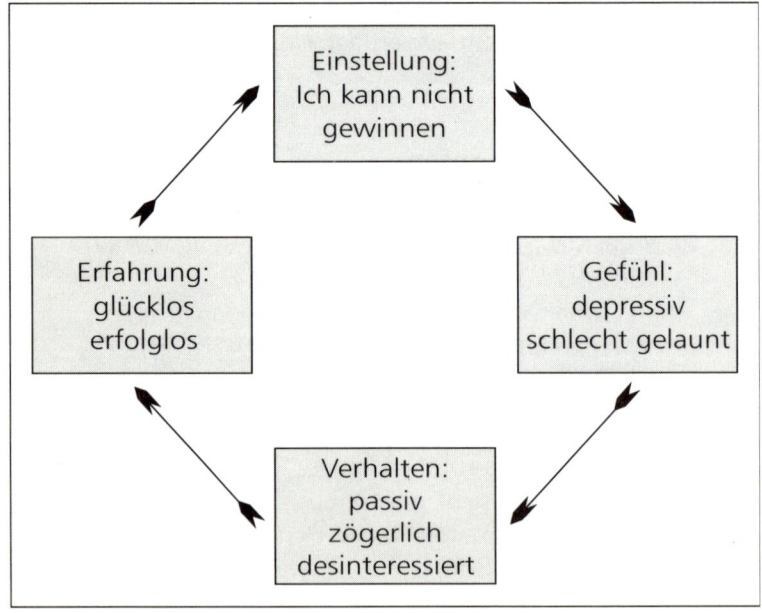

Haar ist. Bei zu viel guter Laune werden Karpfen unruhig, sie fühlen sich erst dann wieder richtig wohl, wenn die allgemeine Stimmung gesunken ist.

Karpfen vermeiden Veränderungen. Sie bewegen sich am liebsten in bekannten Gewässern. Gewohntes Unglück ist ihnen angenehmer als das ungewohnte Glück. Auch in ihrem Denken sind sie eher schwerfällig und beharrlich. Sie bewegen sich gern in eingefahrenen Gleisen und wehren neue Erkenntnisse so lange wie eben möglich ab. Karpfen scheuen jede Auseinandersetzung. In Konfliktsituationen biedern sie sich entweder an oder ergreifen die Flucht. Dem Druck von oben begegnen sie mit passivem Widerstand. Sie leiden und beklagen sich bei jeder Gelegenheit. Für sie sind »die Verhältnisse« schuld an allem Elend.

Verlierertypen scheuen Konflikte

Der Karpfen ist ein typischer Verlierer. »Wir Verkäufer sind doch immer die Dummen«, hört man ihn bei jeder Gelegenheit wehklagen. Er bewegt sich gern im schlammigen Morast der Hiobsbotschaften und Gerüchte, die er bei jeder Gelegenheit weiterträgt.

Karpfen erkennt man bei Schulungen, Arbeitsbesprechungen und ähnlichem Anlässen, weil sie gerne in den Ecken stehen und die neuesten Schreckensnachrichten austauschen: »Hast du schon gehört, sie wollen uns die Provisionen für die Produktsparte XY schon wieder kürzen. – Die Arbeitslosenzahlen sind schon wieder in die Höhe geschnellt. – In unserem Bezirk sollen mehrere Geschäftsstellen geschlossen werden.« So und ähnlich klingen die oft mit belegter Stimme im vertraulichen Ton gesprochenen Worte der Karpfen.

Karpfen sind ängstlich und feige. Sie passen sich an und akzeptieren scheinbar alle Anordnungen und Zielvorgaben von oben. Wenn es jedoch um die Durchführung angeordneter Maßnahmen oder um Verwirklichung der verkündeten Ziele geht, haben sie ständig unendlich viele neue Ausreden parat.

Die Strategie der Haie

> *»Ich bin ein Hai, und ich glaube an den Mangel.*
> *Aufgrund dieses Glaubens beabsichtige ich,*
> *um jeden Preis so viel wie möglich zu bekommen.*
> *Zuerst versuche ich, sie zu schlagen, und wenn das*
> *nicht gelingt, versuche ich, mich ihnen anzuschließen.«*
> (Lynch, S. 39)

Der Hai liebt und sucht die Karpfen als seine Opfer. Wo er sich aufhält, färbt sich das Wasser rot. »Ich muß gewinnen, um jeden Preis«, ist sein zentraler Glaubenssatz.

Gewinnen um jeden Preis

Die Weltsicht der Haie ist einfach, sie kennen nur Gewinner oder Verlierer, nur schwarz oder weiß, nur gut oder böse. Auch die Haie sind überzeugt vom Mangel. Damit er *sie* nicht trifft, reißen sie an sich, was sie kriegen können. Ihre zentrale Triebfeder ist die Gier. Haie lieben Geld, Reichtum und Besitz. Sie können das, was sie sammeln und erbeuten, jedoch nicht genießen, weil sie zwanghaft und rastlos immer auf der Jagd nach neuen Opfern sind. Ihr Verhalten ist ein typisches Suchtverhalten: Die Gier verstärkt sich mit jedem Erfolg.

Haie sind in Verkaufsorganisationen auf den ersten Blick nicht leicht zu erkennen. Sie bieten meist eine durchaus elegante und imposante Erscheinung und umgeben sich gern mit den gängigen Statussymbolen. Sie verhalten sich selbstbewußt bis überheblich und gefallen sich darin, zu prahlen und zu protzen.

Dabei sind sie durchaus erfindungsreich. Dem Außenstehenden fällt es nicht immer leicht, zwischen den eingebildeten und den tatsächlichen Erfolgen eines Haies zu unterscheiden. Selbst ihnen selbst fällt das oft schwer. Sie neigen dazu, nicht nur andere, sondern auch sich selbst zu belügen und zu betrügen.

In Konfliktsituationen sind Haie durchaus gefährlich und unberechenbar. Weil sie, ebenso wie die Karpfen, von der panischen Angst zu verlieren erfüllt sind, können sie Fehler nicht eingestehen und gebärden sich daher zunächst überheblich und rechthaberisch. Wenn sie bei ihren Gegnern eine Schwäche erkennen, schlagen sie brutal und rücksichtslos zu. Merken sie jedoch, daß der Gegner zu stark ist, wechseln sie schnell die Fronten und verbünden sich mit ihm.

Wenn Haie ihre Gewinnchancen bedroht sehen, reagieren sie mit starren und rigiden Verhaltensmustern. Insofern sind sie äußerst zuverlässig und berechenbar.

Starr und rigide

Die Haie unter den Verkäufern brauchen eigentlich keinen Druck. Sie werden angetrieben von ihrer unersättlichen Gier. Haie nehmen mit, was ihnen zwischen die Finger gerät. Sie sahnen ab, wo sich ihnen eine Gelegenheit bietet – bei ihren Kunden und im eigenen Unternehmen. Insbesondere die Kunden kommen dabei oft zu kurz, weil ein Hai lediglich an einem Abschluß, kaum jedoch an einer aufwendigen Beratung oder Betreuung interessiert ist. Der Hai braucht Opfer und nicht so sehr Kunden. Er agiert vordergründig verbindlich und freundlich, setzt sich jedoch überall dort, wo er die Chance dazu wittert, rücksichtslos durch.

Insbesondere Führungskräfte, die stark unter dem Druck von oben leiden, freuen sich über Haie in ihrer Mannschaft, da diese schnelle Umsätze versprechen. Erst mit der Zeit wird sichtbar, wie der Hai durch sein aggressives Verhalten sich selbst und seinem Unternehmen schadet, weil er immer mehr Kunden enttäuscht und verprellt.

Führungskräfte bevorzugen den Hai-Typ

Die Strategien der Haie und der Karpfen sind die zwangsläufige und systembedingte Antwort auf den wachsenden Druck und die verheerenden Motivationsversuche in vielen Vertriebsorganisationen. Beide, sowohl die Haie als auch die Karpfen, schaden dem ohnehin schlechten Ruf der Verkäufer. In manchen Branchen ist es heute schon fast unmöglich geworden, gute Leute für diesen Beruf anzuwerben.

»Graswurzelrevolution« im Vertrieb

Traditionelle Vertriebsführungsmethoden haben in postmodernen Märkten ihre erfolgsfördernde Funktion verloren – sie programmieren heute eher den Mißerfolg.

Kunden setzen zunehmend ihre Ansprüche durch ...

Die Kunden verlangen immer energischer, daß man sie und ihre Interessen ernst nimmt – nicht nur mit schönen Worten in der Verkaufsliteratur und Sonntagsreden auf Managementkongressen – sondern durch Taten, durch praktisch spürbare Verhaltensänderungen aller Vertriebs- und Servicemenschen, mit denen sie Kontakt haben, die für sie da sind, die für sie da sein *müssen*!

Und die Kunden sind immer mehr bereit für ihre (legitimen!) Interessen einzustehen und diese auch mit Macht durchzusetzen. Sie erzwingen – zumindest an der Basis – eine Revolution des Vertriebs.

Selbstbewußte und anspruchsvolle Kunden werden langfristig nur noch mit den Verkäufern zusammenarbeiten, die ihnen den größten Nutzen bieten, die ihnen helfen, ihre Bedürfnisse optimal zu befriedigen, die sie dabei unterstützen, ihre Probleme optimal zu lösen und anspruchsvolle Ziele zu erreichen.

... und vertrauen nur noch begeisterungsfähigen Spitzenverkäufern

Die Kunden, die unter vielen Anbietern mit gleichwertigen Produkten wählen können, werden nur noch den Spitzenverkäufern eine Chance geben, denen sie vertrauen, von denen sie wissen, daß ihre Interessen dort ernstgenommen und mit Engagement und absoluter Einsatzfreude vertreten werden. Und sie werden nur noch mit den Verkäufern zusammenarbeiten, denen diese Zusammenarbeit Spaß macht, die mit aufrichtiger Begeisterung für ihre Kunden da sind, die in ihrem Verkäuferberuf (ganz klassisch) erlebbar eine Berufung sehen.

Verkäufer müssen heute mehr bieten als nur ein Spitzenprodukt. Sie müssen Intelligenz, Kreativität und hervorragende Marktkenntnisse mitbringen und all ihre Fähigkeiten aktiv zum Wohle ihrer Kunden einsetzen. Sie müssen schnell, sensibel und einfühlsam Veränderungen auf dem Markt und in den Unternehmungen ihrer

Kunden wahrnehmen und flexibel auf diese Veränderungen reagieren. Verkäufer müssen sich heute in die Visionen ihrer Kunden hineindenken und einfühlen können, sie müssen gegebenenfalls ihre Kunden anregen, eigene attraktive Visionen zu entwickeln und deren Verwirklichung aktiv unterstützen.

In vielen Branchen (insbesondere dort, wo mit kleinen und mittleren Handwerksbetrieben zusammengearbeitet wird) übernehmen Verkäufer, die erkannt haben, daß sie nur mit erfolgreichen Kunden auch selbst erfolgreich sein können, heute die Rolle von Unternehmensberatern. Dieser Trend weitet sich aus.

Verkäufer werden zu Unternehmensberatern

Wir haben etliche Vertreter dieser neuen, erfolgreichen Verkäufergeneration in unserer Coachingpraxis kennengelernt. An drei Fallbeispielen wollen wir Ihnen die wichtigsten Wesensmerkmale verdeutlichen.

Fallbeispiele

Fallbeispiel 1: Herr Goldgräber

Herr Goldgräber, Sie sind selbständiger Finanzberater und Mehrfachagent für verschiedene Versicherungen, ist das richtig?

Ja, das ist richtig, ich vertrete mehrere Versicherungsgesellschaften, vermittle aber auch Bausparverträge, verkaufe verschiedene Investmentfonds und vermittle Baufinanzierungen.

Wie lange arbeiten Sie jetzt schon als selbständiger Verkäufer?

Lassen Sie mich kurz nachdenken, ich glaube, das sind jetzt sechs Jahre, die ich als Mehrfachagent und Finanzberater arbeite. Vorher war ich Ausschließlichkeitsvertreter einer großen Versicherungsgesellschaft. Das hat mir aber nicht gefallen, denn ich hatte damals Schwierigkeiten mit meinem Organisationsleiter. Wir beide paßten einfach nicht zusammen.

Darf man fragen, woran das lag?

Das ist kein Geheimnis, Herr S., mein damaliger Organisationsleiter, hatte immer nur die Zielvorgaben des Unternehmens im Sinn.
Er versuchte, sein Team ständig unter Druck zu setzen. Immer wieder hielt er mir vor, was ich nicht geschafft hatte und in welcher
Sparte seiner Meinung nach noch Umsätze fehlten. Er hatte nur
wenig Verständnis für die Probleme, die wir Verkäufer mit einigen
Produkten bei den Kunden hatten.

*Jetzt sind Sie aber doch sehr erfolgreich. Wie hat sich das
entwickelt?*

Seit meinem Entschluß, meine Angestelltentätigkeit aufzugeben
und mich von meinem Unternehmen zu lösen, geht es mir besser.
Da ich mein eigener Herr bin, macht mir das Verkaufen wieder wesentlich mehr Spaß. Ich habe meine ganz persönliche Verkaufs-
strategie entwickelt und konzentriere mich absolut auf meine Zielgruppe, die freiberuflichen Berater. Hier habe ich mich sehr gut
positioniert und lebe ausschließlich von Empfehlungen.

Wie sind Sie denn an diese Zielgruppe gekommen?

**Absicherung
der Familie
hat Vorrang**

Ja, das war nach dem ErfolgsCoaching-Programm, das ich bei
Ihnen absolviert habe. Sie haben uns damals empfohlen, beim
Übergang in die Selbständigkeit genau zu fragen, was wir besonders gut können, was unsere besonderen Stärken sind und welcher Zielgruppe wir mit diesen Stärken einen besonderen Nutzen
bieten können. Ich bin daraufhin in mich gegangen und beim
Nachdenken ist mir klar geworden, daß mein brennendstes Problem – als junger Selbständiger mit Familie und einem noch sehr
unsichereren und ständig schwankenden Einkommen – die Absicherung meiner eigenen Familie war. Die für mich wichtigste Frage
war: »Wie schaffe ich es, meine Risiken von Berufsunfähigkeit, In-
validität und Tod einerseits vernünftig abzusichern, andererseits jedoch so flexibel zu bleiben, daß ich mich auch bei sehr schlechten
Verkaufsergebnissen noch finanziell über Wasser halten kann?«

Nach einigen Überlegungen habe ich dann für mich selbst eine hervorragende Lösung für dieses Problem gefunden.

Bei der Suche nach einer Zielgruppe, der ich einen besonderen Nutzen bieten kann, fiel mir auf, daß ja alle Menschen, die sich selbständig machen, zunächst einmal in einer ähnlichen Situation sind wie ich. Mir fielen auch sofort einige Fälle ein, die ich kannte. Aus meinem Freundes- und Bekanntenkreis hatten sich vor kurzer Zeit mehrere Personen selbständig gemacht. Diese Leute sprach ich damals an und erkundigte mich bei ihnen, ob sie daran interessiert seien, für Ihre Absicherungsprobleme eine attraktive Lösung zu finden. Ich rannte mit meinem Angebot offene Türen ein und hatte sehr schnell Erfolg.

Weil ich mich sehr gut in die Lage meiner Kunden einfühlen konnte, mich sehr stark engagierte und immer individuelle, maßgeschneiderte Problemlösungen entwickelte, wurde ich auch gerne weiterempfohlen. Schon bald besuchte ich regelmäßig Zusammenkünfte und Tagungen der berufsständischen Vereinigungen, wurde Mitglied im »Bundesverband junger Unternehmer« und engagierte mich in einigen Beraterorganisationen. Vor vielen Gruppen an unterschiedlichen Orten in der näheren Umgebung hielt ich Informationsvorträge über die besonderen Probleme und den speziellen Sicherheitsbedarf zu Beginn der Selbständigkeit.

Maßgeschneiderte Problemlösungen für die Zielgruppe

Ich lernte immer mehr und wurde zum gefragten Experten in diesem Handlungsfeld. Ich konnte sogar eine Versicherungsgesellschaft dazu motivieren, ein besonderes Produktpaket für meine Zielgruppe zu entwickeln, das sich dann auch sehr leicht verkaufen ließ.

Von vornherein hatte ich mir vorgenommen, meine Kunden durch eine optimale Beratungsleistung zu begeistern. Es wurde für mich regelrecht zum Hobby, für meine Kunden nur die besten Versicherungsangebote ausfindig zu machen und nur die attraktivsten Kapitalanlagen, Steuersparmodelle oder Finanzierungsangebote zu unterbreiten. Für mich ist das eingetroffen, was Sie mir damals vorausgesagt hatten. Ich bin ein sehr erfolgreicher Verkäufer geworden, weil ich mich voll auf meine Stärken konzentriert habe und

Optimale Beratung

alles dafür tue, für die Probleme meiner Kunden immer wieder die besten Lösungen zu finden; selbst wenn ich dafür häufig Produkte ausfindig machen und anbieten muß, die mir selbst nur sehr wenig Provision einbringen.

Kundennutzen führt zu höherem Umsatz

Ich habe nicht mehr – wie am Anfang meiner Tätigkeit als Versicherungsvertreter – bei jedem Angebot genau nachgerechnet, wieviel dabei für mich herausspringt, sondern ich habe auf den höchsten Kundennutzen geachtet und mich am Ende eines jeden Quartals darüber gefreut, wie meine Gesamteinkünfte ständig stiegen. Heute habe ich einen großen Kundenstamm, den ich nur noch gemeinsam mit zwei weiteren Mitarbeitern betreuen kann. Und wie bereits erwähnt, unser Kundenstamm wächst durch neue Empfehlungen ständig weiter.

Fallbeispiel 2: Herr Wohlrabe

Herr Wohlrabe, Sie verkaufen Heizungsanlagen und sind dabei sehr erfolgreich. Haben Sie ein besonderes Erfolgsrezept?

Am Anfang konnte ich mich wenig mit dem Verkäuferberuf anfreunden. Ich wollte ja noch nicht einmal Vertriebsingenieur genannt werden, weil diese Berufsbezeichnung in meinem Freundeskreis nur mit abfälligen Bemerkungen wie »Klinkenputzer« »Treppenterrier« oder ähnlichen Begriffen kommentiert wurde.

Durch Coaching zum Erfolg

In Ihrem Coachingprogramm, das ich ja zunächst nur unter Protest besuchte, wurden mir dann die Augen geöffnet. Ich erkannte, welch wichtige Rolle gerade die Verkäufer in unserer Volkswirtschaft spielen und wie wichtig es für eine Firma ist, gute und engagierte Verkäufer zu haben. Ich glaube, ich bin damals in Ihrem Coachingseminaren zu einem »Überzeugungstäter« geworden und habe mit missionarischem Eifer immer wieder auch Bekannte und Verwandte zum Nachdenken und Umdenken über den gesellschaftlich so sehr geächteten Verkäuferberuf gebracht.

Irgendwie ist damals auch ein innerer Wandel mit mir passiert. Ich habe mich stärker für die Probleme meiner Kunden interessiert und nicht nur Heizungsanlagen verkauft. Sogar in unserem Unternehmen habe ich durchsetzen können, daß das Leistungsangebot erweitert wurde. Früher waren wir »nur« Heizungsanlagenbauer. Wenn der Kunde einen italienischen Billigkessel haben wollte, dann haben wir den besorgt und ihn gegebenenfalls auch an ein veraltetes, ökologisch unverantwortbares Rohrleitungs- und Heizkörpersystem angeschlossen. Unser Job war in dem Moment erledigt, wenn das warme Wasser aus dem Kessel in die Rohrleitungen floß. Selbst wenn Wohnungen in den obersten Etagen nicht immer richtig warm wurden, war das nicht unser Problem – solange der Kessel, den wir aufgestellt hatten, richtig funktionierte und die geforderten Vorlauftemperaturen erzeugte. Entsprechende Beschwerden wurden eher ärgerlich zurückgewiesen.

Heute sieht das ganz anders aus, unser Selbstverständnis hat sich völlig verändert. Wir sind nicht mehr »nur« Heizungsanlagenbauer, sondern wir erfüllen eine Mission, einen selbstgewählten, anspruchsvollen Auftrag. Wir sorgen dafür, daß Menschen sich in ihren Wohnungen, Büros und allen Gebäuden, in denen sie sich aufhalten, immer behaglich wohl fühlen. Mehr noch, unser Anliegen besteht darin, für unsere Kunden ganzjährig zuverlässig ein angenehmes und gesundheitsförderndes Wohnklima zu erzeugen und zu gewährleisten. Wir tun alles dafür, daß unsere Kunden dies ohne Unterbrechung und auch ohne Belästigung bei Reparatur- und Wartungsarbeiten genießen können. Wir sind zu Heizungs- und Klimatechnikern geworden, die stolz darauf sind, nur beste Qualität bei bestem Service anzubieten und zu liefern.

Verkäufer erfüllen eine Mission

Sicher, auch wir können uns nicht dem harten Preiskampf der Branche entziehen, – aber wir Verkäufer (oder sollte ich doch besser sagen, wir Vertriebsingenieure) stehen da nicht unter einem so rigorosen Druck wie viele bedauernswerte Kollegen bei den Mitbewerbern. Wir verkaufen und bauen nicht um jeden Preis. Unser Auftragspolster und die ständigen zufriedenen Rückmeldungen unserer Kunden haben uns so viel Selbstvertrauen gegeben, daß wir unseren Kunden in ausführlichen Beratungsgesprächen durchaus auch etwas abverlangen können. Wir sind Spezialisten für

Das Preis-Leistungs-Verhältnis entscheidet

höchste, am Kundennutzen orientierte Qualität. Nicht im Preis, aber im Preis-Leistungs-Verhältnis sind wir unschlagbar. Wir haben gelernt, so vorzugehen, daß unsere Kunden immer soviel hochwertige Technik von uns verlangen, wie die optimale Befriedigung ihrer Bedürfnisse es erfordert. Lieber verzichten wir heute einmal auf einen Auftrag, ehe wir faule Kompromißlösungen anbieten, die dann im späteren Betrieb mehr Probleme bringen als Wünsche erfüllen. Wir haben uns genau auf die Kundengruppen spezialisiert, die uns herausfordern und unsere Leistungen zu schätzen wissen.

Herr Wohlrabe, dies war eine interessante Erklärung zum wachsenden Erfolg ihrer Firma. Was aber war genau die Hauptursache für ihren persönlichen Erfolg?

Erfolg und Anerkennung durch Spaß an der Arbeit

Ich weiß gar nicht, ob ich das so genau benennen kann. Irgendwie hat das mit meinem gewachsenen Selbstbewußtsein und mit meinem neuen Interesse an der Arbeit und an meinen Kunden zu tun. Weil mir die Arbeit mit den Kunden immer mehr Spaß gemacht hat, habe ich mich da auch immer stärker reingekniet. Ich habe Lehrgänge besucht, meine Kenntnisse und Fähigkeiten erweitert und alles auch immer wieder mit Begeisterung im Alltag angewandt. Da ist eine Spirale in Gang gekommen. Je mehr mir die Arbeit Spaß gemacht hat, um so mehr anerkennende Rückmeldungen habe ich auch von den Kunden und von meinem Chef bekommen. Das hat mich dann noch zusätzlich angespornt, mich weiterzuentwickeln und immer besser zu werden. Irgendwie hängt das aber alles zusammen, oder besser gesagt, all diese Faktoren fördern sich gegenseitig. Genauer kann ich das auch nicht erklären.

Fallbeispiel 3: Herr Siewers

Herr Siewers, Sie verkaufen jetzt schon seit einigen Jahren sehr erfolgreich Bauelemente. Was ist der Schlüssel Ihres Erfolgs?

Meine Kunden sind einerseits kleine und mittlere Handwerksbetriebe, andererseits aber auch große Baumärkte. Für beide Kundengruppen sind unterschiedliche Erfolgsstrategien notwendig. Meine Partner vor Ort sind die Marktleiter, die darüber entscheiden, ob unsere Produkte in ihr Programm aufgenommen werden, aber auch die Fachberater in den Abteilungen, die von den Endverbrauchern immer wieder um Unterstützung und Rat gebeten werden. Da die Baumärkte unter starkem Konkurrenzdruck stehen, sind sie gezwungen, ihre Personalkosten im Zaum zu halten. Das heißt, daß die Fachberater in den Abteilungen immer knapper werden. Hier bieten wir besondere Hilfen und Unterstützung an – einerseits durch spezielle Schulungsprogramme für die Fachberater, damit diese die Vorteile unserer Produkte kennenlernen und an ihre Kunden weiter vermitteln können, – andererseits jedoch auch mit besonderem Informationsmaterial für die Endverbraucher, die Heimwerker, die in den Baumärkten einkaufen. Zu jedem Produkt, das wir in einem Baumarkt anbieten, haben wir ausführliche und leicht verständliche Gebrauchs- und Einbauanleitungen erstellen lassen, die von den Heimwerkern gerne angenommen werden. Die Entwicklung dieser Broschüren haben wir sehr ernst genommen. Wir haben speziell zu diesem Zweck einen Pädagogen engagiert, der sich auf die Erstellung leichtverständlicher und sinnvoll gestalteter Lehr- und Lernmaterialien spezialisiert hat. Gemeinsam mit verschiedenen Heimwerkergruppen in Volkshochschulen wurden unsere Materialien darüber hinaus auf ihre praktische Tauglichkeit und Verwendbarkeit getestet und optimiert.

Selbstverständlich bieten wir auch in den Baumärkten besondere Schulungskurse für die Heimwerker an, in denen diese ihre Kenntnisse vertiefen und spezielle Fragen klären können. Ich selbst bilde bei einigen meiner Kunden eine Gruppe berufsfremder Hilfskräfte aus, die sich bereit erklärt haben, gegen ein geringes Entgelt den

Erfolgsbeispiel: Baumärkte

Schulungskurse für Heimwerker

29

Endverbraucher bei der Anwendung unserer Produkte in seinem Haus zu unterstützen. Dort, wo die Vorteile unserer Produkte erkannt wurden, läuft das Geschäft fast automatisch.

Völlig anders sieht die Situation bei den Handwerksbetrieben aus. Insbesondere bei den kleineren Firmen übernehmen wir Verkäufer immer mehr die Rolle von Fach- und Unternehmensberatern, denn diese Betriebe haben oft ernste Existenzprobleme, können sich aber eine professionelle Unternehmensberatung nicht leisten. Es fehlt ihnen besonders an betriebswirtschaftlichem »Know-how« und an Marketingkenntnissen.

Marketing-beratung gerade auch für Handwerks-betriebe

Wenn diese kleinen Betriebe in ihrer Umgebung nicht immer wieder in sinnvoller Weise auf sich aufmerksam machen und die richtigen Zielgruppen ansprechen, geraten sie schnell in Krisensituationen. Bei meiner Verkaufstätigkeit nimmt die strategische Marketingberatung für die Handwerksbetriebe daher auch eine ständig größer werdende Rolle ein.

Der durch diese Aktivitäten begünstigte enge Kundenkontakt hat dazu geführt, daß viele unserer Kunden nur noch unsere Produkte bei den Endverbrauchern anbieten und wir somit in vielen Bereichen eine fast konkurrenzlose Marktstellung erobern konnten.

Herr Siewers, Sie persönlich sind nicht nur ein Verkäufer Ihrer Firma, sondern der Spitzenmann in einer Gruppe von 40 Leuten, wie mir Ihr Chef verraten hat. Woran liegt das, was können Sie besser als alle anderen?

Erfolgsfaktor Branchenkenrnis

Für meinen persönlichen Erfolg sind sicherlich verschiedene Faktoren verantwortlich. Sie wissen, ich habe viel Erfahrung, weil ich das Geschäft schon seit über 20 Jahren betreibe, und in dieser Zeit habe ich mir halt viele gute Kundenbeziehungen erarbeitet. Ich bin schon immer mit Leib und Seele Verkäufer gewesen, und es hat mir auch immer wieder Spaß gemacht, Neues dazuzulernen. Ich habe mich schon früher, als das Verkaufen noch viel leichter war, ernsthaft für die Probleme meiner Kunden interessiert, denn ich komme ja selbst aus dem Milieu. Mein Vater war Bauhandwerker, und auch ich habe am Bau gelernt. Meine größte Stärke ist aber sicher, daß ich richtig zuhören kann. Und nicht nur das, ich habe gelernt, die oft sprachfaulen Handwerksmeister regelrecht auszufragen. Dabei habe ich die Erfahrung gemacht, daß die meisten, wenn sie nur richtig gefragt werden und jemand da ist, der sich wirklich für sie interessiert, auch ganz gerne von den Sorgen und Problemen ihrer Betriebe reden. Für diese Gespräche habe ich mir immer Zeit genommen und meine Besuche auch so eingerichtet, daß die Zeit dafür da war. Manchmal bin ich dabei auch zum Seelentröster geworden. Das bleibt nicht aus, wenn man sich lange kennt und Vertrauen gewachsen ist. Man bekommt da auch vieles mit, was in den Familien passiert. Ärger mit den Kindern, Schulprobleme oder Auseinandersetzungen in der Nachbarschaft, das alles gehört einfach dazu.

Erst durch das ausführliche Reden mit den Handwerksmeistern bin ich nach und nach zum wirklichen Fachmann in meinem Milieu geworden, der die Sorgen und Nöte, aber auch die besonderen Fähigkeiten und Stärken seiner Kunden kennt. Ich glaube, daß mein Rat heute von meinen Kunden sehr geschätzt wird, weil sie wissen, daß ich die Branche umfassend kenne und auch ein erfahrener Praktiker bin, dem man vertrauen kann.

Die Strategie der Delphine

Die neuen Verkäufer, die sich wie die oben beschriebenen Spitzenverkäufer mit vollem Engagement und mit absoluter Einsatzfreude für den Erfolg ihrer Kunden einsetzen, sind weder Haie noch Karpfen: Sie sind Delphin-Verkäufer.

Delphin-Verkäufer verstehen sich nicht mehr als diejenigen, die dem Kunden das Geld aus der Tasche ziehen. Sie streben nicht mehr nach dem zweifelhaften Ideal, selbst einem Eskimo noch einen Kühlschrank verkaufen zu können. Sie verstehen sich vielmehr als diejenigen, die den Kunden *ganzheitlich* von außen sehen, die ihn begreifen als gutwilligen Akteur in einer problematischen Umwelt, der selbst erfolgreich sein und gut leben will.

Den Kunden ganzheitlich sehen

31

Zentrale Erfolgsfaktoren: Kundennutzen ...

Ihr Interesse ist in erster Linie darauf ausgerichtet, mit ihren Produkten und Dienstleistungen für diesen Kunden einen größtmöglichen Nutzen zu schaffen. Diese Verkäufer kennen die Handlungssituation ihrer Kunden genau. Sie kennen deren Probleme, Schwierigkeiten und Engpässe und tun alles, um ihren Kunden effektiv weiterzuhelfen. Sie sind für ihre Kunden wertvolle Berater und Problemlöser, die gerne gesehen und in Anspruch genommen werden. Gleichzeitig sind sie Bindeglied, Schaltstelle und Katalysator im Austausch- und Beziehungsprozeß des eigenen Unternehmens mit dem Kundenunternehmen. Sie melden ständig in die eigene Firma zurück, was der Kunde braucht, wie er es braucht und wie er es in der Zukunft brauchen wird.

Zwei wesentliche Merkmale sind die zentralen Erfolgsfaktoren der Delphin-Verkäufer und der Vertriebsorganisationen der Zukunft:

- die Ausrichtung aller Handlungen auf den optimalen Kundennutzen und

- die engagierte Freude am lustvoll gestalteten Verkaufs- und Kundenbetreuungsprozeß.

... und optimale Kundenbetreuung

Delphin-Verkäufer behandeln ihre Kunden ebenso wie ihre Kollegen im eigenen Unternehmen als Partner. Sie sind nützliche, hilfreiche und wertvolle Berater und Problemlöser. Sie sind selbstbewußt, weil sie etwas Gutes anzubieten haben. Sie haben Selbstvertrauen, weil sie von sich wissen, daß sie sich voll für die Kundeninteressen einsetzen, weil sie wissen, daß es ihnen Spaß macht, immer das Optimum ihrer Möglichkeiten auszuschöpfen. Die Grundhaltung dieser Delphin-Verkäufer lautet: »Ich bin o.k. und du bist o.k. – wir begegnen uns mit gegenseitiger Wertschätzung, Achtung und Respekt. Dein Erfolg hat in all meinen Handlungen Priorität. Ich weiß, daß mein Erfolg dann die zwangsläufige Folge ist.«

Aufrichtigkeit, Offenheit, Verläßlichkeit, Vertrauen und gegenseitige Wertschätzung sind die zentralen Werte, für die sich die Delphin-Verkäufer einsetzen. Sie sind immer bereit und daran interessiert, Neues zu lernen und sich ständig zu verbessern, weil sie ihren Kunden nur das Beste bieten wollen.

Delphin-Verkäufer haben sich bewußt für ihren Beruf entschieden. Sie sind mit Leib und Seele Verkäufer, sie lieben ihren Beruf. Sie sind offen für Veränderung und schauen optimistisch in die Zukunft. Sie lieben es, von ihrer Umwelt und von ihren Mitmenschen immer nur das Bestmögliche zu erwarten und tun alles dafür, daß dieses Beste auch tatsächlich eintritt. Delphin-Verkäufer sind keine Traumtänzer. Sie wissen um die Probleme, Schwierigkeiten und Engpässe, die im betrieblichen und verkäuferischen Alltag auftreten können. Sie stellen sich diesen Problemen, realistisch und offen. Genauso klar, wie sie die Gegebenheiten akzeptieren, die nicht zu verändern sind, genauso engagiert arbeiten sie daran, all das zu verändern und zum Positiven hin zu bewegen, was sie beeinflussen können. Gemeinsam mit ihren Partnern bemühen sie sich ständig darum, beide Bereiche deutlich voneinander zu unterscheiden.

Offen für Veränderungen

Delphin-Verkäufer haben die alte, im Yin-Yang-Symbol dargestellte chinesische Erkenntnis, daß jedes Ding zwei Seiten hat – eine positive und eine negative – zutiefst begriffen und verinnerlicht. Sie wissen, daß in jedem negativen Aspekt des Lebens ein positiver Kern enthalten ist und in jedem Positiven auch etwas Negatives schlummert. Sie gewinnen ihre Sicherheit und ausgewogenen Urteile daraus, daß sie ihre Fähigkeit, beide Aspekte zu sehen und die Perspektive ständig zu wechseln, immer wieder einüben und verbessern.

Negative Aspekte enthalten einen positiven Kern

Delphin-Verkäufer haben eine innere Motivation, ihre Fähigkeiten zu entwickeln und zu lernen. Erkenntnisgewinn wird von ihnen als persönliches Wachstum und Selbstverwirklichung erlebt und damit als lustvolle Befriedigung tiefer Bedürfnisse.

Lustvoll erworbene Fähigkeiten drängen darauf, sich im praktischen Handeln zu bewähren. Delphin-Verkäufer sind aktive Menschen, denen es Spaß macht, das zu tun, was getan werden muß. Weil sie ihre Fähigkeiten als zutiefst sinnvoll und nutzbringend erleben, denken und handeln sie perspektivisch. Sie schauen nach vorn, beobachten Entwicklungen und betätigen sich engagiert

Perspektivisch denken und handeln

33

immer da, wo sie die größte Wirkung erzielen und den größten Nutzen schaffen können. Delphin-Verkäufer handeln intuitiv unternehmerisch. Sie sind in ihrem Verhalten kongruent und bewegen sich in Übereinstimmung mit ihren Einstellungen und Werten. Sie werden daher von ihren Kunden wie auch von ihren Kollegen als authentisch erlebt.

Delphin-Verkäufer sind erfolgreich. Denn ihr Engagement und der Nutzen, den sie durch ihr konsequentes Handeln stiften, wird sowohl von den Kunden als auch von den Kollegen im eigenen Unternehmen anerkannt und honoriert. Der Kreis schließt sich: Die Ergebnisse, die sie erzielen, und die Erfolge, die sie verbuchen können, sind eine Bestätigung und Bestärkung des eigenen Selbstbildes und der eigenen Werte. Delphin-Verkäufer machen ihre Kunden erfolgreich und werden durch ihre Kunden erfolgreich.

Delphin-Verkäufer sind die Verkäufer, die sich Kunden wünschen.

Der Ausweg liegt
allein bei Ihnen

2

Suche nach Auswegen

1. Das neue Führungskonzept im Vertrieb ist der Delphin-Coach

Die Forderung nach Veränderung gilt auch für Führungskräfte

Veränderte Märkte erfordern Veränderungen im Verhalten der Verkäufer. Die neuen Strategien der Delphin-Verkäufer zwingen auch die Führungskräfte im Vertrieb dazu, ihr Verhalten zu ändern. Denn immer, wenn ein Teil eines Systems in Bewegung gerät, muß sich auch der Rest mitbewegen, sonst knirscht und kracht es gewaltig. Verändert sich der Vertriebsaußendienst, so hat dies auch Auswirkungen auf den Innendienst. Verändern sich die Anforderungen an die Verkäufer, so verändern sich auch die Anforderungen an die Führungskräfte im Vertrieb. Der Delphin-Verkäufer benötigt eine Delphin-Führungskraft.

Diese neue Führungskraft ist der Delphin-Coach.

Der Delphin-Coach praktiziert nicht nur die Delphin-Strategien, er wird zugleich das Coaching zu einer wichtigen Grundhaltung und Tätigkeit im Verhältnis zwischen Führungskraft und Verkäufer entwickeln.

Die wichtigsten Managementtrends sind ...

Die wichtigsten Managementtrends der letzten Jahre, die auch für die kommenden Jahre gelten werden, sind: die zunehmende *Schnelligkeit* von Veränderungen, die *Dezentralisierung*, die zunehmende *Technisierung* im Informationsvermittlungs- und -verarbeitungsprozeß und als Mega-Trend die *Verschmelzung der Unternehmensinteressen mit den Kundeninteressen.*

... Schnelligkeit ...

Die Veränderungsgeschwindigkeit steigt. Grenzen sind noch nicht zu erkennen. Die Produktlebenszyklen verkürzen sich dramatisch, und selbst die bis vor kurzem relativ stabilen staatlichen Regelungen durch Gesetze und Verordnungen werden in immer kürzeren Abständen verändert. In einzelnen Branchen existieren jetzt schon keine Standard-Produkte mehr. Jede Leistung wird individuell auf den Kunden zugeschnitten. Jedes Produkt ist ein Unikat.

... Dezentralisierung ...

Dezentrale Lösungen sind das Gebot der Stunde. Mit der Losung »Think global, act local« ist in den siebziger Jahren die Umweltbewegung angetreten. Heute orientieren sich immer mehr Unternehmen an diesem Prinzip, wenn sie kundenorientierte Lösungen für die Problembewältigung vor Ort anbieten. Selbst die früher starre Fließbandfertigung hat dazugelernt. Jedes Auto kann heute nach den inidividuellen Bedürfnissen des Kunden gefertigt werden, ohne dabei zusätzliche Kosten zu verursachen.

Die Unterstützungsmöglichkeiten durch die Datenverarbeitung sind gerade im Verkauf noch lange nicht ausgeschöpft. Die Vernetzung und die Mobilität von Computern verändern den Vertrieb gewaltig. Selbst komplexe Produkte können am Bildschirm sichtbar und begreifbar gemacht werden. Der Kunde erhält sofort ein eindrückliches Bild vom künftigen Nutzen des Produktes. Die Bestellung kann online noch während des Kundenbesuchs an die Fertigung in Auftrag gegeben werden.

Selbst die Fertigung oder Leistungserledigung kann per Datentechnik verfolgt werden. Der Versandgigant United Parcel Service hat es vorgemacht – andere folgten. Die Kunden können via Internet jederzeit feststellen, wo ihr Paket gerade ist und wann es voraussichtlich beim Empfänger ankommt.

Aber auch innerbetrieblich wird die Technisierung zu Veränderungen führen. Viele Führungsaufgaben der Koordination, des Informations- und des Wissenstransfers werden künftig durch Intranet und Wissensdatenbanken übernommen, auf die jeder Mitarbeiter direkt Zugriff hat. Dies macht das Wissen und die Erfahrungen der Menschen im Unternehmen nicht überflüssig. Aber die Art und Weise der Nutzung verändert sich grundlegend.

Die Verschmelzung mit dem Kunden ist jedoch *der* Mega-Trend. Es gilt, immer dichter am Kunden und seinen Bedürfnissen dranzusein. Überleben wird nur, wer eine Symbiose mit dem Kunden eingeht. Nur wer die schnell wechselnden individuellen Interessen des Kunden erkennt und mit ihm neue Dienstleistungen und Produkte entwickelt, wird die entscheidenden Millimeter näher dran sein, glaubwürdiger sein und auch künftig im großen Geschäft mitspielen.

... und die Symbiose mit dem Kunden

Der Kunde der Führungskraft ist der Verkäufer

Dies erfordert ein gravierendes Umdenken bei jeder Führungskraft. Die Berechtigung, als Führungskraft zu handeln, resultiert nicht mehr aus der Macht, über Informationen zu verfügen und einen Wissensvorsprung zu haben. Die Führungskraft kann selbst nur noch als Dienstleister gegenüber dem Verkäufer auftreten. Sie hat eigene Kunden ganz neuer Art: die Verkäufer.

Informationsvermittlung, Leistungskontrolle und Koordination zwischen »oben« und »unten« wird künftig in wesentlichen Teilen durch technische Hilfsmittel geleistet. Dafür wird keine Führungskraft mehr benötigt. Auch der Besuch im Regionalbüro ist für den Außendienstler überflüssig, wenn per PC alle Daten von Firmenrechnern dezentral abgerufen werden können.

Die Frage taucht auf, ob eigentlich überhaupt noch Führungskräfte benötigt werden. Können nicht ganze Hierarchieebenen wegbrechen und somit wichtige Kostenfaktoren eliminiert werden?

Neue Aufgabe: zwischenmenschliche Kontakte

Gerade die Veränderungstrends Schnelligkeit, Individualisierung und Technisierung verstärken jedoch ein anderes Bedürfnis. Der Mensch ist nicht dazu geboren, als Einzelkämpfer durchs Leben zu gehen. Er benötigt die *zwischenmenschlichen Kontakte*, den Austausch, die Anregung und die Kritik. Die neue Führungskraft wird daher fast ausschließlich auf der zwischenmenschlichen Ebene agieren. Statt auf Informationsfluß und Koordination wird sie auf Unterstützung und Entwicklung der Fähigkeiten des Verkäufers setzen.

Die neue Führungskraft muß sich immer besser in den Verkäufer einfühlen, ihn fördern und entwickeln, damit dieser sich besser in die Bedürfnisse seiner Kunden einfühlen kann. Die Führungskraft muß mit dem Verkäufer die strategischen Engpässe in dessen Handeln erkennen und gemeinsam Wege zur Beseitigung des Nadelöhrs finden. Sie wird immer mehr emotional und psychologisch unterstützen. Verkäufern, die ausgepowert sind, wird sie Zuwendung geben.

Das Coaching selbst ist weniger eine Technik als vielmehr eine grundlegende Einstellung und Haltung der Führungkräfte gegenüber ihren Mitarbeitern. Coachs sind Führungskräfte, die ihren Mitarbeitern etwas zutrauen, gerade auch in schwierigen Situationen zu ihnen halten und sie ermutigen, Probleme selber zu bewältigen. Der Coach als Vorgesetzter hilft dem Verkäufer, eigene Ziele zu entdecken, Umsetzungswege zu bestimmen und Erfahrungen zu reflektieren, ohne dabei selber die Lösungen zu definieren. Der Coach ist mehr Prozeßbegleiter als Problemlöser.

Der Verkäufer muß sich immer besser einfühlen in die Situation und die Bedürfnisse der Kunden und mit den Kunden spezifische Lösungen für deren Probleme finden. Die Führungskraft als Vertriebscoach muß sich immer besser hineinfinden in die Situation des Verkäufers, ihm strategische, fachliche und emotionale Engpässe aufzeigen; ihn unterstützen, seine eigenen Ziele zu finden und die Wege für die Umsetzung festzulegen. Während der Umsetzung reflektiert der Coach den Prozeß, analysiert mit dem Verkäufer die entstandenen Engpässe und regt ihn an, nach Auswegen zu suchen.

Basis für die Gestaltung dieses Weges ist die *intrinsische Motivation* des Verkäufers. Jeder Verkäufer hat innere Motive für sein Handeln. Er verfügt über Ziele, Sehnsüchte und Wünsche. Gemeinsam mit dem Coach gilt es, diese Ziele zu entdecken und nutzbar zu machen als Energiequelle für das verkäuferische Handeln.

Menschen sind zu Spitzenleistungen fähig, wenn sie den Wunsch danach haben. Reinhold Messners Leistungen an den Bergen des Himalaja, die Besteigung der Achttausender ohne Sauerstoffgeräte waren nur möglich , weil er einen inneren Antrieb hatte, diese Ziele zu erreichen. Dies ermöglichte ihm, schier unmenschliche Leistungen zu erbringen. Der innere Antrieb, die intrinsische Motivation eines jeden Mitarbeiters, soll entdeckt und für die Vertriebstätigkeit genutzt werden.

Sicher – Ihre Mitarbeiter sind keine Bergsteiger und keine olympiaverdächtigen Leichtathleten – aber dennoch gibt es in jedem Ihrer

Mitarbeiter innere Antriebskräfte, Wünsche, Hoffnungen und Sehnsüchte, die ihm wichtig sind. Diese Antriebskräfte gilt es zu fördern und für den gemeinsamen Erfolgsprozeß zu nutzen.

Coaching im Sport – gelebtes Beispiel für die Chancen des Coaching

Wer vom Coaching spricht, kommt am Sport nicht vorbei. Gerade in den angelsächsischen Ländern ist in den meisten Sportarten nicht der Trainer im Einsatz, sondern der Coach. Seine Aufgaben umfassen auch die des klassischen Trainers, aber sie gehen weiter.

Kopf und Körper müssen eine Einheit bilden

Der Trainer übt einzelne Abläufe immer wieder, steigert die technischen Fähigkeiten und baut die Kondition auf. Der Coach hingegen kümmert sich mehr noch um die geistige Einstellung und Haltung – Kopf und Körper müssen eine Einheit bilden, wenn Spitzenleistungen angestrebt werden.

Boris Becker hat in den Zeiten seiner höchsten sportlichen Leistungsfähigkeit zwei Sätze bekannt gemacht. Nach seinen größten Erfolgen sagte er: »Ich war heute mental gut drauf.« Nach seinen Niederlagen hingegen verlautete: ,,Ich konnte mich auf meinen Gegner heute mental nicht gut einstellen.« Wenn er geistig die richtige Einstellung und den Kontakt zu seinem Gegenspieler fand, konnte er auch seine Technik optimal einsetzen und siegen.

In kleinen Schritten zur Vollkommenheit

Immer mehr Fußballtrainer sprechen zu Beginn der Bundesligasaison nach den ersten Niederlagen davon, daß sie die Mannschaft erst richtig »einstellen« müßten. Menschen lassen sich natürlich nicht so einstellen, wie es der Mechaniker in der Werkstatt tut, wenn er die Zündung bei der Inspektion richtig einstellt. Dennoch kann auch bei Menschen die Einstellung und Haltung zur eigenen Leistungsfähigkeit gezielt gefördert und unterstützt werden. Die Lust an den eigenen Fähigkeiten, dem eigenen Erfolg, kann systematisch aufgebaut werden. Die größte Leistungsfähigkeit erreicht der erfolgreiche Mensch, wenn er Widerstand dazu nutzt, um Vollkommenheit anzustreben, und dabei kleine Schritte geht.

Und noch eine wichtige Erfahrung kann man von Hochleistungssportlern in den Beruf übernehmen. Auch die erfolgreichsten Sportler haben nicht nur Erfolge, sie haben auch Niederlagen zu verkraften. Erfolgreiche Menschen sind stolz auf ihre Siege und nutzen Niederlagen als Lernchancen – als Chance zu entdecken, wo sie noch besser werden können. Siegertypen verfügen über ein ausgeprägtes und stabiles Selbstwertgefühl, das durch Siege stabilisiert und aufgewertet, aber durch Niederlagen nicht beeinträchtigt wird. Sie glauben fest an sich und an ihre Fähigkeiten und probieren – und gerade dies ist der Unterschied zu den weniger Erfolgreichen – so lange, bis sich die Erfolge einstellen, an die sie schon immer geglaubt haben.

Die Erfolge der Sportler basieren auf vielen kleinen Schritten, dem Aufbau einer positiven Haltung zur eigenen Leistungsfähigkeit, der Wahrnehmung der Fortschritte und dem Glauben an eine weitere Leistungssteigerung. Die entscheidende Kraft liegt im Erfolg, wenn er denn als solcher wahrgenommen wird. Nicht umsonst heißt es, nichts sei so motivierend wie der eigene Erfolg.

Was wir von Spitzensportlern lernen können

Was ist nun die Aufgabe des Coachs im Sport? Der Coach traut dem Sportler die Spitzenleistungen zu, er plant mit ihm die nächsten Ziele auf der Grundlage der Selbsteinschätzung. Er baut den Sportler psychisch auf und stärkt sein Selbstbewußtsein, noch ein Stück weiter zu gehen. Und er bereitet den Sportler auf den *nächsten* Wettkampf vor. Denn dieser soll sich die nächste Wettkampfsituation vorstellen, das Geschehen im Kopf durchspielen, die kritischen Stellen wieder und wieder durchgehen und sich den Erfolg ausmalen.

Beobachten Sie einmal die Wettkampfvorbereitungen der weltbesten Leichtathleten bei der nächsten Fernsehübertragung. Immer mehr Sportler gehen vor dem Start die wichtigen Bewegungen im Kopf durch und führen die nächsten Schritte ohne ihr Wettkampfgerät durch. Ein schönes Beispiel ist von Robert Foster, Weltrekordler im Gewehrschießen, überliefert. Er konnte seinen eigenen Weltrekord brechen, obwohl er ein Jahr lang nicht mit seinem

Wettkampfgewehr üben konnte. Er trainierte in diesem Jahr täglich zehn Minuten visuell, vor seinem inneren Auge, stellte sich so auf den Wettkampf ein – und siegte.

Erfolg im Beruf

Was macht besonders erfolgreiche Menschen aus? Sie haben nicht nur einmal in ihrem Leben, sondern wieder und immer wieder geprüft, welche Begabungen und welche Fähigkeiten sie haben und sich danach ihre Ziele gesetzt.

Entscheidungen kann mir keiner abnehmen

Sie mußten erst wissen, wo sie stehen und wo sie hinwollten. Danach entschlossen sie sich, ihren Weg zu gehen. Dieser letzte Schritt ist der entscheidende Schritt, den nur der Einzelne selber machen kann. Persönlich die Entscheidung treffen: Ja, ich will das! Hier gibt es kein Überreden und kein Überzeugen, sondern nur die ganz individuelle Entscheidung: Ich will persönlich dieses Ziel erreichen, es ist mir wichtig, ich werde mich dafür voll und ganz engagieren.

Erfolgreiche Menschen kennen ihre innersten Vorstellungen von einem »guten Leben«. Sie sind in der Lage, ihre Wünsche deutlich zu sehen und zu spüren. Die Differenz zwischen Wunsch und Realität bildet in ihnen eine fruchtbare und herausfordernde Spannung, die sie nach vorne treibt. Der tiefe Glauben an ihre Fähigkeiten und Möglichkeiten bewirkt, daß sie diese Spannungen als positiv erleben, als Vorfreude auf künftige Erfolge, die sie nach einigen Anstrengungen sicher erleben werden. Dieser Entschluß kann enorme Kräfte entfesseln.

So sieht das Profil des erfolgreichen Menschen aus:

- Ich habe Lust am Leben.

- Ich will etwas erreichen. Ich habe Ziele, die mir wichtig sind.

- Ich vertraue meinen eigenen Fähigkeiten, diese Ziele auch erreichen zu können. Ich glaube an mich selbst.

- Ich setze mir konkrete, realistische Zeiten für Teilziele.

- Ich verzichte auf verdeckte Manipulationen.

- Ich setze meine Talente sinnvoll ein.

- Ich nutze Fehler, um daraus zu lernen.

- Meine Gefühle gehören zu mir und sind als innere Stimme wichtig.

- Ich lebe in der Abhängigkeit von anderen Menschen, und je mehr wir uns gegenseitig akzeptieren und unterstützen, desto besser erreiche ich meine eigenen Ziele.

Der Coach fördert den Erfolg

Führungskräfte sind Coachs für ihre Mitarbeiter. Die wichtigste Aufgabe ist es, den Standort des Verkäufers aus dessen eigener Sicht zu bestimmen und darauf aufbauend Ziele herauszufinden, die für den Verkäufer interessant und motivierend sind.

Diese Ziele und mehr noch die Vorstellung ihrer genußvollen Verwirklichung, die Vorstellung des eigenen Erfolgs sind die eigentliche Motivation des Verkäufers. Der Delphin-Verkäufer hat Lust darauf, erfolgreich zu sein und selbstgesteckte Ziele zu erreichen. Er ist in der Lage, berufliche und persönliche Ziele sinnvoll miteinander zu verknüpfen. Auch Delphin-Verkäufer haben materielle Ziele, z. B. das eigene Haus im Grünen, die Eigentumswohnung, aber sie arbeiten nicht alleine, um diese Ziele erreichen zu können. Sie begreifen lustvoll ihr Selbstbild als erfolgreiche Verkäufer, als Nutzen bringende Mitglieder einer Vertriebsmannschaft und verdienen dabei gleichzeitig auch noch genug, um ihre materiellen Wünsche verwirklichen zu können. Erst wenn dies dem Verkäufer selber klar geworden ist, können die beruflichen Ziele und die notwendigen Schritte zur Umsetzung geplant werden.

Der Verkäufer muß sich seine Ziele deutlich machen

Die Kernaufgabe des Coachs ist es also, in Gesprächen den Verkäufer dahin zu bringen, seine Wünsche zu entdecken, seine Ziele zu beschreiben und die Schritte auf dem Weg zum Ziel zu planen und anzugehen. Der Coach hilft dabei, Stolpersteine zu entdecken und aus dem Weg zu räumen.

Die Führungs-kraft als Poten-tialentwickler

Die Führungskraft wird so im besten Sinne zum Potentialentwickler für den Verkäufer. Manche Potentiale müssen dabei zunächst entdeckt werden, denn nicht jedem Menschen ist bereits klar, was in ihm steckt und zu welchen Leistungen er tatsächlich in der Lage ist. Manchmal gleicht dieser Prozeß einer Verführung.

Vertrauen ist die wichtigste Basis des Coaching

Diese Verführung zum Ziel basiert auf gegenseitigem Vertrauen und Zutrauen. Im Coaching zwischen Führungskraft und Verkäufer muß also zunächst eine Vertrauensbasis geschaffen werden. Die Führungskraft tritt in Vorleistung, sie muß gleichermaßen Vertrauen beim Verkäufer wecken und selber Zutrauen in dessen Leistungen entwickeln. Zudem muß sie sich selber vertrauenswürdig zeigen. Dies ist die Basis für den Vertrauensaufbau durch den Verkäufer. Erst auf der Grundlage dieser gegenseitigen Akzeptanz kann wirkliche Kooperation wachsen.

Das gemeinsame Wirken in der gleichen Richtung weckt wiederum neue Kräfte. Erst wenn Sie beim Tauziehen in der gleichen Richtung ziehen, sind Sie in der Lage, Ihre Kräfte optimal einzusetzen und die volle Leistungsfähigkeit zu entwickeln. Deshalb sollten Sie, wenn die Ziele des Verkäufers klar erarbeitet sind, diese auch gnadenlos ernst nehmen. Sie sollten sie immer wieder als Grundlage der gemeinsamen Reflexion nehmen und die Umsetzung konsequent unterstützen.

Nachlässigkeit muß unbedingt vermieden werden

Einer der verhängnisvollsten Fehler beim Verfolgen von Zielen durch Führungskräfte ist die *Nachlässigkeit*. Die meisten Ziele werden nur deshalb nicht erreicht, weil sie nicht konsequent verfolgt werden. Der Vorgesetzte kümmert sich nicht ausreichend darum, und viele Mitarbeiter schließen daraus, daß dann das Ziel nicht so wichtig sein kann, und lassen deshalb die Umsetzung schleifen. Die coachende Führungskraft darf deshalb hier selber nicht nachlässig sein und keinerlei Nachlässigkeit des Mitarbeiters dulden. Denn wer nachlässig gegenüber seinen Zielen ist, vernachlässigt sich selbst.

Gleichermaßen problematisch ist die Versuchung des Coachs, dem Gecoachten aus dem eigenen reichen Erfahrungsschatz Lösungen vorzuschlagen, die der Gecoachte dann nur noch übernehmen muß. Vorschläge des Coachs sind wesentlich weniger wert als Ideen und Lösungen, die der Gecoachte selber mit Unterstützung des Coachs findet. Bewährt sich später eine Lösung, die der Coach vorgeschlagen hat, basiert der Erfolg nicht vollständig auf der Leistung des Gecoachten. Führt der Vorschlag des Coachs hingegen nicht zum gewünschten Erfolg, so hat der Coach den Schwarzen Peter und ist »schuld« am Mißerfolg. Das Ziel der Verantwortungsübernahme durch den Gecoachten wird in beiden Situationen jedoch nicht erreicht.

Der Coach sollte daher folgende Leitsätze beherzigen:

■ Ich sage dir nicht, welcher Weg für dich der richtige ist. Ich unterstütze dich aber dabei, einen plausiblen Weg für dich und mich zu finden.

■ Sei nicht nachlässig mit dir selber und mit deinem Mitarbeiter. Nimm dich in deiner Rolle ernst und nimm deinen Mitarbeiter mit seinen Zielen ernst.

■ Schaffe klare Vereinbarungen und arbeite darauf hin, daß der Mitarbeiter einen verbindlichen Vertrag mit sich selber schließt.

Das Grundgesetz des Coachings

Das Coaching basiert auf fünf Prinzipien, dem Grundgesetz des Coachings. An diesem Grundgesetz kann sich jeder Coach orientieren und seine Arbeit ausrichten. Es eignet sich ebenfalls als Prüfkriterium für das eigene Handeln.

Kriterien zur Überprüfung des eigenen Handelns

Grundsatz 1: Mein Kunde ist der Verkäufer.

Grundsatz 2: Jeder Verkäufer ist ein Individuum mit persönlichen Wünschen und Visionen.

Grundsatz 3: Der Coach unterstützt seinen Kunden dabei, seine eigenen Visionen, Ziele und Erfolgsstrategien zu entwickeln.

Grundsatz 4: Der Coach unterstützt seinen Kunden, seine Fähigkeiten und Ressourcen zu entdecken und sie für die Verwirklichung seiner Ziele einzusetzen.

Grundsatz 5: Der Coach hilft, Engpässe, Probleme und Rückschläge zu überwinden.

Wofür ist der Coach da?

Wofür ist der Coach da? Er ist Vorgesetzter und Führungskraft. Die Verkäufer sind seine Kunden, denn er erbringt seine Leistungen für sie. Er ist für seine Verkäufer nur dann wichtig, wenn er ihnen einen Nutzen bringt und sie ihn als Führungskraft akzeptieren. Führungskräften, die sich als Dienstleister ihrer Mitarbeiter verstehen, fällt es leicht, ihre Führungsaufgabe wahrzunehmen, denn sie bedienen dabei ihre Kunden, die Verkäufer. (*Grundsatz 1*)

Kein Verkäufer gleicht dem anderen

Kein Verkäufer gleicht dem anderen. Als Menschen haben sie ganz individuelle Vorstellungen und Ziele. Es ist wichtig, die Wünsche und Ziele seiner Partner zu kennen, um sie mit den eigenen Wünschen zu verbinden und gemeinsame Ziele bestimmen zu können. Erst wenn ich den Menschen als Individuum ernst nehme, habe ich die Chance, ihn zu fördern und wirklich zu unterstützen. Erst wenn der Verkäufer spürt, daß der Coach es mit der unbedingten Unterstützung ernst meint und nicht nur ein Lippenbekenntnis ausspricht, kann eine produktive Beziehung aufgenommen werden. (*Grundsatz 2*)

Visionen wecken, Fähigkeiten entwickeln

Erste Aufgabe des Coachs wird es immer wieder sein, seine Verkäufer darin zu unterstützen, sich über die eigenen Visionen und Ziele klar zu werden, selbst Strategien zu entwickeln und selbst nach Lösungen zu suchen. Nur wenige Menschen machen dies konsequent aus eigenem Antrieb. Es ist eine große Hilfe, dabei gefördert und gefordert zu werden. (*Grundsatz 3*)

Als Coach unterstützen Sie Ihre Verkäufer, ihre eigenen Fähigkeiten zu erkennen, weiterzuentwickeln und für die Zielerreichung zu nutzen. Viele Fähigkeiten liegen verdeckt oder werden nicht optimal genutzt. Manche Potentiale müssen erst noch entwickelt werden. Dies unterstützt und fördert der Coach. (*Grundsatz 4*)

Auch im Coaching gibt es nicht nur Sonnenschein. Gerade bei Rückschlägen zeigt sich, ob die ersten beiden Grundsätze des Coachings vom Coach angewandt werden. Der Erfolgs-Coach hilft, Engpässe, Probleme und Rückschläge zu überwinden. (*Grundsatz 5*)

Wenn Sie diese fünf Grundsätze vorbehaltlos akzeptieren und anwenden, können Sie Ihre Verkäufer optimal unterstützen. Gehen Sie jetzt alle fünf Punkte noch einmal Punkt für Punkt durch. Beantworten Sie für sich die folgenden Fragen:

Welche Vorzüge haben diese fünf Grundsätze für mich und meine Verkäufer?

Welchen Nutzen haben sie für meine Führungsaufgaben?

Wo habe ich bereits früher gute Erfahrungen gemacht, wenn ich diese Grundsätze angewandt habe?

In welcher Situation kann ich sie direkt anwenden?

Im Qualitätsmanagement nach dem »European Quality Award« gibt es den schönen Begriff vom »Befähiger«. Im Coaching ist der Coach in der Rolle des Befähigers. Er befähigt seine Verkäufer, Leistungen zu erbringen, ohne sie zu zwingen oder sie anzuweisen.

Die Rolle des »Befähigers«

Ein Rahmenkonzept fürs Coaching baut daher auf den obigen fünf Grundsätzen auf und verfolgt immer wieder die gleichen Schritte:

- Erarbeiten von persönlichen Visionen.

- Beschreibung von erreichbaren konkreten Zielen.

- Analyse der Situation: Entdecken der für die Umsetzung entscheidenden Stärken, Engpässe und Hindernisse.

- Entwicklung von Strategien für die Beseitigung der Hindernisse.

- Optimistische Energien und Zuversicht für die Realisierbarkeit von Visionen, Zielen und Umsetzungstrategien.

47

- Konsequente Reflexion der Erfahrungen und – daraus resultierend – Erfahrungslernen.

Sie können Coaching einsetzen!

Coachen als persönliche Übereinkunft

Läßt sich das Grundmodell des Coaching in jedem Unternehmen mit klassischen Entscheidungs- und Hierarchiestrukturen verwirklichen? Ganz sicher, denn niemand braucht die Genehmigung seines Vorgesetzten zum Coachen. Es handelt sich um eine *persönliche Übereinkunft* zwischen Führungskraft und Verkäufer. Die wichtigste Erlaubnis jedoch muß sich die Führungskraft selbst geben:

Sind Sie bereit, auf viele bislang praktizierte Verhaltensweisen während des Coachingprozesses zu verzichten? Sind Sie bereit, auf Druckmittel zu verzichten? Sind Sie bereit zu vertrauen?

Das traditionelle hierarchische Führungsmuster sagt der Führungskraft: Du mußt Kraft aufwenden, um den Verkäufer zu kontrollieren, denn er ist im Grunde faul und will sich drücken, wo er nur kann. Willst du erfolgreich sein, so mußt du Druck ausüben und ein strenges Regiment führen.

Alte Führungsstrukturen schaffen keine Vertrauensbasis

Auf der Gegenseite antwortet der Verkäufer vielleicht: In diesem Unternehmen hält man sowieso nichts von mir. Man traut mir nichts Gutes zu. Meine Führungskraft interessiert sich nicht dafür, wohin ich will; sie übt Druck aus, um mich dorthin zu treiben, wo sie mich hin haben will. Ich weiche dem Druck aus, gestalte mir das Leben so angenehm wie möglich und zeige meinem Vorgesetzten davon so wenig wie möglich. Was er nicht weiß, macht ihn nicht heiß.

Diese Verhaltensweisen beeinflussen sich gegenseitig und lassen so lange keinen Ausweg zu, bis nicht die dahinterstehenden Grundsätze in Frage gestellt werden. Häufig kommt es dazu nicht mehr, weil der Verkäufer aus Frust den Job kündigt. Ein anderes Reaktionsmuster zeigen viele Vetriebsführungskräfte, z.B. durch Krankheit oder den Wunsch, in den Innendienst zu wechseln, wenn ihnen die dauernde Kontrolle und das permanente Antreiben zu lästig werden.

Führungshandeln in der traditionellen Hierarchie	Reaktionsmuster der Mitarbeiter
Anordnungen Vorgaben von oben Entscheidungen über Zukunft des Mitarbeiters Machtausübung Zwang/Druck	Widerstand ausweichen verheimlichen, verdecken, vertuschen Gegenmacht Konkurrenz

Beispiel: _____

Ein Handelsunternehmen reagiert im Laufe des Jahres auf die Marktentwicklung. In der gesamten Branche liegt der Umsatz weit hinter den Vorjahreszahlen. Die Umsätze sinken in unserem Unternehmen, und im dritten Quartal des Jahres werden noch für das laufende Jahr neue Jahresleistungsziele für den Außendienst festgelegt. Die zu erzielenden Umsätze für die zusätzlichen Prämien werden dabei nach oben korrigiert. Die Außendienstler erfahren das im August. Für sie bedeutet dieser Schritt: Sie werden finanziell schlechter abschneiden, selbst wenn sie die gleichen Ergebnisse wie im Vorjahr erzielen. Zugleich ist das Verkaufsgeschäft objektiv schwieriger geworden. Die neuen Ziele und Prämiengrenzen werden rückwirkend ab Januar in Kraft gesetzt.
Die Verkaufsleiterin, deren Ergebnisse im oberen Drittel liegen, kommentiert dies mit drastischen Worten: »Ihr könnt mich mal.« Fortan reduziert sie ihr Engagement auf das Nötigste, um ihre Umsätze zu halten. Sie sieht keinen Sinn darin, sich weiter abzumühen, da es vom Unternehmen doch nicht gewürdigt wird. Ein halbes Jahr später erhält sie ein Angebot eines anderen Unternehmens und wechselt ohne zu zögern.

Negativbeispiel: Späte Anhebung der Planziele

*Der Coach
muß äußere
Störquellen
ausschließen*

Dieses Beispiel zeigt, wie leicht Entscheidungen der Unternehmensspitze die Motivation der Mitarbeiter zunichte machen können. In unseren hierarchisch geführten Unternehmen muß damit immer wieder gerechnet werden. Im Coaching bildet jedoch das Vertrauensverhältnis zwischen Unternehmen, Führungskraft und Mitarbeiter eine wichtige Arbeitsgrundlage. Die Führungskraft als Coach muß im Rahmen ihrer Möglichkeiten nun dafür sorgen, daß möglichst wenige Störungen das Coaching behindern. Zumindest sind vermeidbare Störquellen auszuschließen.

Die im Beispiel praktizierte sehr machtvolle hierarchische Beziehung zwischen der Zentrale und der Verkaufsleiterin widerspricht der im Coaching angestrebten Beziehung, die von gegenseitiger Offenheit, Vertrauen, Gleichberechtigung und Dialog gekennzeichnet ist.

*Wochenberichte
sollen kein
Kontroll-
instrument sein*

Am Anfang unserer eigenen Coaching-Arbeit haben wir den Gecoachten gesagt: »Wenn Sie ein Ziel anstreben, ist es wichtig, daß Sie wöchentlich reflektieren und dabei Fortschritte, Grenzen und Probleme erkennen.« Diese seien als Wochenberichte an den Coach zu übermitteln. Unsere Gecoachten interpretierten diese Aufforderung nicht als die von uns beabsichtigte Hilfestellung. Vielmehr interpretierten sie sie als eine Aufforderung eines »Lehrers«, Hausaufgaben in der vorgeschriebenen Weise zu machen. Der Wochenbericht war in ihrer Wahrnehmung ein Macht- und Kontrollinstrument. Wir haben diesen Wirkungsmechanismus selbst erst dann wahrgenommen, als Widerstände auftraten.

In der hierarchischen Vertriebsstruktur dient der Wochenbericht als Kontrollinstrument der Führungskraft, als Nachweis über Kundenbesuche. Der Bericht ist in der Regel nicht Teil eines Reflexions- und Lernprozesses. Der Wochenbericht wird vielfach auch als Machtinstrument genutzt. Der Verkäufer gibt etwas preis und öffnet sich. Die Führungskraft kann mit diesen Informationen gegebenenfalls Druck ausüben, ihn zu etwas zwingen, was er nicht will. Allein der Verkäufer enthält für die Abgabe des Berichtes keine adäquate Gegenleistung.

In der Praxis unseres Coachings passierte dann folgendes: Der Verkäufer hat seinen Wochenbericht nicht geschickt. Der Coach ruft an und fragt nach. Der Verkäufer entschuldigt sich und nennt vielerlei Gründe. Hier ist etwas gründlich schiefgegangen. Der Verkäufer erlebt den Coach als Kontrolleur und den Wochenbericht als Kontrollinstrument. Genauso wie in der betrieblichen Praxis. Unsere Lernerfahrungen in hierarchischen Organisationen sagen uns: Gib dem Kontrolleur, was er will und schau, daß du gut aus dieser Situation herauskommst.

Coaching als Entwicklungsprozeß

Die Zielsetzung des Coachings ist jedoch eine andere: Es soll ein Lern- und Entwicklungsprozeß eingeleitet werden, der vom Gecoachten selber gesteuert wird. Alle Vereinbarungen haben nur dann einen Sinn, wenn der Gecoachte daraus einen Vorteil zieht und für sich selber erkennt: »Ich komme damit weiter.« Machtausübung erzeugt immer auch Widerstand.

Wir wollen jedoch eine eigenmotivierte Potential- und Erfolgsentwicklung beim Verkäufer erreichen. Das Ausspielen des faktisch bestehenden Machtverhältnisses Vertriebsführungskraft – Verkäufer ist kontraproduktiv. Der Coach hat immer dann die Aufgabe, deutlich Einhalt zu gebieten, wenn er den Eindruck hat, der Gecoachte mache etwas nur für den Coach und nicht für sich.

Fördercoaching, Beurteilungscoaching und Entscheidungscoaching

Die drei Aufgaben des Coachings im Unternehmen sind:

- fördern und entwickeln,
- beurteilen,
- entscheiden.

Fördercoaching

Im *Fördercoaching* steht der persönliche Unterstützungsgedanke im Vordergrund. Der Vorgesetzte unterstützt die Entwicklung des Mitarbeiters auf der Grundlage individuell vereinbarter Ziele und Strategien.

Vorrangiges Ziel ist, die Potentiale und Möglichkeiten des Verkäufers zu erschließen, Wege zum Erreichen der Ziele und zur Umsetzung der Strategien zu vereinbaren und ihn beim Lernen aus seinen Erfahrungen zu begleiten. Jeder Mensch hat viel mehr Möglichkeiten, als er in der Praxis tatsächlich wahrnimmt. Diese gilt es zu entdecken und zu nutzen. Der Coach unterstützt den Verkäufer dabei, indem er ihm nützliche Methoden und Techniken zur Verfügung stellt und ihm die sachgerechte Anwendung dieser Instrumente vermittelt.

Beurteilungen sollen zukunfts-orientiert sein

Die Beurteilung des Vorgesetzten dient der Einschätzung der tatsächlich erbrachten Leistungen. Sie ist gleichermaßen vergangenheits- und zukunftsorientiert. Jeder Mensch sollte eine Einschätzung seiner Tätigkeiten und seines Entwicklungsstandes erhalten. So ist er nicht nur auf die Selbsteinschätzung angewiesen, sondern erhält eine bestätigende oder in Teilen korrigierende Fremdeinschätzung.

Die Verkaufsstatistiken und »Rennlisten« der Unternehmen können dabei nur ein Teil der Beurteilung sein. Wesentlich bedeutsamer für die persönliche Entwicklung ist die gemeinsame Beurteilung der Kompetenz- und Potentialentwicklung. Daraus ergeben sich neue Ansatzpunkte für den weiteren Coachingprozeß.

Beurteilungs-coaching

Das *Beurteilungscoaching* beschränkt sich nicht auf die Bekanntgabe der Verkaufsstatistiken, den Vergleich mit dem Vormonat und den Jahreszielvorgaben. Die Führungskraft verdeutlicht als beurteilender Coach vielmehr, wo im Verhalten und der Anwendung der einschlägigen »Handwerkszeuge« Fortschritte gemacht wurden und in welchen Bereichen noch besondere Anstrengungen erforderlich sind. So gelingt es, das Selbstbild des Verkäufers und die Einschätzung der Führungskraft (Fremdbild) zusammenzuführen.

Diese Form des offenen Feedbacks und der Fremdeinschätzung wird noch zu selten praktiziert. Sie ist, wenn sie ernsthaft vorgenommen wird, jedoch äußerst hilfreich. In den Grundschulen erhalten unsere Kinder in einem Schuljahr mehr Feedback, das ihnen hilft, ihre Leistung einzuschätzen, als die meisten Menschen innerhalb ihres gesamten Berufslebens. Viele Mitarbeiter klagen in unseren Seminaren offen darüber, daß sie schon seit Jahren keine Informationen von ihren Vorgesetzten erhalten haben, wie diese ihre Fähigkeiten und Leistungen einschätzen, worin sie besonders gut sind und wo sie sich noch verbessern sollten. Die obligatorischen Beurteilungsgespräche beziehen sich oft nur auf Formblätter mit vorgefertigten Ratingskalen.

Diese fehlende Fremdeinschätzung führt einerseits zur Orientierungslosigkeit (»Ich weiß nicht wo ich stehe. Ich weiß nicht, wie mein Chef mich einschätzt.«) und andererseits zum Beibehalten ineffektiver oder unproduktiver Verhaltensweisen.

Fehlende Fremdeinschätzung verunsichert

Im Verkauf heißt es dagegen seit langem hartnäckig: »Ob ich gut bin oder nicht, das erfahre ich beim Abschluß des Kaufvertrages sofort.« Das ist als Feedback genug.

Sicher, im Verkauf gibt es diese Form der unmittelbaren Leistungsbeurteilung, und sie ist knallhart. Dennoch beleuchtet dieses Feedback nur einen Teil der Realität. Der Verkäufer erfährt nicht, was verbessert werden könnte, wie er sein Ergebnis eleganter und leichter erzielen könnte. Er erhält ebenfalls keine Information darüber, warum ihm bestimmte Abschlüsse nicht gelingen, warum er mit bestimmten Kunden nicht zurechtkommt oder weshalb er nur bestimmte Produktgruppen gut verkauft und bei anderen allenfalls das Mittelmaß erreicht.

Verkaufserfolge als alleiniges Feedback?

Beurteilen und Fördern bedingen sich gegenseitig. Die realistische Beurteilung der Stärken und Schwächen, der Möglichkeiten und Grenzen bildet die Basis für jeden Förderungs- und Entwicklungsprozeß. Das Fördercoaching sucht nach den inneren (intrisischen) Antriebskräften des Verkäufers und unterstützt ihn bei der Verwirklichung seiner Ziele. Das Beurteilungscoaching verdeutlicht hingegen den Standort und die Leistungsentwicklung aus der Außensicht.

Vor jeder Förderung und nach jeder Beurteilung steht eine *Entscheidung*. Die Führungskraft muß entscheiden, ob und wie ein

Coachingprozeß begonnen oder fortgesetzt werden soll, was die nächsten Schritte sind und in welcher Form sie intervenieren und Einfluß nehmen will.

Die erste Entscheidung ist die, den Coachingprozeß zu beginnen. Dies ist eine Entscheidung für den Verkäufer, für seine Entwicklungschancen und -potentiale und für eine bestimmte Führungsphilosophie und -methode. Wer sich für den Weg des Coachings entscheidet, entscheidet sich für ein offenes und kooperatives Vorgehen, das an den Erfolgswillen und die Entwicklungsfähigkeit der Coachingpartner glaubt.

Unterschiedlichste Interessen im Coachingprozeß

Im Coachingprozeß sind mindestens drei Interessenlagen miteinander in Einklang zu bringen: das Interesse des Unternehmens mit seinen Umsatzzielen und Leistungsforderungen, das Interesse des Verkäufers mit seinen persönlichen Wünschen und Bedürfnissen sowie das Interesse des Coachs selbst, der den Erfolg des Verkäufers im Rahmen der vorgegebenen Unternehmensziele und Rahmenbedingungen fördern will und dadurch eigene Erfolgsziele anstrebt.

Der Coach ist der Unternehmensleitung verantwortlich

Der Coach trägt gegenüber der Unternehmensleitung die Verantwortung für die Einhaltung der unternehmensinternen Regeln und Leistungsforderungen im Coachingprozeß. Dies ist normalerweise kein Problem in einem Verfahren, in dem kooperativ Spitzenleistungen angestrebt werden. Dennoch kann es zu Regelverstößen oder Unterschreitung der vereinbarten Leistungsgrenzen durch den Verkäufer kommen. In diesen Fällen muß der Coach seine wohlwollend fördernde Rolle verlassen und unmißverständlich die Unternehmensinteressen vertreten. Ein Verkäufer, der sich nicht anstrengen will oder trotz Fördermaßnahmen nicht in der Lage ist, bestimmte Mindestleistungen zu erbringen, muß deutlich darauf aufmerksam gemacht werden, daß er damit seine vertraglichen Pflichten verletzt und eine Kündigung riskiert. Im Extremfall muß sich der Coach sogar gegen eine weitere Zusammenarbeit entscheiden und diese Entscheidung eindeutig gegenüber seinem Coachingpartner und allen anderen vertreten.

Delphincoachs sind klar und eindeutig in ihrem Verhalten gegenüber Regelverletzungen. Sie konfrontieren ihre Coachingpartner schnellstmöglich, offen und unverblümt – aber sie geben ihnen, zumindest in den Grenzfällen, immer auch eine Chance, aus ihren Fehlern zu lernen und zu regelgerechtem Verhalten zurückzufinden. Wird diese Chance vertan, dann entscheiden sie sich für eine schnelle und möglichst unkomplizierte Trennung. Das ambivalente Hin und Her, das von entscheidungsschwachen Führungskräften oft über Jahre mit unzufriedenen und leistungsschwachen Verkäufern gepflegt wird, lehnen sie ab, weil dadurch nur die Unzufriedenheit auf Dauer bestehen bleibt und auf die gesamte Mannschaft übergreifen kann.

Die Chance, aus Fehlern zu lernen

Die entscheidungsorientierte Konfrontation und Grenzsetzung stellt den Verkäufer vor das »Entweder-oder«: »Entweder veränderst du jetzt etwas und bringst die notwendigen Ergebnisse, oder es müssen andere Konsequenzen gezogen werden.« Wir nennen diese Form das *Konfrontationscoaching*.

Das Konfrontationscoaching findet im Vorfeld von Personalentscheidungen statt. Während die anderen beiden Coachingformen auf dem Prinzip der Freiwilligkeit basieren, wird der gecoachte Verkäufer hier vor die Alternative gestellt, sein Verhalten zu ändern oder das Unternehmen zu verlassen. Der Coach wird im Konfrontationscoaching klare Anweisungen geben und Verhaltensänderungen vorschreiben. Der Verkäufer muß sich dann entscheiden, ob er diesen Vorschlägen folgt oder lieber die Konsequenzen zieht. Als Unterstützung kann das Konfrontationscoaching auch mit einem kleinen Training der gewünschten Verhaltensweisen durch den Coach verbunden werden.

Konfrontationscoaching

Während in den anderen Coachingsituationen der Gecoachte weitgehende Freiheit besitzt, wie er die Ziele umsetzt, wird im Konfrontationscoaching oft eine klare Vorgabe gemacht und eine letzte Chance eingeräumt, bevor eine abschließende hierarchische Personalentscheidung getroffen wird.

Die Eigenver-
antwortung des
Gecoachten ist
zu stärken

Auch im Konfrontationscoaching besteht die Absicht, die Eigen-verantwortlichkeit des Gecoachten zu stärken bzw. wiederherzu-stellen. Der Coach wird dabei zunächst einmal herausarbeiten, ob es eine grundlegende Bereitschaft zur weiteren Zusammenarbeit gibt, die Rahmenbedingungen verdeutlichen und die Engpässe un-tersuchen, die für den Verkäufer bestehen. Danach hat der Ver-käufer die Verantwortung zu übernehmen und eine ganz wichtige Entscheidung zu treffen: Will ich oder will ich nicht. Im Anschluß an diese Entscheidung werden im negativen Fall die Modalitäten der Vertragsauflösung besprochen. Bei einer positiven Entschei-dung des Gecoachten ist dessen Ziel und Absicht sehr ernst zu nehmen, und der Coach wechselt wieder in die Förderaufgabe, um den Verkäufer bei der Zielerreichung zu unterstützen.

	Fördercoaching	**Beurteilungs-coaching**	**Konfrontations-coaching**
Ziel	Der Verkäufer defi-niert seine Ziele selbst im Rahmen der vorgegebenen Unternehmensziele.	Gemeinsame Beurteilung einer Situation und Zielvereinbarung.	Coach gibt Ziele vor.
Basis	Selbsteinschätzung	Selbst- und Fremd-einschätzung	Fremdeinschätzung
Gesprächs-eröffnung	Der Verkäufer eröff-net das Gespräch und beschreibt die Si-tuation. Die Sichtwei-se des Coachs muß nicht eingebracht werden. Der Coach hilft dem Verkäufer, die eigene Einschät-zung zu formulieren. Die Einschätzung des Coachs bleibt im Hin-tergrund.	Der Coach fordert den Verkäufer zur Si-tuationseinschätzung auf und stellt sicher, daß alle relevanten Aspekte beleuchtet werden. Der Coach ergänzt seine Ein-schätzung.	Der Coach eröffnet das Gespräch und beschreibt die Situa-tion. Der Verkäufer kann seine Sichtwei-se der Dinge einbrin-gen.

Problem-definition	Der Verkäufer benennt Probleme.	Gemeinsame Erfor-schung der Eng-pässe.	Der Coach benennt Probleme.
Handlungs-schritte	Der Verkäufer ent-wickelt Handlungs-schritte und entschei-det, ob und wie er sie umsetzen wird.	Der Verkäufer ent-wickelt Handlungs-schritte und ent-scheidet, ob und wie er sie umsetzen wird.	Der Coach verlangt dringend die erfor-derlichen Schritte.
Nachdruck zum Handeln	Geht vom Verkäufer aus.	Geht im Idealfall vom Verkäufer aus. Ist der Verkäufer je-doch nicht bereit, Maßnahmen zu er-greifen, schafft der Coach Nachdruck durch gezieltes Hinterfragen.	Geht vom Coach aus.
Dokumen-tation der Ergebnisse	Der Verkäufer sichert die Vereinbarungen.	Der Verkäufer sichert die Vereinbarungen.	Der Coach dokumen-tiert die erforder-lichen Schritte und Termine.

2. Auf die Haltung kommt es an

»*Halt dich gerade! Setz dich gerade an den Tisch!*« Vielleicht haben Sie in Ihrer Jugend solche Aufforderungen von Ihren Groß-eltern und Eltern gehört. Wenn wir in diesem Kapitel über unsere Haltung sprechen, dann geht es nicht um das gerade und durch-gesteckte Kreuz. Es geht um die Einstellung und die Grundhal-tung, die Sie als Führungskraft Ihren Verkäufern gegenüber entge-genbringen. Es geht um die Werte, die Sie für richtig halten und die Frage, ob diese mit denen Ihrer Verkäufer übereinstimmen oder auch nicht, und welche Konsequenzen das für Ihr Coaching hat.

Es geht um gemeinsame Werte

Warum ist unsere *innere Haltung* zu den Dingen so wichtig?

Die Entstehung von Urteilen und Vorurteilen

Schauen Sie einmal auf Ihren Schreibtisch. Vielleicht gehören Sie zu den Menschen, die sehr viel Wert darauf legen, daß der Schreibtisch aufgeräumt ist, die Dinge immer an ihrem festen Platz liegen. Mit dieser Ordnung haben Sie sehr gute Erfahrungen gemacht und sorgen selber dafür, daß dieser Zustand immer wieder hergestellt wird. Dieses Verhalten hat für Sie einen hohen Stellenwert und verschafft Ihnen Genugtuung und Zufriedenheit.

Nun gehen Sie durch die Büros anderer Mitarbeiter. Sicher entdecken Sie dabei den einen oder anderen Schreibtisch, der unter großem Durcheinander und viel scheinbarer Unordnung leidet. Jetzt denken Sie an diesen Mitarbeiter. Wahrscheinlich fallen Ihnen sofort eine Menge Situationen und Verhaltensweisen ein, in denen dieser Mitarbeiter Dinge nicht optimal erledigt oder nicht gut abgewickelt hat. Wenn Sie nun an die Ursachen denken, fällt Ihnen vermutlich wieder der Schreibtisch ein … bei so viel Unordnung kann da ja nichts Vernünftiges daraus werden. Der Mitarbeiter muß erst einmal Ordnung schaffen!

Was passiert in dieser Situation? Wir selber haben einmal gelernt, daß wir mit Ordnung sehr gut unsere Arbeit gestalten können. Vielleicht haben wir in unserer Jugend, nachdem wir einmal den Schreibtisch im Kinderzimmer aufgeräumt haben, einen Aufsatz sehr gut und zügig schreiben können. Diese Erfahrung haben wir in anderen Situationen mehrmals wieder gemacht. Ein konkretes Verhalten hat sich immer wieder als nützlich erwiesen. Daher sind wir zu der Überzeugung gekommen: Ordnung ist sinnvoll und hilfreich, und dieser Wert prägt unser Leben. Im Laufe der Zeit ist dieser Glaubenssatz für uns so selbstverständlich geworden, daß er Teil unseres Selbstbildes, unserer Identität geworden ist.

Sich selbst der »inneren Haltung« bewußt sein

Der Coach muß sich darüber klar werden, daß es viele die Identität beeinflussende Aspekte und Glaubenssätze gibt, die wir selbstverständlich mit uns herumtragen und die unsere Wahrnehmung und unser Verhalten bestimmen. Wenn wir nun einen Verkäufer coachen, tun wir das aus unseren Einstellungen und Grundhaltungen heraus. Sie sind uns als Teil aller unserer Erfahrungen nützlich. Sie können jedoch auch hinderlich sein, weil wir uns der daraus resultierenden Verhaltensweisen nicht bewußt sind.

Der Coach sollte daher möglichst viele seiner eigenen Annahmen entdecken und sich klarmachen, daß es sich dabei um den eigenen inneren Lern- und Erfahrungsprozeß handelt, der nicht für alle anderen Menschen die gleiche Gültigkeit haben muß.

Selbstanalyse des Coaches als ...

Die folgenden Übungen helfen Ihnen, mehr Klarheit zu gewinnen.

Übung 1:
Meine eigenen Erfahrungen als Kunde mit Verkäufern

Listen Sie in der linken Spalte die Dinge auf, die Sie in den letzten Jahren und auch heute noch stören, wenn Sie es als Kunde in der Firma, zu Hause oder beim privaten Einkauf mit anderen Verkäufern zu tun haben. In der rechten Spalte notieren Sie Ihre Gefühle, Handlungen und Verhaltensweisen, wenn sie auf eine solche Situation treffen.

Bei anderen Verkäufern geht mir auf den Wecker, wenn sie ...	Meine typischen Gefühle in solchen Situationen sind ... Meine Reaktion ist zumeist ...
_____	_____
_____	_____
_____	_____

Einige Beispiele:

Standardfragen:
Was darf es denn sein?
Kann ich Ihnen helfen?

Ich fühle mich nicht als
Individuum ernst genommen.

Getuschel der Verkäufer
hinter der Theke.

Wie reden die wohl über mich,
wenn ich aus dem Laden raus bin?
Ich gehe, ohne etwas zu kaufen.

59

Übung 2: Meine eigenen Erfahrungen als Verkäufer

Listen Sie in der linken Spalte die Dinge auf, die Ihnen im Laufe der Jahre (vor allem zu Beginn Ihrer Berufstätigkeit als Verkäufer oder bei Ihren ersten Jobs, wenn Sie ein gutes Gedächtnis haben) »auf den Wecker« gegangen sind. In der rechten Spalte notieren Sie Ihre Gegenstandpunkte, die Sie dazu entwickelt haben.

Auf den Wecker ging mir, wenn …

Schlußfolgerungen, die ich daraus für mein Verhalten als Verkäufer gezogen habe

_____   _____

_____   _____

_____   _____

_____   _____

_____   _____

_____   _____

_____   _____

… Aufforderung an den Gecoachten

Die rechte Spalte stellt einen guten Teil Ihrer Annahmen und Ihres Verständnisses vom erfolgreichen Verkaufen dar. Ihr eigener Erfahrungsschatz prägt Ihre Einstellung und die von Ihnen daraus abgeleiteten konkreten Verhaltensweisen.

Listen Sie nun bitte auf, welche Verhaltensweise ein erfolgreicher Verkäufer nach Ihrer Ansicht an den Tag legen sollte.

Übung 3: Ein erfolgreicher Verkäufer sollte ...

_____

_____

_____

_____

_____

_____

_____

_____

Eine weitere wichtige Quelle für Ihre Einstellungen gegenüber dem Verkauf sind ihre persönlichen Erfolge und Mißerfolge. Beantworten Sie bitte die folgenden Fragen:

Übung 4:
Meine Erfolge und meine Mißerfolge als Verkäufer

Was waren meine größten Erfolge im Verkauf? Worauf basierten diese Erfolge?

_____

_____

_____

Was waren für mich die wichtigsten Mißerfolgssituationen im Verkauf? Warum kam es zum Mißerfolg?

_____

_____

_____

Aus welchen Quellen erhalte ich Bestätigung und Anerkennung für meine Verkaufsleistung? Welche sind für mich persönlich am wichtigsten und am hilfreichsten?

_____

_____

_____

Welche Schlüsse habe ich aus diesen Erfolgen und Mißerfolgen für mich gezogen? Was habe ich daraus gelernt?

_____

_____

_____

Der Sinn der Übungen

Der Wert dieser Übungen liegt darin, sich Dinge bewußt zu machen, die intuitiv unser Handeln beeinflussen. Nur der kleinste Teil der Abläufe in uns wird uns bewußt. Der größte Teil findet unbewußt statt.

Wenn wir positive Erfahrungen machen, stärken uns diese Erlebnisse und bestätigen uns für unser künftiges Handeln. Auch wenn wir weniger gute Erfahrungen auswerten und dabei neue Handlungsmöglichkeiten entdecken, findet ein Aufwertungsmechanismus statt. Wir erleben uns in unserem Handeln als stark und gewinnen die Überzeugung, daß wir leistungsfähig sind. Schließlich entsteht daraus ein Bild über die eigene Identität und Rolle, in dem wir uns als wertvoll und wichtig erkennen. Dieser Aufwertungsmechanismus findet überwiegend *unbewußt* statt und stärkt uns.

Auf- und Abwertungsmechanismen

Der entgegengesetzte Mechanismus kann jedoch auch ausgelöst werden. Ein Verkäufer, der sich immer als das letzte Glied der Kette fühlt, betrachtet seine monatlichen Ergebnisse und fühlt sich hilflos. Er kann für sich nicht erkennen, welche alternativen Fähigkeiten er einsetzen könnte, um zu besseren Ergebnissen zu kommen, und welche Verhaltensänderung zielführend wäre. Nachdem ihm das mehrfach so gegangen ist, kommt er möglicherweise zu der

Überzeugung, daß es eigentlich hoffnungslos ist, überhaupt etwas zu versuchen. Diese Einschätzung verhindert zunächst jeden weiteren Versuch, etwas Neues zu erproben. Selbst gutgemeinte Ratschläge oder kollegiale Tips bestätigen das unbewußte Urteil des Verkäufers, es sei aussichtslos und vielleicht sei er selber unfähig oder wertlos.

Der Abwertungsmechanismus, der bei weniger erfolgreichen Menschen schnell eintritt, verhindert den eigenen Versuch, etwas Neues zu erproben. Ziel des Coachings muß es daher sein, den Gecoachten in der eigenen Handlungsfähigkeit zu stärken und neue Chancen und Möglichkeiten zu eröffnen. Die Abwertungsmechanismen können durch die Intervention des Coachs aufgehoben oder bewußter gemacht werden. Im Berufsleben gibt es jedoch viele »Spiele«, die eine genau gegenteilige Wirkung haben:

Wann ist das Eingreifen des Coaches nötig?

- *Ironisieren*: Der feine beißende Spott der Ironie wird vom leistungsschwachen Verkäufer auf sich persönlich gemünzt und als erneute Bestätigung der eigenen Unfähigkeit verstanden. Dies gilt auch für die unter Kollegen häufige Selbstironie.

»Spiele« aus dem Berufsleben

- *Intellektualisieren*: Das Suchen nach zumeist abstrakten Ursachen für schlechte Leistungen oder die »objektiv« schwierige Situation am Markt bestätigt den weniger guten Verkäufer nur darin, daß es unmöglich sei, bessere Ergebnisse zu erzielen, und daß die Ursachen durch den Verkäufer scheinbar nicht beeinflußbar sind. Der Verkäufer wird auch noch darin bestätigt, in der Situation nicht handeln zu können. Daß dies nicht die ganze Wahrheit sein kann, zeigt sich daran, daß andere Verkäufer bessere Umsätze erzielen.

- *Herabsetzungen vor anderen*: In manch einer Gruppenbesprechung werden gerade auch schwächere Verkäufer zitiert. Einige Vorgesetzte tun dies in der guten Absicht, damit weniger erfolgreiche Verkäufer aufzurütteln. Da sich aber niemand gerne derart vorführen läßt, führt diese Situation zu Rationalisierungen, Ausflüchten und vielfach zu Schuldzuweisungen bei der Führungskraft und den äußeren Umständen. Zugleich wird das Vertrauensverhältnis zwischen Führungskraft und Verkäufer stark beschädigt, wenn nicht sogar zerstört.

■ *Unterwürfigkeit*: Das vorschnelle Zustimmen zu Vorschlägen des Vorgesetzten bezeichnen wir als Unterwürfigkeit, wenn dadurch unreflektiert Anregungen übernommen werden. Unsere Erfahrung zeigt, daß die aus einer unterwürfigen Haltung heraus übernommenen Aufgaben und Handlungsweisen nicht zum Erfolg beitragen.

■ *Kopf in den Sand stecken oder die »Vogel-Strauß-Politik«*: Wenn ich den Kopf in den Sand stecke, sehe und höre ich nichts mehr. Also kann mir auch nichts passieren. Kleine Kinder halten sich die Augen mit den Händen zu und glauben, sie seien nun für die anderen unsichtbar. Dies schließen sie aus der Tatsache, daß sie die anderen ja auch nicht mehr sehen. Auch Erwachsene spielen dieses Spiel gerne. In der Politik wird es häufig als »Ausssitzen« bezeichnet.

■ *Propagieren von Lösungen, ohne zum Handeln zu kommen*: Man »müßte«, »könnte«, »sollte«. So fangen häufig Sätze an, die zugleich die Rechtfertigung beinhalten, es doch nicht zu tun. Fragen Sie doch einfach mal: »Und warum tun Sie es dann nicht?«

Selbst-
darstellung
überwinden

Viele dieser Handlungsmuster dienen der Selbstdarstellung, der Vermeidung der Übernahme von Selbstverantwortung und der Verhinderung des konkreten Tuns. Sie sind für den Gecoachten nicht hilfreich. Um in den Teufelskreis der Abwertung nicht hineinzukommen, ist es daher besonders wichtig, immer wieder die positiven Seiten und die konkreten Fähigkeiten anzuschauen und zu fragen: Was ist gut daran? Was können wir aus einer bestimmten Situation lernen? Gerade der Aspekt des fortwährenden Lernens aus Erfahrungen ist von großer Bedeutung, da er immer wieder konkrete Verbesserungsmöglichkeiten aufzeigt und Motivation schaffen kann.

Mit der folgenden Übung können Sie Ihre persönliche Sichtweise auf Ihre Verkäufer analysieren.

Übung zur persönlichen Einschätzung eines Verkäufers

Übung 5: Analyse eines Verkäufers

Was kann sie/er besonders gut?

_____

_____

_____

Was kann sie/er weniger gut?

_____

_____

_____

Welche Potentiale sehe ich in ihr/ihm?

_____

_____

_____

Welche Versuche hat er/sie gemacht, um etwas zu verändern? Welche waren erfolgreich, welche weniger erfolgreich?

_____

_____

_____

Welche Schlußfolgerungen hat sie/er daraus gezogen?

_____

_____

_____

Was ist aus Sicht der Verkäuferin, des Verkäufers eine besondere Leistung oder eine besondere Anstrengung?

_____

_____

_____

Worin kann ich ihr/ihm Anerkennung aussprechen?

_____

_____

_____

Wie kann ich ihr/ihm Anerkennung aussprechen?

_____

_____

_____

Wann werde ich das tun?

_____

_____

_____

Sicher finden Sie in den Leistungen und Versuchen eines jeden Verkäufers/einer jeden Verkäuferin positive und erfolgreiche Ansätze. Diese sollten Sie unterstützen. Dadurch stärken Sie den Aufwertungsmechanismus, das Selbstbewußtsein und die Lernfähigkeit. Die Motivation für weiteres Handeln basiert auf dem Erkennen von kleinen Erfolgen, dem Wahrnehmen: Es geht voran.

3. Verändern und Hinterfragen

Ein wichtiger Grund dafür, daß wir unsere Haltungen nur selten verändern und hinterfragen, ist unser Lernverhalten. Wir suchen uns immer wieder Situationen, in denen wir in unseren Annahmen und Sichtweisen bestätigt werden. Wir setzen uns nur selten solchen Erfahrungen aus, die unsere Annahmen in Frage stellen könnten.

Wir suchen meist nur Bestätigung

Übung 6: Neue Erfahrungen

Nutzen Sie jede Gelegenheit, andere Kulturen kennenzulernen. Sie brauchen dafür nicht in ferne Länder zu reisen. In unserer vielfältigen Gesellschaft gibt es sehr viele Lebenssituationen, die wir nicht kennen. Über welche Menschen und Generationen wissen Sie sehr wenig?

Kenntnis anderer Kulturen immer wichtiger

Gehen Sie doch einmal einen halben Tag mit einer Pflegerin Hausbesuche bei pflegebedürftigen Menschen machen, oder besuchen Sie einmal Auszubildende im Betrieb. Wissen Sie, wie es heute in der Schule zugeht?

Entdecken Sie Ihre Umwelt neu!

Seien Sie neugierig! Schauen Sie genau hin! Hören Sie genau zu! Achten Sie dabei genau auf Ihre Wahrnehmungen und das, was Sie dabei gespürt haben.

Notieren Sie danach:

Was ist für mich neuartig und ungewohnt gewesen?

_____

_____

_____

Was hat mir gefallen?

_____

_____

_____

Was hat mich verwirrt?

_____

_____

_____

Was hat mich abgestoßen?

_____

_____

_____

Habe ich solche Situationen früher in ähnlicher Weise schon einmal erlebt? Resultieren daher meine Beurteilungen und Einschätzungen?

_____

_____

_____

Was ist für mich besonders wichtig gewesen?

_____

_____

_____

Was kann ich daraus für mich lernen?

_____

_____

_____

Neue Situationen fördern unsere Flexibilität

Systematisch andere Kulturen und Situationen kennenzulernen, erhöht unsere geistige Flexibilität und ermöglicht uns, im Geiste verschiedene Blickwinkel einzunehmen. Wenn Sie eine Skulptur betrachten, erhalten Sie ein erstes Bild der Dinge. Wenn Sie Ihren

Standort verändern und die Skulptur von der Rückseite anschauen, erhalten Sie eine andere Sichtweise und vielleicht neue Eindrücke. Manch ein Künstler nutzt diesen Effekt und schafft in seinen Skulpturen und Bildern mehrere Sichtweisen und Perspektiven. Als Betrachter muß ich beweglich sein und verschiedene Sichten der Dinge zulassen. Erst dann erkenne ich die Vielfalt und das Ganze.

Im Coaching kommt es ganz besonders darauf an, die Sichtweisen und Einschätzungen des Gecoachten zu erkennen und anzuerkennen. Erst wenn mir dies vorbehaltlos gelingt, entsteht ein guter Kontakt zueinander, und die Chance, miteinander Dinge zu verändern, erhöht sich.

Miteinander Dinge verändern

Nutzen Sie jede Situation dazu, sich zu fragen, was Sie daraus für sich lernen können. Es gibt ständig Lernchancen und neue Handlungsmöglichkeiten.

Übung 7: Fragen zum eigenen Lernprozeß

Was ist gut daran?

_____

_____

_____

Was ist neu oder anders, als ich es erwartet hatte?

_____

_____

_____

Welche Schlüsse kann ich daraus ziehen?

_____

_____

_____

Was würde ich anders machen, wenn ich jetzt noch einmal in die gleiche Situation käme?

_____

_____

_____

Was würde dann anderes passieren?

_____

_____

_____

Das Handlungs-repertoire erweitern

Diese Fragen können Sie für jede Erfahrungssituation nutzen und sich so neue Erkenntnisse und Sichtweisen bewußt machen. So erweitern Sie kontinuierlich Ihr Handlungsrepertoire – und Ihre Möglichkeiten.

In Ihren Coaching-Sitzungen werden sie die Erfahrung machen, daß es kleine und große Fortschritte gibt, aber auch, daß Rückschläge zu verzeichnen sind. Albert Einstein wurde einmal gefragt, wie er arbeite. Er antwortete: »Ich taste mich voran.« Das Coaching ist ein solcher Tastprozeß und kann niemals genau vorausgeplant werden. Daher werden Sie immer wieder auf Neues und Überraschendes stoßen.

Offen für neue Interpretationen

Das Coaching ist dann besonders erfolgreich, wenn Sie offen sind für neue Interpretationen. Charles Garfield fordert: »New Game – New Rules«, also: Neue Spiele erfordern neue Regeln. Einige Regeln und Leitsätze könnten sein:

Die neuen Regeln

- Es reicht nicht aus, sich auf neue Technologien und Produkte einzustellen. Sie müssen auch die Veränderungen der Menschen und ihrer Bedürfnisse wahrnehmen.

- Passen Sie sich geänderten Strukturen und Kulturen an.

- Fühlen Sie sich stets als Lernender und verhalten Sie sich auch so.

- Machen Sie sich ein Bild von neuen Aufgaben und ergänzen Sie dadurch Ihre Vorbereitungen.

- Selbstvertrauen und das Wissen um Ihr eigenes Können sind Voraussetzung für Gewinner-Gewinner-Effekte.

- Ihre wichtigste Fähigkeit ist, zu motivieren und zu inspirieren. Bauen Sie Ihre Kommunikation darauf auf.

- Wenden Sie Ihre Krisen in Glücksfälle. Jede Krise enthält neue Lernchancen und eröffnet neue Möglichkeiten.

- Analysieren Sie Ihre Streßsituationen und prüfen Sie, welche Lernmöglichkeiten sie Ihnen bieten.

- Die innere Stimme – Ihre Intuition – ist ein wichtiges Hilfsmittel. Bauen Sie es in die Situationsbewältigung mit ein.

- Entwickeln Sie mehrere alternative Zukunftsentwürfe; dadurch bleiben Sie immer flexibel. Wenn ein Weg nicht erfolgreich ist, haben Sie immer noch einige »auf Vorrat« zur Verfügung. Sie können auch kurzfristig Ziele und Strategien flexibel anpassen. Es gibt immer mehr als eine Möglichkeit zu handeln.

Der Zukunfts-Coach

3

Zukunfts-Coach

1. Emotionale Intelligenz: Fünf wesentliche Fähigkeiten im Coachingprozeß

Delphin-Coachs fördern die Motivation und den Willen zu einer erfolgsorientierten Selbstentwicklung der Verkäufer. Sie beeinflussen ihre Coachingpartner willentlich und zielgerichtet, und sie verzichten dabei auf den Einsatz von Machtmitteln. Delphin-Coachs gewinnen ihre Coachingpartner dafür, sich eigene, anspruchsvolle Ziele zu setzen, die sie mit vollem inneren Engagement vertreten können und für deren Verwirklichung sie sich begeistert und mit ganzer Kraft einsetzen.

Der Coach:
Leitbild,
Therapeut,
Diktator

Und mehr noch: Delphin-Coachs motivieren, befähigen und »verführen« die Verkäufer, die sie coachen, dazu, dies alles im Rahmen eines real existierenden Unternehmens und unter real existierenden Marktbedingungen zu tun.

Professor Günter Hagedorn, einer der »Päpste« des Coaching im Spitzensport hat in einem Zeitschrifteninterview gesagt, daß der ErfolgsCoach eines Top-Atlethen zugleich »Helfer, Leitbild, Tröster, Berater, Therapeut und Diktator« sein müsse. Hagedorn: »Das Verhältnis zwischen Coach und Spitzensportler hat irrationale Züge. Es ist von Intimität geprägt. Berufliches und Privates lassen sich nur schwer trennen. Schließlich werden, wenn sich eine Person nahe ihrer physischen Grenzen bewegt, auch viele Emotionen sichtbar. Deshalb muß ein Coach sehr nah an seinen Sportlern dran sein.« (Die Zugbrücke, 1/97)

Coaching
spricht eigene
Gefühle an

Wer wie wir Coachingprozesse mit Verkäufern durchgeführt hat, weiß, daß auch der Delphin-Coach im Vertrieb in unterschiedlichsten Situationen sehr viele verschiedene Rollen übernehmen muß (vielleicht am seltensten die des Diktators, die nur dann angesagt ist, wenn man einen Verkäufer zwingen muß, sich selbst ernst zu nehmen und unliebsame Realitäten anzuerkennen). Er weiß auch, daß relevante Coachingprozesse, in deren Verlauf oftmals bedeutende und grundlegende Veränderungen für die beteiligten Personen stattfinden, menschlich nahegehen und viele Gefühle ansprechen – das ist ähnlich wie im Sport. Unternehmensinterne Coachingprozesse müssen daher mit noch mehr Fingerspitzengefühl und Abgrenzungskompetenz gestaltet werden, als dies in externen Coachingprozessen erforderlich ist.

Gefragt: Motivations- profis

Wir wollen hier keine unsinnigen Überlegungen darüber anstellen, ob es schwerer oder leichter ist, Spitzensportler oder Spitzenverkäufer zu fördern und zu entwickeln. Eines soll jedoch festgestellt werden: Der Delphin-Coach, der sich die Entwicklung der Top-Verkäufer zum Ziel gesetzt hat, muß wie der Sport-Coach ein Motivations- und ein Beziehungsprofi sein. Unter den uns bekannten Rahmenbedingungen wirklicher Vertriebsorganisationen muß ein erfolgreicher Coach die gesamte Klaviatur der psychologischen Beeinflussungsmöglichkeiten beherrschen und sie immer wieder individuell und situationsgerecht nutzen. Intelligenz und Schulweisheit reichen da lange nicht aus. Auch der Coach im Vertrieb muß geschickt und kunstvoll mit den Gefühlen seiner Coachingpartner (und mit seinen eigenen) umgehen können, wenn er seine Ziele erreichen will.

Moderne Verhaltenswissenschaftler haben das, was ein Delphin-Coach können muß, wenn er seine Coachingpartner erfolgreich machen will, mit dem Begriff *Emotionale Intelligenz* bezeichnet. Daniel Goleman, der sich in seinem gleichnamigen Buch sehr intensiv mit diesem Phänomen befaßt hat, gliedert die dazu gehörigen Fähigkeiten in fünf Bereiche:

Die fünf Bereiche der Emotionalen Intelligenz

- Die eigenen Emotionen bewußt wahrnehmen und erkennen können.

- Die eigenen Emotionen willentlich beeinflussen und gestalten können.

- Die eigenen Emotionen für die Verwirklichung der eigenen Ziele nutzen können.

- Sich in andere Menschen einfühlen können, das Erleben und die Gefühle anderer nachempfinden können.

- Beziehungen gestalten und mit Konflikten konstruktiv umgehen können.

Diese fünf für den Delphin-Coach (und jeden, der erfolgreich mit anderen Menschen umgehen will) wesentlichen Fähigkeiten sollen im folgenden eingehender dargestellt und beschrieben werden.

Die eigenen Emotionen bewußt wahrnehmen und erkennen können

Kennen Sie Ihre Gefühle?

Wissen Sie eigentlich jetzt, während Sie dieses Buch lesen, wie Sie sich im Moment fühlen? Können Sie Ihre Stimmungen und Empfindungen in jeder Situation immer sofort bewußt registrieren? Wissen Sie immer genau, *was* Sie empfinden und *wie* Sie sich fühlen?

Beispiel: Samurai

Ein kämpferischer Samurai, so heißt es in einer alten japanischen Überlieferung, forderte einst einen Priester auf, ihm zu erklären, worin sich Himmel und Hölle unterscheiden. Doch der Geistliche wollte sich mit dem Krieger nicht einlassen, er erwiderte verächtlich: »Du bist nichts als ein Flegel, mit deinesgleichen vergeude ich doch nicht meine Zeit!«

In seiner Ehre getroffen, wurde der Samurai rasend vor Wut. Er zog sein Schwert aus der Scheide und schrie: »Für diese Frechheit sollst du sterben!«

Der Priester lächelte weise und sagte: »Das, was du gerade erlebst, ist die Hölle.«

Verblüfft von der Erkenntnis der Wahrheit dessen, was der Priester über die Wut gesagt hatte, die ihn ergriffen hatte, beruhigte sich der Krieger. Er steckte sein Schwert in die Scheide und dankte dem Priester mit einer Verbeugung für die neue Einsicht.

Wieder lächelte der Priester und erwiderte: »So wie wir jetzt sind, so ist der Himmel.«

Die plötzliche Klarheit des Samurai über seinen eigenen Erregungszustand macht den entscheidenden Unterschied deutlich, ob man unbewußt von seinen Gefühlen beherrscht wird oder ob man erkennt und bewußt erlebt, wie die Gefühle das Handeln beeinflussen.

Wer seine Gefühle in dem Augenblick, in dem sie auftreten, bewußt wahrnimmt und erkennt, kann sich entscheiden, was er tun will. Wer dagegen seine Gefühle nicht wahrnimmt, ist ihnen hoffnungslos ausgeliefert.

Unsere Gefühle sind biologisch die Auslöser hormonaler Prozesse, die unsere Handlungen steuern. »Bei Zorn strömt Blut zu den Händen, was es erleichtert, zur Waffe zu greifen oder einen Feind zu schlagen; der Puls nimmt zu und ein Ausstoß von Hormonen wie Adrenalin erzeugt einen Energieschub, der für eine energetische Aktion ausreicht. Bei Furcht fließt Blut zu den großen Skelettmuskeln, vor allem in die Beine, und sorgt dafür, daß man leichter fliehen kann ... Gleichzeitig erstarrt der Körper, wenn auch nur für einen kurzen Augenblick, vielleicht um die Abwägung zu ermöglichen, ob man sich nicht besser verstecken sollte. Die cerebralen Schaltungen in den emotionalen Zentren lösen eine Woge von Hormonen aus, die den Körper in einen allgemeinen Alarmzustand versetzen, so daß er gereizt und handlungsbereit wird, während die Aufmerksamkeit sich auf die vorliegende Gefahr konzentriert, um besser abschätzen zu können, welche Reaktion die Richtige ist.« (Goleman, Emotionale Intelligenz, Seite 22 f.)

Wissenschaftliche Erklärung von Gefühlen

Für Führungskräfte ist es sehr wichtig, die eigenen Gefühle *bewußt* wahrnehmen und einschätzen zu können. Nur so sind sie in der Lage, vernunftgeleitete und sachlich angemessene Entscheidungen zu treffen.

Denken Sie beispielsweise einmal an die Auswahl eines Bewerbers für eine freie Stelle in Ihrer Abteilung. Sie haben sich genau überlegt, was der Bewerber leisten soll. Es existiert ein differenziertes Anforderungsprofil. Wenn Sie aber in den Bewerbungsgesprächen, die Sie führen, nicht genau auf die Gefühle achten, die die Bewerber (aufgrund ihrer äußeren Erscheinung oder durch ihr Verhalten) in Ihnen auslösen, könnte es passieren, daß Sympathie

Beispiel: Bewerber

oder Antipathie unbewußt den Ausschlag für Ihre Entscheidung geben, und nicht die Fähigkeiten und Kenntnisse der Bewerber. Sie würden u. U. sogar einen ungeeigneten Bewerber auswählen, nur weil er Ihnen am sympathischsten ist. Ihr Gefühl hätte über Ihren Willen und über Ihren Verstand gesiegt.

Unbewußte Emotionen ...

»Emotionen, die unterhalb der Bewußtseinsschwelle gären, können unsere Wahrnehmungen und Reaktionen mächtig beeinflussen, auch wenn wir von ihrem Wirken nichts ahnen. Jemand hat beispielsweise am Morgen einen heftigen Zusammenstoß erlebt und ist danach stundenlang gereizter Stimmung, nimmt Dinge, die gar nicht so gemeint waren, krumm und schnauzt grundlos die Leute an. Es kann durchaus sein, daß er von seiner anhaltenden Gereiztheit nichts weiß und überrascht ist, wenn man ihn darauf aufmerksam macht, obwohl sie dicht unterhalb seiner Wahrnehmungsschwelle am Brodeln ist und seine schroffen Reaktionen diktiert.« (Goleman, Seite 78)

Von Managern wird verlangt, sich nicht von ihren Emotionen, sondern von rationalen Überlegungen in ihrem Handeln leiten zu lassen. Es sollen nicht diejenigen gut beurteilt und befördert werden, die ein Vorgesetzter gut leiden kann, sondern jene, welche die besten Arbeitsergebnisse erbringen. Es soll nicht der Lieferant genommen werden, dessen Vertreter dem Einkäufer am sympathischsten ist, sondern jener, der dem Kunden den größten Nutzen bietet – diese Liste könnte noch lange fortgesetzt werden.

... müssen erkannt und akzeptiert werden

So richtig wie diese Forderungen sind, so fatale Auswirkungen haben sie oft in der Managementpraxis. Die gefährlichen Gefühle werden oft nicht bewußt registriert und in ihrem Einfluß auf das Handeln im Zaum gehalten, sondern Gefühle werden als grundsätzlich die Vernunft gefährdende Elemente abgelehnt und in das Unterbewußtsein verdrängt. Viele Manager meinen, die Vernunft gehöre ins Geschäft, die Gefühle ins Privatleben.

Der in dieser Art rationalistisch vorgeprägte Manager glaubt: »Wenn ich keine Gefühle mehr verspüre, dann sind auch keine mehr da, die mich vom Pfad der Vernunft abbringen können.«

Diese Annahme, das hat spätestens Sigmund Freud, der Begründer der Psychoanalyse, nachgewiesen, ist jedoch selbst höchst unvernünftig. Gerade unbewußte und verdrängte Gefühle beeinflussen nicht nur das Verhalten eines Menschen, sondern auch sein logisches Denkvermögen.

An einem Beispiel soll dies verdeutlicht werden: Ein mit unbewußten Minderwertigkeitsgefühlen behafteter Autokäufer wird wahrscheinlich selbst dann eine kraftstrotzende Luxuskarosse erwerben, wenn sein finanzielles Budget damit bis an die Grenzen des Erträglichen belastet wird. Wenn man ihn befragt, warum er sich gerade dieses sehr teure Auto gekauft habe, wird er für seine Entscheidungen immer eine Menge guter Gründe nennen können – rationale, nachvollziehbare. Vielleicht wird er die Sicherheit dieses Fahrzeugs besonders hervorheben oder seine Haltbarkeit oder seine besonders umweltfreundliche Herstellungsart. Diese Gründe sind jedoch Rationalisierungen der eigentlich unvernünftigen Handlung. Ein verständiger Beobachter erkennt die Fadenscheinigkeit dieser Gründe – zumindest auf den zweiten Blick.

Beispiel: Autokäufer mit Minderwertigkeitskomplexen

Die tiefe Sehnsucht dieses Autokäufers, mit dem großen und kraftstrotzenden Fahrzeug den unbewußt erlebten Persönlichkeitsmangel auszugleichen und die gleichzeitig vorhandene Angst, daß die schmerzende Minderwertigkeit von den Menschen in der Umwelt entdeckt werden könnte, haben seine Denkorgane angetrieben, sich ein paar vernünftige Argumente einfallen zu lassen, die die unvernünftige Tat rechtfertigen. Denn gerade in bezug auf unsere verdrängten und unbewußten Gefühle gilt im vollen Umfang die alte chinesische Weisheit: »Das, was bekämpft wird, gewinnt an Macht.«

Allein das bewußte Wahrnehmen der eigenen Gefühle schafft mehr Entscheidungsspielraum und eröffnet neue Möglichkeiten zur Selbsterkenntnis.

Bewußte Wahrnehmung fördert Entscheidungen

Für unseren mit Selbstwertproblemen belasteten Autokäufer würde das heißen: »Ich stelle fest, daß ich mir ein großes und PS-starkes Auto wünsche. Allein die Vorstellung, ein solches Auto zu besitzen, darin herumzufahren und gesehen zu werden, vermittelt mir das Gefühl höchster Zufriedenheit. Aber da ist auch meine aktuelle Finanzlage. Die Investition in dieses superteure Auto würde bedeuten, daß ich mich bis an meine Grenzen belaste und damit ein existentielles Risiko auf mich nehme, weil mir keine Reserven für Unvorhergesehenes mehr bleiben. Wenn ich aber auf die Anschaffung verzichten würde, dann wäre das sehr schmerzhaft und unbefriedigend für mich, weil ich mir ja so sehr diese Kraft und Stärke wünsche. Welche Möglichkeiten gibt es für mich, dieses Dilemma zu überwinden?«

Sicher würden unserem Autokäufer jetzt mehrere vernünftigere Lösungsmöglichkeiten einfallen.

Auch Coaches sind von Gefühlen abhängig

Sie, verehrter Leser, werden sicher schon erkannt haben, warum gerade für den Delphin-Coach, der mit Verkäufern arbeitet, das Erkennen und bewußte Wahrnehmen der eigenen Gefühle von besonderer Wichtigkeit ist. Denn auch Coachs sind nur Menschen. Auch Coachs empfinden (wie alle Führungskräfte) gegenüber ihren Partnern mehr oder minder starke Gefühle von Sympathie oder Antipathie.

Wenn diese Gefühle nicht bewußt wahrgenommen und kontrolliert werden, besteht immer die Gefahr, daß mit dem Sympathischen zu weich und zu nachsichtig, mit dem Unsympathischen dagegen zu hart und zu streng umgegangen wird. Dies kann für den Coachingprozeß negative Folgen haben und sogar zum Zerbrechen der Coachingpartnerschaft führen.

Ohne Offenheit keine positive Beziehung

Die Basis eines jeden erfolgreichen Coachingprozesses ist eine offene, konstruktive und positive Beziehung zwischen den Partnern. Gefühle sind ein wichtiger Indikator für die Qualität einer Beziehung. Negative Gefühle weisen immer auf eine Störung hin. Je früher solche Gefühle wahrgenommen werden, um so schneller kann man die Ursache der Störung erkennen und beheben.

Zur Offenheit in einem Coachingprozeß gehört es daher auch, daß der Coach in schwierigen Situationen ehrlich über seine Gefühle spricht. Dies geschieht in Form einer »Ich-Botschaft«: Zum Beispiel:

»Ich fühle mich ganz unwohl, wenn Sie so freudig über Ihre guten Beziehungen zu Ihren Kunden reden, weil ich Ihren Worten angesichts Ihrer schwachen Umsätze kaum glauben kann.« Oder: »Ich merke, wie ich bei Ihren ausführlichen Erzählungen ganz unruhig werde, weil ich mich frage, ob es noch etwas Wichtiges gibt, was Sie mir nicht erzählen wollen?«

Das offene Ansprechen der Gefühle durch den Coach kann auch den Partner dazu bewegen, offener zu werden. Der Coach übernimmt hier eine Vorbildfunktion, die insbesondere für introvertierte und verschlossene Coachingpartner sehr wichtig sein kann. Auf jeden Fall dient das Ansprechen der Gefühle einer Beziehungsklärung.

Auch wenn der Coach im Verlauf des Prozesses negative Gefühle bei seinem Coachingpartner vermutet, wird er dies offen in Form einer »Ich-Botschaft« ansprechen, um gegebenenfalls eine Klärung herbeiführen zu können. Zum Beispiel: »Ich bin mir nicht ganz sicher, ob ich Ihnen mit meiner letzten Äußerung zu nahe getreten bin, ist das so?« Oder: »Ich habe den Eindruck, daß Sie jetzt unzufrieden sind, stimmt das?« Die Frageform läßt dem Partner die Möglichkeit, einen Eindruck des Coachs zu korrigieren oder auch zu konkretisieren. Immer regt sie ihn jedoch zum Nachdenken und zum Sprechen über seine Gefühle an.

Für den Coach ist es in zweifacher Hinsicht wichtig, seine Gefühle bewußt wahrzunehmen und zu erkennen. Zum einen haben die Gefühle eine wichtige erkenntnisleitende Funktion im Coachingprozeß, und zum anderen übernimmt der Coach eine Vorbildfunktion für den gecoachten Verkäufer, wenn er auf seine Gefühle achtet und über seine Gefühle spricht. Denn auch für den Verkäufer ist es äußerst wichtig, im Umgang mit seinen Kunden und mit den anderen Menschen in seiner Umgebung auf die eigenen Gefühle zu achten und diese eindeutig zu erkennen. Verkäufer, die im Coachingprozeß offen über ihre Erfahrungen und Gefühle sprechen können, sind damit dem Ziel der Selbsterkenntnis und der selbstbestimmten Lebensgestaltung ein großes Stück nähergekommen.

Die Bedeutung der Ich-Botschaften

Die Vorbildfunktion des Coachs

Gefühle als zusätzliche Informations-quelle

Der vernünftige Weg im Umgang mit den eigenen Gefühlen heißt *Achtsamkeit*. Die Gefühle wahrzunehmen, sie bewußt zu registrieren und als zusätzliche Informationsquelle über die erlebte Situation zu nutzen, all das ermöglicht es abzuwägen und alternative Lösungen zu finden. Lösungen, die auch dazu führen können, das eigene Selbstbild neu zu ordnen sowie neue Kraft und Stärke zu gewinnen. Achtsamkeit und die bewußte Wahrnehmung unserer Gefühle fördern unsere Fähigkeit, selbstbewußte, gewollte und vernünftige Entscheidungen zu treffen.

Die eigenen Emotionen bewußt beeinflussen und gestalten können

Viele Menschen sind auch heute noch – trotz aller Erkenntnisse der Neurologie und Psychologie – der Meinung, daß Gefühle einfach hingenommen werden müssen. Dabei läßt bereits ein einfaches Experiment erkennen, daß wir bewußt unsere Gefühle beeinflussen können. Vielleicht probieren Sie selbst einmal:

Emotions-Test

Denken Sie jetzt bitte an eines Ihrer schönsten Urlaubserlebnisse aus den letzten Jahren und beschreiben Sie es mit einigen Worten:

_____

_____

Erinnern Sie sich?

Können Sie ein Bild sehen vor Ihren geistigen Augen?

Können Sie in der Erinnerung Töne hören – Musik, Geräusche, Sprache?

Bitte beschreiben Sie kurz Ihre Eindrücke:

_____

_____

Was genau hat Ihnen an diesem Urlaubserlebnis besonders gut gefallen?

82

Können Sie sich erinnern, wie Sie sich damals fühlten und welche Empfindungen Sie während dieses Erlebnisses hatten?

Bitte schildern Sie Ihre Gefühle mit ein paar Worten:

_____

_____

Bitte experimentieren Sie jetzt noch einmal mit einer zweiten Erinnerung.

Denken Sie einige Augenblicke an Ihren letzten Mißerfolg. An eine Situation, in der Ihnen etwas schiefgegangen ist, wo etwas nicht geklappt hat.

Erinnern Sie sich? Wie haben sie sich bei diesem Mißerfolg gefühlt? Haben Sie Wut, Ärger, Hilflosigkeit oder noch ganz andere Gefühle empfunden?

Bitte beschreiben Sie kurz Ihre Gefühle:

_____

_____

Wenn Ihre Erinnerungen funktioniert haben, wenn Sie sich plastisch und hautnah erinnern konnten, dann werden sich auch Ihre Gefühle mehr oder weniger verändert haben. Sie selbst, beeinflußt durch diesen Text, haben durch eine bewußte Erinnerungsaufgabe Ihre Gefühle beeinflußt. Diese Fähigkeit können Sie üben und perfektionieren. Dabei werden Sie die Erfahrung machen, daß die Gefühle, die mit einer Erinnerung in Ihrem Nervensystem abgespeichert sind, um so deutlicher wieder erlebt werden, je deutlicher Sie sich die Erinnerung auf all Ihren Sinneskanälen (sehen, hören, fühlen, riechen, schmecken) vergegenwärtigen.

Gefühle lassen sich verändern

Unsere Gedanken und unsere Gefühle sind eng miteinander verwoben. Wenn wir dauerhaft unsere Gedanken in eine positive Richtung lenken, können wir negative emotionale Stimmungen positiv beeinflussen. Ein weiteres Beispiel:

Beispiel:
Streß durch Stau

Erst neulich ist mir das wieder einmal passiert. Ich hatte einen Präsentationstermin mit dem Vertriebsvorstand einer großen Versicherungsgesellschaft vereinbart, die unser »Strategisches Erfolgs-Coaching« (SECO®), kennenlernen wollte. Schon frühzeitig war ich losgefahren – aber jetzt plötzlich ging es nicht mehr weiter. Ich steckte in einem Stau.

Der Präsentationstermin hatte sehr viel Vorbereitung gekostet und war äußerst wichtig für unser Unternehmen. Ich merkte, wie mein Herzschlag sich beschleunigte. Bis zur nächsten Autobahnausfahrt waren es noch gut acht Kilometer, und ich konnte keinen Meter mehr weiterfahren. Alles stand still. Bilder und Gedankenblitze schossen durch meinen Kopf. Sollte die ganze Vorbereitungszeit umsonst gewesen sein? Denn ein Zuspätkommen bei diesem wichtigen Termin würden meine Partner mir sicher nicht verzeihen. Chancen, die wir mühsam aufgebaut hatten, waren gefährdet …

Ganz allein
Sie selbst
bestimmen, …

Zum Glück dachte ich in diesem Augenblick an meine eigenen Worte in meinem letzten Seminar: »Sie selbst können bestimmen, ob Sie eine Erfahrung positiv oder negativ bewerten.« Also versuchte auch ich dieser Situation das Beste abzugewinnen. Ich schob meine Lieblingskassette in das Autoradio, atmete dreimal ganz tief durch, holte mein Notizbuch hervor und beschäftigte mich mit der Frage, welche positiven Aspekte dieser Stau für mich haben könnte. Bitte bewerten Sie selbst die Bemühungen meines Nachdenkens.

Positive Aspekte des Staus:

- Ich habe ein gutes Beispiel erlebt, auf das ich mich in meinen Seminaren beziehen kann. Es ist immer nützlich, wenn ein Trainer Theorien mit eigenen Erfahrungen belegen kann.

- Ich habe jetzt Zeit, die Präsentation noch einmal zu durchdenken.

- Wenn ich meinen Partnern mein Mißgeschick schildere, dann wird auch deutlich, wie stark deren Interesse an unserem Programm wirklich ist. Wenn das Interesse so stark ist, wie ich vermute, wird dieser Stau nicht verhindern können, daß wir zusammenkommen – heute oder zu einem späteren Termin.

- Ich habe aus dieser Erfahrung gelernt, daß ich für Autofahrten noch größere zeitliche Spielräume einplanen muß.

Durch meine Überlegungen wurde mir noch einmal deutlich, wie wichtig unsere intensiven Vorbereitungen für dieses Projekt waren. Durch diese Arbeiten haben wir uns ein Repertoire an Kenntnissen, Fähigkeiten und Methoden erarbeitet, das für all unsere Partner nützlich ist – völlig unabhängig von diesem Termin.

... ob eine Erfahrung ...

Daraus resultiert: Dieser Termin ist wichtig und interessant. Ich kann ihn aber völlig ohne Erfolgsdruck wahrnehmen. Ich bin froh, daß dieser Stau mich noch einmal zum Nachdenken gebracht hat, denn dadurch ist mir noch klarer geworden, wie unabhängig und selbstbewußt ich auch beim Vorstand dieses Großunternehmens auftreten kann. Ich sehe ganz klar die Vorteile, die unser Programm bietet, und bin mir ganz sicher, daß ich ein hervorragendes Angebot unterbreiten kann.

Nachdem ich diese Gedanken aufgeschrieben hatte, ging es mir schon bedeutend besser. Der Stau löste sich allerdings nur sehr langsam auf. Ich konnte meine Partner jedoch telefonisch erreichen und den Termin um eine halbe Stunde verschieben. Ausgeruht und entspannt kam ich in die Sitzung. Die Sorgenfalten auf der Stirn des Vertriebsvorstandes hatten, wie ich schon bald feststellte, weniger mit meiner Verspätung als mit den sinkenden Umsatzzahlen seiner Vertriebsorganisation zu tun. Aber darauf war ich ja bestens vorbereitet. Ich unterbreitete mein sorgfältig erarbeitetes Angebot, und der Termin wurde ein voller Erfolg.« (Aus: Koch, H., Der Delphin-Verkäufer, Düsseldorf, 1997)

... positiv oder negativ zu bewerten ist

Die oben beschriebene Verfahrensweise wird in der Psychologie als Reframing bezeichnet. Ereignisse, Gedanken und Gefühle werden

Reframing

in einen anderen »Rahmen gestellt«, in einem anderen Zusammenhang betrachtet. Sie werden umgedeutet. Im obigen Stau-Beispiel können sie zwei Varianten des Umdeutens entdecken:

- *Bedeutungs-Reframing:* Inhaltliches Umdeuten oder Neubewerten von Erlebtem. D. h., wir verändern den Wert, den eine Erfahrung für uns hat, vom Negativen hin zum Positiven.

- *Kontext-Reframing:* Die Erfahrung wird in einen anderen, neuartigen Zusammenhang gestellt, der ihr eine andere Bedeutung verleiht.

Wer sich regelmäßig in den beiden Arten des Umdeutens von Erfahrungen übt, lernt damit auch, seine Stimmungen und Gefühle bewußt zu verändern. Für Verkäufer und Führungskräfte im Vertrieb ist diese Fähigkeit von enormer Bedeutung, denn nur wer Enttäuschungen und Niederlagen schnell überwinden kann, ist in der Lage, sich immer wieder selbst zu motivieren und andere für ein begeistertes Engagement zu gewinnen.

Die folgenden Fragen helfen, Gefühlszustände positiv zu beeinflussen. Fragen Sie sich in jeder Problemsituation:

- Was könnte das Gute an dieser Situation sein?

- Welche gute Absicht steckt hinter meinem Verhalten?

- Wozu könnte das, was ich jetzt tue oder getan habe, nützen?

- Wie könnte ich davon profitieren?

- Für wen könnte diese Situation sonst noch vorteilhaft sein?

- Was kann ich aus dieser Situation lernen?

- Was will ich verändern?

Leiten Sie auch Ihre Coachingpartner an, sich in Problemsituationen immer wieder diese Fragen zu stellen und sich damit quasi »am eigenen Schopf« (wie der Freiherr von Münchhausen in seiner berühmten Geschichte) aus dem Sumpf behindernder und einengender Gefühlszustände zu ziehen.

Noch wichtiger, als die eigenen Gefühle vom Negativen zum Positiven hin beeinflussen zu können, ist es, die Verhaltensprogramme zu entdecken, die immer wieder in uns ablaufen und dadurch erst die negativen Gefühle bewirken. Denn Vorbeugen ist besser als Heilen.

Wie entstehen negative Gefühle?

Eine sehr wichtige Quelle für negative Gefühle von Verkäufern ist die Angst zu versagen. Es gibt kaum einen Beruf, in dem Höhen und Tiefen so eng beieinander liegen wie in dem des Verkäufers. Zustimmung oder Ablehnung des Kunden, Verkauf oder Nicht-Verkauf, das sind die Fragen, die über den Erfolg des Verkäufers entscheiden.

Wer jedoch Erfolge will, muß auch bereit sein, den Mißerfolg zu riskieren. Denn wer sich nicht traut, eine Absage entgegenzunehmen, der sollte auch keinen Termin vereinbaren. Wer nicht riskieren will, daß der Kunde nein sagt, muß schon vor dem Abschluß das Weite suchen.

Diese Angst ist es, die die Haie dazu treibt, gierig jedes Geschäft, das sich anbietet, mitzunehmen – auch wenn sie dabei immer wieder »Fünf gerade sein« lassen müssen und die Interessen des Kunden nicht unbedingt im Vordergrund stehen. Die gleiche Angst ist es auch, die die Karpfen dazu bewegt, erst gar nichts zu riskieren und sich lieber gleich im Schlamm zu verkriechen.

Kein Mensch versagt gern, weil Versagensängste unangenehme Gefühle der Kränkung, der Beschämung und der Unzulänglichkeit verursachen. Jeder Mensch hütet sich davor zu versagen. Dennoch sind Versagenserlebnisse unumgänglich. Sicher gibt es keinen Menschen, dem nicht schon einmal etwas schiefgegangen ist.

Problem: Versagensangst

Insbesondere in Anfangssituationen, wenn wir etwas Neues wagen müssen, stellen Versagensängste immer wieder ein großes Problem dar. Denn die Angst zu versagen frißt unser Selbstwertgefühl auf. Sie neigt dazu, sich selbständig zu machen und zu wachsen. Versagensängste provozieren das Versagen und bewirken den Mißerfolg, der wiederum das Selbstwertgefühl beeinträchtigt und die Versagensängste verstärkt.

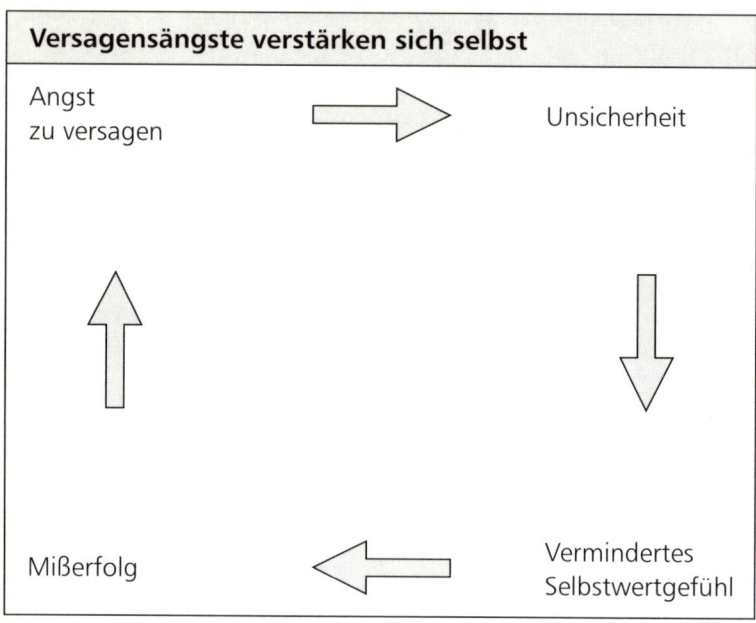

Versagensängste verstärken sich selbst
Angst zu versagen → Unsicherheit
↑ ↓
Mißerfolg ← Vermindertes Selbstwertgefühl

Ängste durch Selbstwert- stärkung abbauen

Delphin-Coachs, die diese Spirale kennen, achten darauf, daß insbesondere junge Kollegen frühzeitig in ihrem Selbstwert gestärkt werden und unterstützen sie dabei, Techniken zu entwickeln, mit denen sie Versagensängste in Stärken umwandeln können.

Denn Angst und Unsicherheit haben immer auch etwas mit dem Fremden und Unbekannten zu tun. Bekanntheit und Kenntnisse über Sachen, Vorgänge, Situationen und Personen schaffen Sicherheit und Vertrauen. Der erste Schritt zur Bearbeitung von Versagensängsten besteht daher darin, diese Ängste genau kennenzulernen. Wir wissen im wesentlichen um zwei Situationen, in denen Versagensängste entstehen:

■ *Die Angst vor neuen, ungewohnten Situationen:*

Große Unsicherheit und ...

Diese Angst wird hervorgerufen durch eigene Verhaltensunsicherheiten und durch die Ungewißheit, wie die Partner mit meiner Unsicherheit umgehen werden. Die Angst vor neuen, ungewohnten Situationen ist meist die Angst, sich unbeholfen anzustellen und dilettantisch zu verhalten. Es wird befürchtet, daß die anderen die Unsicherheit und den Dilettantismus erkennen und darauf mit Ablehnung, Lachen oder Verachtung reagieren.

- *Die Angst vor wichtigen, herausragenden Ereignissen:*

Diese Angst stellt sich meist vor besonderen Situationen ein und kann auch erfahrene Verkäufer immer wieder befallen. Immer wenn es darum geht, eine besondere Chance zu nutzen oder in einer besonders wichtigen Situation gut abzuschneiden, kann diese Angst entstehen. Erfahrene Verkäufer kennen solche Ängste, wenn sie etwa vor einem wichtigen Personenkreis eine Rede halten müssen oder ein besonderes Produkt präsentieren sollen, oder wenn es darum geht, einen besonders großen Auftrag hereinzuholen.

Streßsituationen lösen Angst aus

Die Angst, in wichtigen Situationen zu versagen, wird von der Befürchtung genährt, durch das Versagenserlebnis die Selbstachtung zu verlieren. Nicht nur, daß ein wichtiger Auftrag verlorengeht, daß wichtige Partner den Mißerfolg miterleben, sondern mehr noch die damit verbundene schmerzhafte Selbstkränkung fördert diese Angst. Menschen, die Angst vor wichtigen Situationen haben, verbinden diese Situationen mit ihrem gesamten Selbstwertgefühl. Unbewußt läuft häufig der innere Dialog ab: »Du hast dir da eine Aufgabe vorgenommen, die deine Fähigkeiten bei weitem übersteigt. Was bildest du dir eigentlich ein, wer du bist? Du hättest diese Aufgabe nicht annehmen sollen. Das ist zwei Nummern zu groß für dich. Du wirst versagen, alle werden feststellen, daß du dich übernommen hast.« Dieser innere Dialog, der meist von den Betroffenen nicht wahrgenommen wird, weil er *unbewußt* abläuft, erzeugt die Versagensangst, die dazu führt, daß das Projekt aufgegeben wird oder daß krampfhaft und panisch versucht wird, dem bedrohlichen Schicksal zu entgehen.

Unbewußt entsteht so eine Alles-oder-nichts-Situation. Die Angst verzerrt die Wahrnehmung, und es entsteht eine innere Erlebens-

Die Alles-oder-nichts-Situation

situation, als ob von der erfolgreichen Bewältigung dieses wichtigen Ereignisses die gesamte Existenz abhinge.

Dabei können Versagensängste durch einfache Maßnahmen fast mühelos in ein bewußtes Erleben der eigenen Stärken verwandelt werden. Folgende Schritte, die Sie als Coach leicht Ihren Verkäufern vermitteln können, sind dabei hilfreich:

- *Frühzeitiges Erkennen und Annehmen der Angstsymptome:*

  Botschaften aus dem Unbewußten

  Achten Sie auf Ihre Gefühle, Ihre Gedanken und Ihre inneren Dialoge, die Sie vor neuartigen oder wichtigen Situationen beschäftigen. Gefühle der Unruhe oder ständige Gedanken an die bevorstehende Situation können darauf hinweisen, daß sie angstbesetzt ist.

  Achten Sie Ihre Angstgefühle als wichtige und wertvolle Botschaften aus Ihrem Unbewußten, die Ihnen helfen können, sich zu entwickeln und frühzeitig Ihre Stärken zu mobilisieren. Angstgefühle helfen Ihnen und unterstützen Sie darin, die bevorstehende Situation ernst zu nehmen.

- *Realitätsprüfung:*

  Testen Sie Ihren Realitätssinn

  Machen Sie eine realistische Bestandsaufnahme, indem Sie die folgenden Fragen beantworten:

- Welche Leistungen werden von mir in der Situation genau erwartet?

- Wer erwartet was von mir?

- Welche Kenntnisse, Fähigkeiten und Stärken besitze ich bereits, um diese Erwartungen zu erfüllen?

- Welche Kenntnisse oder Fähigkeiten fehlen mir noch?

- Was kann ich tun, um diese Fähigkeiten zu erwerben?

- Was wäre das Schlimmste, was passieren könnte?

- Was wäre, wenn das Schlimmste passiert wäre, wie würde ich dann weiterleben? (Häufig werden Sie bei der Beantwortung dieser Frage entdecken, daß Ihre Befürchtungen grundlos sind. Denn Sie werden feststellen, daß in den meisten angstbesetzten Situationen gar nichts wirklich Schlimmes passieren kann.)

Machen Sie sich klar, daß diese Situation nur eine einzige Situation in Ihrem Leben ist. Denken Sie daran, daß Sie dabei wichtige Erfahrungen sammeln können, die Ihnen später in ähnlichen Situationen helfen, immer erfolgreicher zu werden.

Negative Erfahrungen als wichtiger Lernschritt

- *Sorgfältige Vorbereitung:*
- Bereiten Sie sich systematisch und gewissenhaft auf die angstbesetzte Situation vor.
- Besorgen Sie sich rechtzeitig alle Unterlagen, Informationen und Materialien, die Sie brauchen werden.
- Erwerben Sie die benötigten Kenntnisse und Fähigkeiten, die Sie brauchen, um erfolgreich zu sein.
- Machen Sie sich selbst klar, wie gut Sie sich vorbereitet haben.

- *Ressourcen mobilisieren und verankern:*

   Erinnern Sie sich an Situationen in Ihrem Leben, in denen Sie sehr erfolgreich und im Vollbesitz all Ihrer Kräfte waren. Welche Fähigkeiten und Stärken hatten Sie in diesen Situationen?

   Lassen Sie vor Ihrem inneren Auge einen Film ablaufen, in dem Sie diese Situationen noch einmal nacherleben. Achten Sie dabei auf alle inneren Bilder, auf Hörerfahrungen sowie auf Gefühle und Körpererfahrungen. Berühren Sie sich beim intensiven Nacherleben dieser Situation selbst am Arm oder an der Hand oder verbinden Sie auf irgendeine andere Art und Weise diese positive Erfahrung in Ihrem Erleben mit einer typischen Geste, einer Körperbewegung oder einem anderen Erinnerungsanker (wie zum Beispiel der berühmte »Knoten im Taschentuch«). Probieren Sie Ihren Erinnerungsanker ein paarmal aus und üben Sie dadurch, wie Sie sich

Erinnern Sie sich an positive Situationen

selbst bewußt und willentlich in einen kraftvollen Zustand versetzen können.

■ *Probehandeln:*

Rollenspiel mit Partner

Rufen Sie die im letzten Punkt eingeübten positiven Gefühle bewußt in sich hervor und spielen Sie unter Beibehaltung dieses guten Gefühls die angstbesetzte Situation im Geiste ein paarmal durch. Noch besser ist es, wenn Sie Ihr Verhalten in einem Rollenspiel mit einem Partner oder vor dem Spiegel schon erproben können. Es ist nützlich, mit Hilfe eines Tonbandgerätes oder mit einer Videokamera diese Versuche aufzuzeichnen und dabei zu lernen.

■ *Positive Einstellung:*

Erfolge erwarten

Erwarten Sie Ihren Erfolg. Malen Sie sich vor Ihrem geistigen Auge aus, wie schön es sein wird, wenn Sie die Situation mit Bravour meistern. Stellen Sie sich vor, wie Beifall und Glückwünsche auf Sie einwirken. Stellen Sie sich vor, wie Sie Ihren Erfolg genießen werden. Gestalten Sie Ihren inneren Erfolgsfilm, der genau so abläuft, wie Sie sich ihn wünschen. Denken Sie daran, daß die Menschen, die Ihnen in der Situation begegnen werden, Freundlichkeit, Anerkennung und Interesse ebenso lieben wie Sie. Bereiten Sie sich darauf vor, diesen Menschen genau so zu begegnen, dann werden diese Verhaltensweisen auch Ihnen entgegengebracht.

Die eigenen Emotionen für die Verwirklichung der eigenen Ziele nutzen können

Faszination, Bewunderung und Erstaunen lösen sie bei uns aus: Menschen, die Spitzenleistungen erbringen, wie Reinhold Messner, der alle Achttausender der Welt erklommen hat, ohne Sauerstoffgeräte und Spezialausrüstung. Oder: Das Schach-Genie Kasparow, ein Mensch, der den besten Computern der Welt Paroli bietet. Oder: die Geigerin Anne-Sophie Mutter, die die kompliziertesten Musikstücke aus dem Kopf heraus spielen kann und damit ein Millionen-Publikum in aller Welt begeistert.

Was Extremsportler, Olympiasieger, Musiker von Weltrang und Schachgroßmeister gemeinsam auszeichnet, ist die Fähigkeit, sich selbst immer wieder zu zeitaufwendigen und im höchsten Maße anstrengenden Trainingseinheiten zu motivieren.

Spitzenleistungen als Vorbild

Diejenigen, die in Konkurrenzsituationen ganz nach oben kommen, unterscheiden sich von anderen, die in etwa genauso begabt sind, offenbar durch die Ausdauer, mit der sie Jahr für Jahr einer anstrengenden Übungsroutine nachgehen. Und diese Hartnäckigkeit beruht vor allem auf zwei emotionalen Eigenschaften: *Enthusiasmus* und *Beharrlichkeit* – auch bei Rückschlägen.

Ganz gleich, ob wir es richtig oder falsch finden, daß bereits Kinder in einem sehr frühen Alter sich anschicken (oder von ihren Eltern angeleitet werden?), einen großen Teil ihrer Lebenszeit einer bestimmten Profession zu widmen (oder zu opfern?), Spitzenleistungen kann nur der erbringen, der sich mit Gefühl und Verstand in seinem Metier engagiert und ausdauernd einsetzt.

Ausdauer frühzeitig trainieren

»In dem Maße, wie die Emotionen unsere Fähigkeit, zu denken und zu planen, für ein fernes Ziel zu üben, Probleme zu lösen und dergleichen, beeinträchtigen oder fördern, bestimmen sie die Grenzen unserer Fähigkeit, unsere angeborenen geistigen Potentiale zu nutzen, und damit entscheiden sie über unseren Lebenserfolg. Und in dem Maße, wie uns Gefühle des Enthusiasmus und der Freude an dem, was wir tun, motivieren, treiben sie uns zu Höchstleistungen an. In diesem Sinne ist Emotionale Intelligenz eine übergeordnete Fähigkeit, eine Fähigkeit, die sich – fördernd oder behindernd – zutiefst auf alle anderen Fähigkeiten auswirkt.« (Goleman, Seite 107 f.)

Nur wer lernt, seine Gefühle an seine Ziele zu binden, sie in den Dienst seiner Ziele zu stellen, Freude am erfolgreichen Handeln zu haben, kann dauerhaft Spitzenleistungen vollbringen. Die geniale, intelligente Leistung der Spitzenkönner besteht darin, ihr Nervensystem so zu programmieren, daß selbst die größten Anstrengungen befriedigend und lustvoll erlebt werden.

Gefühle im Dienst der Ziele

Begeisterungsfähigkeit und Optimismus spielen dabei eine große Rolle. Untersuchungen haben gezeigt, daß die begeisternden Faktoren einerseits die angestrebten Erfolgsziele sind, denen sich die Spitzenkönner verschrieben haben, andererseits ist aber auch der Weg zum Ziel, der Prozeß der Zielverwirklichung von enorm motivierender Bedeutung. Dabei wird das ständige Ringen um eine Verbesserung der eigenen Leistungen für die Akteure nach und nach zum genußvollen und befriedigenden Erlebnis der Selbstverwirklichung. Dies scheint eine absolute Voraussetzung für Spitzenleistungen zu sein: Der Prozeß der Verausgabung von Kraft zum Erreichen der selbstgesetzten Ziele muß Freude machen und selbst schon als befriedigend erlebt werden. Bill Gates, der Chef von Microsoft – sicher der erfolgreichste Geschäftsmann der Welt – hat einmal gesagt: »Erfolgreich wird der, der etwas, was er gut kann, gerne tut.«

Positive Gefühle stärken den Willen

Diese Aussage wird durch die Erforschung von Spitzenleistungen auf allen möglichen Gebieten bestätigt. Positive Gefühle und Begeisterung stärken den Willen zu Spitzenleistung und zum Erfolg. Erzielte Erfolge machen froh und wecken Begeisterung.

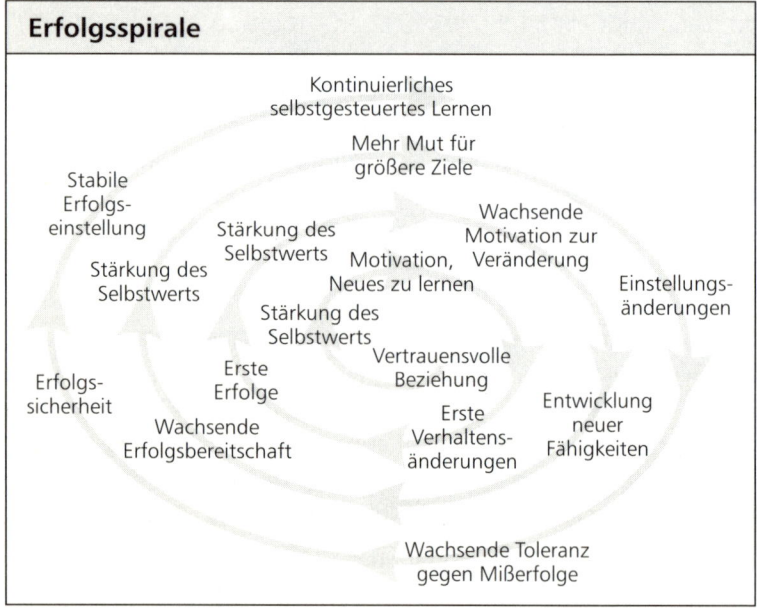

Erfolgsspirale

Kontinuierliches selbstgesteuertes Lernen

Mehr Mut für größere Ziele

Stabile Erfolgseinstellung

Stärkung des Selbstwerts

Wachsende Motivation zur Veränderung

Motivation, Neues zu lernen

Stärkung des Selbstwerts

Einstellungsänderungen

Stärkung des Selbstwerts

Erfolgssicherheit

Erste Erfolge

Vertrauensvolle Beziehung

Entwicklung neuer Fähigkeiten

Wachsende Erfolgsbereitschaft

Erste Verhaltensänderungen

Wachsende Toleranz gegen Mißerfolge

94

So entstehen sich selbst verstärkende, positive Energiespiralen, die das lustvolle »Sich-selbst-erleben« intensivieren und zur ständigen Erweiterung der Grenzen des Selbst anregen.

Mihaly Csikszentmihalyi hat diese sich selbst begeisternden Leistungsphänomene untersucht und sie unter dem Begriff *Flow* – »Fließen« – einer wissenschaftlichen Betrachtung unterzogen. Daniel Goleman schreibt darüber: »Sich auf das Fließen einlassen zu können, ist die höchste Form von emotionaler Intelligenz. Fließen ist vielleicht das Äußerste, wenn es darum geht, die Emotionen in den Dienst der Leistungen und des Lernens zu stellen. Beim Fließen sind die Emotionen nicht bloß beherrscht und kanalisiert, sondern positiv, voller Spannung und auf die vorliegende Aufgabe ausgerichtet. Wer in der Langeweile der Depression oder der Erregung der Angst gefangen ist, der ist vom Fließen ausgeschlossen. Dabei ist das Fließen (oder ein sanfteres »Mikrofließen«) eine Erfahrung, die fast jeder dann und wann macht, besonders wenn man Höchstleistungen vollbringt oder seine bisherigen Grenzen überschreitet. Es läßt sich vielleicht am besten vergleichen mit einem ekstatischen Liebesakt, bei dem zwei zu einem fließend harmonischen Einen verschmelzen. Das ist eine wunderbare Erfahrung: Kennzeichen des Fließens ist ein Gefühl spontaner Freude, ja sogar der Verzückung. Es ist ein Zustand, in dem man ganz in dem aufgeht, was man tut, ihm seine ungeteilte Aufmerksamkeit schenkt, wo das Bewußtsein nicht mehr vom Handeln getrennt ist.

Die Aufmerksamkeit wird dermaßen konzentriert, daß man nur noch den schmalen Wahrnehmungsbereich wahrnimmt, der mit der unmittelbaren Aufgabe zusammenhängt, und Zeit und Raum vergißt … Erlebnisse des Fließens sind in diesem Sinne Ich-los. Paradoxerweise zeigen Menschen beim Fließen eine meisterhafte Kontrolle dessen, was sie tun, und ihre Reaktionen sind vollkommen auf die wechselnden Anforderungen der Aufgabe eingestellt. Und obwohl Menschen im Zustand des Fließens ihre Höchstleistung vollbringen, kümmert es sie nicht, wie sie abschneiden, denken sie nicht an Erfolg oder Versagen – es ist die reine Freude am Tun, was sie motiviert.« (Goleman, Seite 120 f)

Definition des Begriffes »Flow«

Erlebnisse des Fließens

Das lustvolle Tun, das hier begeistert als Fließen beschrieben wurde, bedarf einer anspruchsvollen und herausfordernden Aufgabenstellung und einer innerlich engagierten, hingebungsvollen Konzentration auf die damit verbundene Tätigkeit. Der Handelnde muß das Tun aus ganzem Herzen wollen, er muß sich voll mit seiner Aufgabe identifizieren, voll in ihr aufgehen.

Lustvolles Leisten

Aufgaben, die als zu schwer erlebt werden, machen angst und blockieren den Willen zur Entfaltung. Aufgaben, die zu leicht erscheinen, erzeugen Langeweile. Diese Erkenntnis ist für Delphin-Coachs und alle, die andere zur lustvollen Leistungssteigerung anregen und befähigen wollen, von besonderer Bedeutung. Denn gerade zu Beginn eines Förder- und Entwicklungsprozesses ist der Korridor, in dem lustvolles Leisten möglich ist, oftmals sehr eng. Viele Verkäufer sind durch Erlebnisse, in denen versucht wurde, sie durch äußeren Druck zu Leistungen zu bewegen, vorgeschädigt. Leistung ist für diese Menschen mental mit Zwang und unangenehmen Gefühlen verbunden – Nichtstun dagegen mit Freiheit und Freude. Die Verantwortung eines Coachs für das erfolgreiche »In-Gang-kommen« des Coachingprozesses ist in solchen Fällen besonders groß. Sehr viel Einfühlungsvermögen und »Fingerspitzengefühl« für das richtige Dosieren der Anforderungen sind hier erforderlich. Durch kleine, ständig wachsende Erfolgserlebnisse müssen solche Coachingpartner die Lust an der Leistung neu lernen.

Visionen folgen dem Selbstvertrauen

Erst allmählich, in dem Maße, wie das Selbstvertrauen und die Lust an der Leistung wachsen, werden anspruchsvollere Visionen und Ziele entwickelt, die in dem Verkäufer das eigene Verlangen fördern, ganz nach vorne zu kommen. Viele Talente sind durch Über- wie auch Unterforderung frühzeitig erstickt worden.

Sich in andere Menschen einfühlen können, das Erleben und die Gefühle anderer nachempfinden können

Wir Menschen sind zutiefst soziale Wesen. Kein Mensch kann für sich allein Erfolgsziele verwirklichen – immer sind wir auf das Wohlwollen und die Unterstützung anderer angewiesen. Mehr noch – wenn wir in der Lage sind, andere Menschen positiv in unserem Sinne zu beeinflussen, sie zu motivieren, sich für unsere Ziele zu begeistern, ist es uns auch sehr leicht möglich, unsere Fähigkeiten und Kräfte sehr rasch zu vervielfachen. Erfolgreich auf andere Menschen Einfluß nehmen kann man jedoch nur dann, wenn man sich auch in ihre Lebens- und Erlebenssituation einfühlen kann.

Was aber genau heißt das eigentlich, »sich in einen anderen einfühlen zu können«? Denn im wahrsten Sinne des Wortes ist doch kein Mensch in der Lage, zuverlässig herauszufinden, was genau und wie genau ein anderer Mensch empfindet. Selbst wenn uns jemand seine Empfindungen mitteilt, wissen wir nie exakt, welche Gefühle sich hinter den gesprochenen Worten verbergen – wir können nicht wirklich in den Körper eines anderen hineinschlüpfen, um nachzufühlen, was er empfindet. Kommunikationspsychologen machen dies am Sender-Empfänger-Modell deutlich.

»Sich-einfühlen-können« als Voraussetzung für Einfluß

Sender-Empfänger-Modell

Sender:

Erfahrungen, z.B.: ein ärgerliches Erlebnis mit einem Neukunden . . .	. . . werden in bestimmte Worte gepackt: z.B.: »Ich habe mich über Herrn Neukunde geärgert.«	Der Sender erzeugt mit Mund und Kehlkopf bestimmte Laute, die in seiner Sprache bedeuten: »Ich habe mich über Herrn Neukunde geärgert.«

Kommunikationskanal (hier: Hörkanal)

Empfänger:

Der Empfänger hört die vom Sender erzeugten Lautkomplexe.	Er erkennt diese Lautkomplexe als bedeutungsvolle Laute seiner Sprachgemeinschaft.	Er versteht die Worte mit Hilfe seiner eigenen Vorerfahrungen – er geht davon aus, daß der Sprecher mit »Ärger« eine ähnliche Empfindung meint, wie die, die er selbst mit dem Wort verbindet.

Aus dem oben aufgezeigten Modell wird deutlich, daß der Empfänger einer sprachlich formulierten Botschaft (z. B. des Wortes »geärgert«) diese Botschaft als eine bestimmte Gefühlsäußerung erkennt, weil er aus eigener Erfahrung weiß, daß man in seiner Muttersprache dieser gesprochenen Botschaft ein bestimmtes Gefühl, welches er selbst schon einmal empfunden hat, zuordnet.

Die Bedeutung der Körpersignale

Nach dem gleichen Verfahren entschlüsseln wir auch *körpersprachliche* Signale. Wenn ein Mensch die Gesichtszüge verzerrt, sich krümmt und sich den Bauch hält, dann gehen wir davon aus, daß er Bauchschmerzen hat. Wir können nachempfinden, wie es ihm im Moment geht. Das heißt in diesem Fall: Wir interpretieren die visuell empfangenen Signale, indem wir in unserem erinnerbaren Bedeutungslexikon nachschauen und den Katalog der Empfindungen durchforsten, der mit der gesehenen Körperhaltung zusammenhängen könnte. Wenn wir zu dem Schluß kommen, der andere habe Bauchschmerzen, dann wissen wir, was mit diesem Begriff »Bauchschmerzen« gemeint ist, weil wir selbst schon einmal ein solches Gefühl hatten und uns daran erinnern können.

Die ganze Sache wird aber noch komplizierter. Friedemann Schulz von Thun hat in seinen hervorragenden Büchern »Miteinander. reden, Bd. 1 und 2« aufgezeigt, daß jede gesprochene Botschaft immer mindestens vier Bedeutungsebenen hat: nämlich die *Sach-* oder *Inhaltsebene*, die *Beziehungsebene*, die *Selbstdarstellungsebene* und die *Appellebene*.

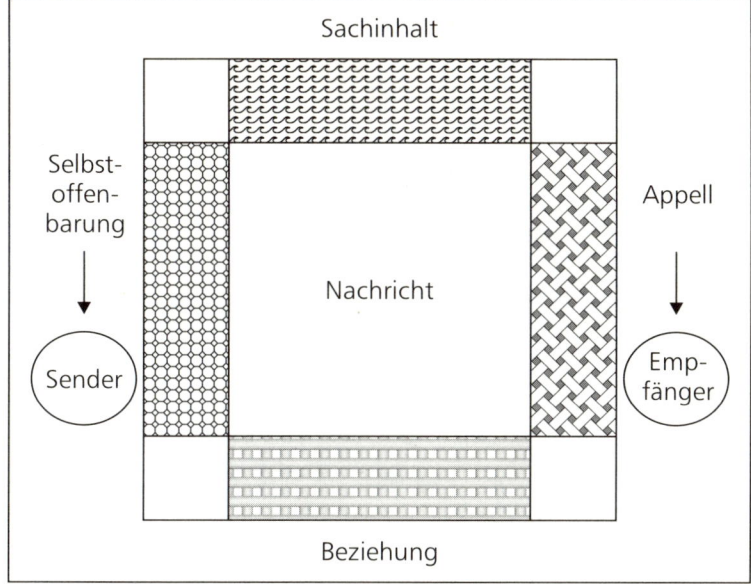

An einem Beispiel aus dem Vertriebsalltag soll dies verdeutlicht werden:

Sender: (Vertriebsleiter):

Nachricht: »Herr Meier, ihre Lebensversicherungsumsätze waren im letzten Monat miserabel.«

Sach- oder Inhaltsebene (oder: Worüber ich informiere):

Zunächst einmal enthält die Nachricht eine sachliche Information. Im obigen Beispiel eine Information über die Lebensversicherungsumsätze von Herrn Meier im letzten Monat und wie sein Vertriebsleiter diese bewertet.

Beziehungsebene (oder: Was ich von dir halte und wie wir zueinander stehen):

Was der Verkaufsleiter von Herrn Meier hält und wie er zu ihm steht, wird in vollem Umfang erst deutlich, wenn wir wissen, in

Kommunikationsmodell Vertriebsalltag

99

welchem Tonfall und mit welchen weiteren Begleitsignalen die sprachliche Nachricht übermittelt wurde. Beim obigen Satz könnte Spott und Hohn, Verachtung, aber auch Bedauern und Mitleid mitschwingen – je nachdem, wie die Botschaft übermittelt wurde. Dabei ist in diesem Fall sicher gerade der Beziehungsaspekt der Botschaft von grundlegender Bedeutung. Der gesprochene Satz kann in seinem wahren Sinngehalt nur angemessen verstanden werden, wenn die Beziehungsebene richtig interpretiert wird.

Jeder Satz sagt eine ganze Menge von mir ...

Selbstdarstellungsebene (oder: Was ich von mir selbst kundgebe):

Mit seiner Äußerung zeigt der Verkaufsleiter – ob er das will oder nicht – auch etwas von sich selbst, von seiner eigenen Persönlichkeit. Er ist unzufrieden, ärgert sich oder sorgt sich – je nachdem, mit welchen Begleitsignalen der Satz gesagt wurde. Der Verkaufsleiter zeigt aber auch, daß er informiert ist über den Monatsumsatz von Herrn Meier, daß er sich sachkundig gemacht hat. Es könnte auch sein, daß wir in seiner Nachricht eine Ungeduld, eine gewisse Härte oder ähnliches entdecken. »Sobald ich etwas von mir gebe, gebe ich etwas *von mir*. Jede Nachricht enthält (auch) eine Selbstoffenbarung – dies ist ein existentielles Phänomen, durch das jedes Wort zum Bekenntnis und jede Äußerung zur Kostprobe der Persönlichkeit wird. Diese Selbstoffenbarung kann mehr oder weniger bewußt, mehr oder weniger reichhaltig und tiefgehend und mehr oder weniger getarnt oder versteckt sein – aber sie kann nicht nicht sein.« (siehe: Schulz von Thun, F., Miteinander reden 1, Hamburg 1989, Seite 99)

... und meinen Absichten aus

Appellebene (oder: Wozu ich dich veranlassen möchte):

Die Appellebene ist im obigen Beispiel leicht erkennbar: Der Verkaufsleiter will seinen Verkäufer dazu bewegen, möglichst bald mehr Lebensversicherungen zu verkaufen, obwohl das ja nicht direkt gesagt wird.

Die Indirektheit der Appellebene läßt noch weitere Absichten des Senders vermuten. Er will den Verkäufer wahrscheinlich veranlassen, Schuldgefühle und ein schlechtes Gewissen zu entwickeln, sicher in der Hoffnung, daß dies dazu führt, die verkäuferischen Aktivitäten zu steigern.

Dieses Kommunikationsmodell zeigt, wie vielschichtig das menschliche Miteinander abläuft und wie wichtig die Gefühle der Beteiligten in diesem Miteinander sind. Auf der Beziehungsebene sind die *tatsächlichen* und auch die *vermuteten* Gefühle der Beteiligten grundlegend. Erst die wechselseitigen Gefühle und die dadurch geformten Erwartungen stellen die Beziehung in ihrer konkreten Qualität her.

Unterscheiden: tatsächliche und vermutete Gefühle

Bei der Selbstoffenbarung bestimmen die Gefühle, wieviel und was der Sender einer Botschaft von sich und seiner Persönlichkeit preisgibt und wie er dadurch vom Empfänger wahrgenommen wird. Die Gefühle, die ein Mensch in einer bestimmten Situation zeigt (oder auch nicht zeigt), lassen Rückschlüsse auf grundsätzliche Aspekte seiner Persönlichkeit zu. Der Verkaufsleiter, der den Satz: »Herr Meier, Ihr Umsatz ist miserabel« einfühlsam und mitfühlend äußert, wird sicher ganz anders eingeschätzt als derjenige, der den gleichen Satz aggressiv, vorwurfsvoll oder gar zynisch äußert.

Die Gefühle, die mit einem Appell verbunden sind, geben diesem eine besondere emotionale Note und beeinflussen auch das Gefühlsleben des Empfängers.

Emotionales Verstehen ist nur annähernd möglich

Fazit:

- Wir können niemals ganz genau ermitteln, was ein anderer Mensch fühlt und empfindet.

- Wir können andere Menschen niemals auch nur annähernd richtig verstehen, wenn wir uns nicht in ihre Situation einfühlen können, wenn wir nicht zumindest ungefähr erahnen können, wie sie sich in einer bestimmten Situation fühlen und was sie angesichts bestimmter Erlebnisse empfinden.

- Dabei ist das emotionale Verstehen mindestens genauso wichtig wie das sachliche und logische Verstehen der Botschaften, die man uns übermittelt.

Ein bekanntes Sprichwort sagt: »Meine Heimat ist da, wo ich mich verstanden fühle.« Dieses Sprichwort ist doppeldeutig; es sagt aus: Wir fühlen uns nur da zu Hause, wo man unsere Sprache spricht – also den logisch rationalen Bedeutungsgehalt unserer Worte und Sätze versteht. Wir fühlen uns aber zweitens nur da zu Hause, im Sinne von vertraut, geborgen, behütet und sicher, wo Menschen sind, bei denen wir Verständnis für unsere Sorgen, Ängste, Probleme und Empfindungen finden.

Wir lieben Menschen, die wie wir sind

Ein anderes Sprichwort sagt: »Wir lieben Menschen, die wie wir sind.« Das heißt, je ähnlicher uns ein anderer ist, um so leichter können wir uns in ihn einfühlen, um so einfacher können wir erahnen und nachempfinden, was er in bestimmten Situationen empfindet. Menschen, die uns emotional verstehen, empfinden wir meist als sympathisch und vertrauenswürdig. Wir begegnen ihnen freundlicher und offener als anderen und bezeichnen den Kontakt zu ihnen als eine gute Beziehung.

Die Fähigkeit, sich in einen anderen Menschen einfühlen zu können, ist die Fähigkeit, aus oftmals nur sehr feinen und sehr schwachen Hinweisen, aus sprachlichen oder nichtsprachlichen Signalen Rückschlüsse auf seine Stimmungen und Gefühle zu ziehen. Einfühlungsvermögen setzt Empfindsamkeit, Achtsamkeit und Behutsamkeit im Umgang mit sich selbst *und* mit dem anderen voraus.

Emotionales Verstehen entscheidend für Verkäufer

Einfühlungsvermögen und emotionales Verstehen von anderen Menschen sind wichtige Erfolgsfaktoren. Das gilt besonders für Führungskräfte und Verkäufer. Ein Verkäufer, der sich nicht in seinen Kunden einfühlen kann, wird nur schwer eine vertrauensvolle Beziehung zu ihm aufbauen können. Er wird nicht erkennen, wann der Kunde Kaufbereitschaft zeigt und einen Abschluß tätigen will, wann er unsicher ist und Verständnis braucht oder welche Entscheidungen ihm Angst, Hoffnungen oder Glücksgefühle vermitteln. Ähnlich dumm wird die Führungskraft im Umgang mit ihren Mitarbeitern immer wieder dastehen, wenn es ihr nicht gelingt, deren Gefühle zu erkennen, zu verstehen und im besten Fall positiv zu beeinflussen.

102

Beziehungen gestalten und mit Konflikten konstruktiv umgehen können

Eine Beziehung ist eine Verbindung zu einen anderen Menschen, der mich unterstützt, dem ich vertraue und von dem ich Hilfe bei der Durchsetzung meiner Interessen erwarte. Zwischenmenschliche Beziehungen sind wechselseitige Bindungen, die auf gegenseitige Erwartungen gründen.

*Begriffs-
definition:
Beziehung*

Wenn ich von einer »*guten* Beziehung« zu einem anderen Menschen rede, dann meine ich damit, daß zwischen diesem Menschen und mir ein Band der gegenseitigen Achtung, Wertschätzung und Sympathie besteht, daß positive Gefühle zwischen uns fließen. Ein Verkaufsleiter, der über gute Beziehungen zu seinen Verkäufern verfügt, steht nicht alleine da. Er kann damit rechnen, daß seine Verkäufer sich aktiv für die gemeinsam abgesprochenen Ziele einsetzen und positiv auf seine Anregungen und strategischen Überlegungen reagieren.

Von »*offiziellen* Beziehungen« reden wir, wenn es rechtlich fundierte Absprachen und Regelungen zwischen den Beteiligten gibt. Von »*informellen* Beziehungen« ist die Rede, wenn solche offiziellen Voraussetzungen nicht bestehen, der Kontakt sich also nur durch das konkrete Miteinander der Beteiligten gestaltet. Besonders im Berufs- und Geschäftsleben bestehen offizielle und informelle Beziehungen oft nebeneinander und gleichzeitig. Der Verkaufsleiter, der mit seiner Mannschaft auch gemeinsam feiert oder andere Freizeitaktivitäten unternimmt, unterstützt den Ausbau der informellen Beziehungen. Wenn man sich menschlich näherkommt und sich gegenseitig mag, entsteht ein offenes Klima, in dem gegenseitige Unterstützung und Hilfestellungen zur gemeinsamen Zielerreichung wachsen können.

*Offizielle und
informelle
Beziehungen*

Gute Beziehungen entstehen, so hört man oft, wenn die »Chemie« zwischen den Beteiligten stimmt. Diese Metapher deutet darauf hin, daß gute Beziehungen im Detail von diffizilen Reaktionen und Gegenreaktionen der Beteiligten abhängen, die nur schwer im einzelnen aufgeschlüsselt werden können. Sympathie und Antipathie sieht man oft noch als naturwüchsige Phänomene, die nicht willentlich beeinflußbar sind. Die neuere psychologische Forschung hat jedoch die Prozesse, die dem Entstehen von Sympathien zugrunde liegen, näher betrachtet und dabei grundlegende Mechanismen und Gesetzmäßigkeiten entdeckt, die das zwischenmenschliche Miteinander besser verstehbar und damit auch gestaltbar werden lassen.

**Gefühle über-
tragen sich**

Gefühle sind ansteckend:

In einem wissenschaftlichen Experiment setzten Psychologen zwei Versuchspersonen in einen Raum zusammen, die jeweils einen Fragebogen über ihre gegenwärtige Stimmungslage ausfüllen sollten. Nach dem Ausfüllen saßen sie einander schweigend gegenüber und warteten auf die Versuchsleiterin. Diese kam nach etwa zwei Minuten zurück und teilte einen weiteren Fragebogen aus, in dem noch einmal andere Fragen zur aktuellen Stimmungslage gestellt wurden. Die Forscher hatte die beiden Teilnehmer bewußt so ausgewählt, daß jeweils eine emotional sehr ausdrucksstarke Person mit einer eher verschlossenen und zurückhaltenden Person zusammenkam. In allen Fällen übertrug sich die Stimmungslage des ausdrucksstarken Partners auf den ausdrucksschwachen.

Ein weiteres sehr interessantes Experiment beschreiben Klaus Möller und Paul Hegedal in dem Buch »Persönlicher Service durch persönliche Entwicklung«:

**Versuchs-
beispiel:
Öffentliche
Bibliothek**

Besucher einer öffentlichen Bibliothek wurden ohne ihr Wissen bei der Abfertigung an der Ausleihe mit versteckter Kamera gefilmt. Die Bibliothekarin, die die Bücher ausgab, war angewiesen worden, weder zu lächeln noch den Namen der Entleiher zu nennen, noch Augenkontakt mit ihnen aufzunehmen oder sie zu berühren. Insgesamt sollte sie so neutral wie möglich auftreten und den geringstmöglichen Grad von Aufmerksamkeit zeigen. Am Ausgang wurden die Entleiher angehalten und über ihre Meinung zum Service der Bibliothek befragt. Alle meinten, daß der Service der Bibliothek sehr schlecht sei. – Kein Wunder!

Bemerkenswert war indessen, daß nur wenige Kunden die Dame in ihrer Beschreibung des Service überhaupt erwähnten. Einige nannten als Ursache für ihre Auffassung die schlechte Beleuchtung und/oder das unzweckmäßige Auszeichnungssystem. Andere beklagten sich darüber, daß die Bücher, die sie ausleihen wollten, immer vergriffen seien.

Nach dieser ersten Phase des Experiments wurde die Dame angewiesen, ihr Verhalten zu ändern.

Sie sollte gegenüber den nächsten Kunden, die ebenfalls mit versteckter Kamera gefilmt wurden, folgendes Verhalten an den Tag legen: Lächeln, Augenkontakt halten, den Namen des Entleihers nennen (der ja auf der Leihkarte steht) und bei der Übergabe des Buches zufällig die Hand des Entleihers berühren.

Augenkontakt sehr wichtig

Die Kunden, die diese neue Behandlung erlebt hatten, wurden ebenfalls am Ausgang interviewt.

Ihre Reaktion auf das Service-Erlebnis unterschied sich deutlich von der der ersten Gruppe: Alle waren mit dem Service der Bibliothek ausgesprochen zufrieden.

Bemerkenswert an den Antworten dieser Gruppe war, daß nur ganz wenige den Menschen hinter dem Service (also die Dame) überhaupt erwähnten. Als Begründung für ihre Auffassung, daß der Service gut sei, führten mehrere die gute Beleuchtung und die zweckmäßige Aufstellung der Bücher an. Diese Gruppe hatte auch volles Verständnis dafür, daß die begehrtesten Bücher häufig entliehen waren und daß es ja nicht viel Mühe macht, eine Bestellung auszufüllen.

In den oben beschriebenen Begebenheiten wird deutlich, daß unsere Gefühle, unsere Wahrnehmungen und unsere rationalen Urteile durch unsere Mitmenschen stark beeinflußt werden. Diese Beeinflussungen scheinen dabei stärker auf der *unbewußten* als auf der bewußten Ebene stattzufinden.

Jeder von uns kennt solche Phänomene: Eine unfreundliche Verkäuferin, der strenge Polizist bei einer Verkehrskontrolle oder der mißmutige Schalterbeamte bei der Post können unsere Stimmungen nachhaltig beeinträchtigen. Das gilt besonders, wenn wir sowieso schon nicht so gut gelaunt sind. Eine freundliche Bedienung im Café, die lächelnde Buchhändlerin oder der gut gelaunte und aufmunternde Kollege können uns dagegen leicht zu einer positiveren und freundlicheren Stimmung bewegen.

Gefühle werden durch Sprache und Körpersprache vermittelt:

Emotionale Übereinstimmung überträgt sich auf die Körpersprache

»Der Grad an emotionaler Übereinstimmung, die Menschen in einer Begegnung empfinden, spiegelt sich darin, wie eng ihre körperlichen Bewegungen während des Gesprächs aufeinander abgestimmt sind – ein Kennzeichen der Nähe, das einem meistens nicht bewußt wird. Der eine nickt, während der andere gerade ein Argument äußert, oder beide rutschen gleichzeitig auf dem Stuhl hin und her, oder einer beugt sich vor, während der andere sich zurücklehnt. Die Abstimmung kann sich in einem so subtilen Zeichen äußern, daß zwei, die auf Drehstühlen sitzen, im selben Rhythmus schaukeln.« (Goleman, Seite 151)

Diese Erkenntnis, daß immer da, wo zwei Menschen sich gut verstehen und gefühlsmäßig einander angleichen, auch eine *Synchronisation ihrer körpersprachlichen Äußerungen* stattfindet, hat dazu geführt, daß Kommunikationstrainer Führungskräften und Verkäufern gleichermaßen empfehlen, sie sollen in Gesprächen, in denen sie ihr Gegenüber positiv emotional beeinflussen wollen, bewußt eine ähnliche Körperhaltung einnehmen, bewußt im gleichen Rhythmus atmen, nach der Kaffeetasse greifen und mit dem Kopf nicken. Vor dieser simplifizierenden Schlußfolgerung kann jedoch nur gewarnt werden. Denn ein sensibler Partner, darauf weisen entsprechende Forschungen hin, nimmt unbewußt selbst feinste körpersprachliche Regungen seines Gegenüber wahr. Ein echtes, weil spontanes, unbewußt entstandenes körpersprachliches Zusammenspiel wird wahrscheinlich in einem Gesprächspartner eher Gefühle von entspanntem Vertrauen entstehen lassen als ein einseitig gewolltes und bewußt herbeigeführtes.

Eine gute Beziehung ist eine zwischenmenschliche Verbindung, die durch *gegenseitige* Erwartungen geprägt ist. Beide Partner rechnen damit, daß sie sich bei der Erreichung ihrer Ziele, bei der Befriedigung ihrer Bedürfnisse und bei der Verwirklichung ihrer Interessen in einem bestimmten Rahmen und Umfang unterstützen. Auf der emotionalen Ebene ist eine gute Beziehung durch wechselseitiges Vertrauen und Wohlwollen sowie gegenseitige Achtung, Wertschätzung und Sympathie geprägt. Die Partner in einer guten Beziehung mögen, schätzen und unterstützen sich.

Gegenseitige Erwartungen

Die Vorteile guter Beziehungen liegen damit auf der Hand: Wer gute Beziehungen herstellen und erhalten kann, vergrößert seinen Einflußbereich und seinen Wirkungsgrad, denn er kann damit rechnen, daß sich auch seine Partner für seine Interessen und die gemeinsam abgesprochenen Ziele einsetzen. Gute Beziehungen dienen aber auch dem emotionalen Wohlbefinden. Wer gute Beziehungen unterhält, erfährt Anerkennung, Wertschätzung und Zuneigung. Er kann sich sicher fühlen, sich öffnen und auf seine Partner vertrauen. Gute Beziehungen sind damit eine wichtige Basis für ein erfolgreiches und befriedigendes Leben.

Gute Beziehungen zu seinen Mitmenschen bewußt gestalten zu können, ist daher die *höchste Stufe der Emotionalen Intelligenz*. Das Erkennen und bewußte Umgehen mit den eigenen Gefühlen sowie die Fähigkeit, sich in die Gefühlswelt der anderen hineinzuversetzen, sind notwendige Voraussetzungen dafür. Wer andere in ihren Gefühlen beeinflussen will, braucht selbst einen sicheren emotionalen Stand.

Die höchste Stufe der emotionalen Intelligenz

Nur wer über ein gehöriges Maß an Selbstsicherheit, ein fundiertes Selbstwertgefühl und die notwendige emotionale Stabilität verfügt, kann, ohne selbst allzusehr beeinflußt zu werden, zielgerichtet und nachhaltig auf andere Einfluß nehmen. Man muß die eigenen Gefühle erkennen und wenn nötig im Zaum halten können, wenn man auch in emotional heiklen und erregenden Situationen ruhig, selbstsicher und entschlossen auftreten will.

Selbstkenntnis als Vorausset-zung zur Fremd-motivierung

Man muß die eigene Zuversicht, den eigenen Optimismus gut kennen und sicher beherrschen, wenn man eine enttäuschte, niedergeschlagene und demotivierte Mannschaft wieder neu begeistern will. Wer andere motivieren will, muß sprachlich und körpersprachlich genau die Gefühlslagen deutlich zum Ausdruck bringen, zu denen er die anderen »verführen« will.

Lernen aus der »Elternrolle«

Menschen lassen sich nur von solchen Gefühlen infizieren, die von einer für sie wichtigen Person sicher und glaubwürdig vorgelebt werden. Jede anerkannte Autorität erfüllt in einem bestimmten Maße für die Menschen, die ihr folgen, eine »Elternrolle«. Denn gute Eltern verfügen über die Fähigkeit, ihre Kinder zu trösten, sie zu begeistern oder sie zu beruhigen. Und auch das können gute Eltern: Sie erspüren instinktiv, wie sich ihr Kind in einer bestimmten Situation fühlt. Sie respektieren diese Gefühle, lassen sich auf die Gefühlslage ihrer Kinder ein und richten ihr Verhalten danach aus. Gute Eltern finden schnell die gedankliche und gefühlsmäßige Wellenlänge ihrer Kinder. Sie holen ihre Kinder genau dort ab, wo sie im Moment stehen, um sie dann Schritt für Schritt in bessere emotionale Bahnen zu geleiten. Zorn verraucht und verflüchtigt sich, Tränen versiegen, Schmerzen lassen nach, Gesichtszüge entspannen sich, Freude und Begeisterung entstehen.

Was gute Eltern bei ihren Kindern emotional bewirken, können anerkannte und gute Führungskräfte in ähnlicher Art und Weise:

Ein Verkaufsleiter, der die Anerkennung und Sympathie seiner Mannschaft genießt, kann Streit schlichten, Erregungen besänftigen und Demotivierte für einen neuen Anfang gewinnen. Erwachsene folgen jedoch nicht so unbefangen und naiv wie Kinder. Wer Mitarbeiter oder Kunden im positiven Sinne emotional beeinflussen will, muß zunächst einmal ihr Vertrauen gewinnen. Dazu muß er Interesse an den Personen sowie ihren Einstellungen und Werten zeigen. Er muß ihre Fähigkeiten erkennen und ihnen eine positive Entwicklung zutrauen. Wer andere emotional führen will, muß selbstsicher auftreten, aufrichtig, glaubwürdig und zuverlässig sein. Er muß denen, die er führen will, die Unterstützung einer guten Beziehung bieten.

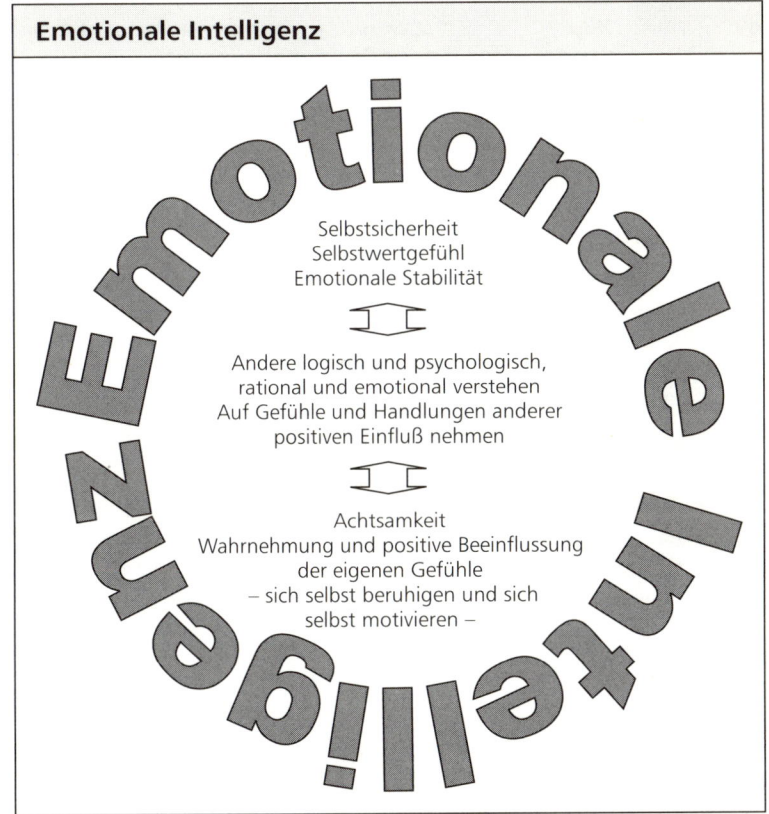

Emotionale Intelligenz

Selbstsicherheit
Selbstwertgefühl
Emotionale Stabilität

Andere logisch und psychologisch,
rational und emotional verstehen
Auf Gefühle und Handlungen anderer
positiven Einfluß nehmen

Achtsamkeit
Wahrnehmung und positive Beeinflussung
der eigenen Gefühle
– sich selbst beruhigen und sich
selbst motivieren –

Delphin-Verkäufer brauchen Delphin-Coachs. Sie brauchen Führungskräfte, die sie bei ihrer wichtigen, schwierigen und psychologisch anspruchsvollen Arbeit verstehen und sich in ihre Situation einfühlen können. Sie brauchen Führungskräfte, die sie fordern, fördern und unterstützen. Sie brauchen Coachs mit ausgeprägter emotionaler Intelligenz.

Fordern,
fördern,
unterstützen

2. Der Coach: interessiert, aufmerksam und zugewandt

Zwischenmenschliche Kommunikation besteht aus dem verbalen Führen von Gesprächen und verschiedensten nonverbalen Formen, Informationen zu transportieren. Wie ist es dabei um die Qualität der Gespräche und Besprechungen bestellt?

*Begriffs-
definition:
»besprechen«*

Die deutsche Sprache kennt viele Worte für die Tätigkeit »besprechen«: unterreden, beraten, beratschlagen, bereden, verhandeln, erwägen, durchsprechen, ventilieren, erörtern, prüfen, untersuchen, unterhandeln, sich auseinandersetzen, sich zusammensetzen, sich an einen Tisch setzen, debattieren, diskutieren, disputieren, dialogisieren, politisieren, ratschlagen, sorgsam erwägen, hin und her wenden, von allen Seiten betrachten, palavern.

Die verschiedenen Begriffe lösen in jedem Menschen andere Bilder, Erinnerungen und Erwartungen aus. Sie werden mit positiven nützlichen und negativen unergiebigen Erfahrungen verbunden. Der Austausch mit Führungskräften über ihre Gespräche im Unternehmen führten immer wieder zu dem gleichen Stoßseufzer. »Sagen Sie uns doch bitte, was wir tun können, um diese Besprechungsflut einzudämmen. Ich komme ja schon gar nicht mehr zu meiner Arbeit.« Stöhnen wir über die Flut von Gesprächen oder sind wir nicht zufrieden mit der Qualität und den Ergebnissen der Gespräche?

*Kommen
Gespräche aus
der Mode?*

Sprachforscher haben festgestellt, daß das Wort »Gespräch« vor zweihundert Jahren mehr als doppelt so häufig im deutschen Sprachgebrauch vorkam. Woran liegt das? Kommen Gespräche aus der Mode? Sind Gespräche überflüssig? Wir glauben, es liegt eher an der Qualität der Gespräche, die wir im Alltag führen. Nicht ohne Grund wird immer stärker gefordert, *Dialoge* zu gestalten.

Der deutsche Religionsphilosoph Martin Buber schrieb bereits in den zwanziger Jahren: »Ich kenne dreierlei Dialoge:

■ den *echten* – gleichviel geredeten oder geschwiegenen –, wo jeder der Teilnehmer den oder die anderen in ihrem Dasein und Sosein wirklich meint und sich ihnen in der Intention zuwendet, daß lebendige Gegenseitigkeit sich zwischen ihm und ihnen stiftet;

■ den *technischen* Dialog, der lediglich von der Notdurft der sachlichen Verständigung eingegeben ist; und

■ drittens den *dialogisch verkleideten Monolog*, in dem zwei oder mehr im Raum zusammengekommene Menschen auf wunderlich verschlungenen Umwegen jeder mit sich selbst reden und sich doch der Pein des Auf-sich-Angewiesenseins entrückt dünken. Die erste Art ist, wie gesagt, selten geworden.«

Drei Formen des Dialogs

Auch der amerikanische Physiker David Bohm hat sich intensiv mit Fragen des Dialogs auseinandergesetzt: »Man bemerkt gegenseitig, was im Kopf des anderen vorgeht, ohne zu einem Schluß oder einer Beurteilung zu kommen. Im Dialog müssen wir eine Frage abwägen, sie hin- und herbewegen, sie befühlen.«

Typische Merkmale eines Dialogs

Das macht den Charakter des wirklichen Dialogs aus:

■ sich zuzuwenden,

■ sich zu interessieren,

■ vorbehaltlos nach dem Sinn und der guten Absicht zu suchen und diese zu akzeptieren.

In einem Gesprächsklima des Dialogs entwickeln sich neue Dinge, Inhalte, Ideen und Lösungen, und sie finden eine hohe Akzeptanz. Der Dialog unterscheidet sich damit ganz wesentlich von der Diskussion, die vom besseren Argument, der Überzeugung und der rhetorischen Geschicklichkeit handelt. Die Diskussion ist sehr vordergründig, der Dialog sucht im Hintergrund das Verständnis und die Entwicklung von etwas Neuem.

So nehmen wir Dialoge wahr

Das Führen von Dialogen ist aus der Mode gekommen. Brauchen wir sie wirklich noch? Wir denken ja, denn die Art und Weise, wie wir Dinge wahrnehmen und wie sich unsere Überzeugungen herausbilden, sind ein sehr persönlicher Vorgang. Jeder von uns

- macht unterschiedliche Erfahrungen,

- richtet seine Aufmerksamkeit jeweils auf verschiedene Aspekte dieser Erfahrungen,

- beachtet vor allem Tatsachen, die seine schon bestehenden Ansichten untermauern,

- siebt und klassifiziert Informationen, um sie leichter speichern zu können,

- ruft Informationen so ab, daß sie ein zusammenhängendes »Bild« ergeben und

- verändert gespeicherte Informationen, um sie neuen Bedürfnissen anzupassen.

Das Interesse am anderen, sich dem zuzuwenden und wahrzunehmen, was der andere meint und denkt, gehört zu den Grundtugenden des Delphin-Coachs.

Basisfähigkeiten des Coachs

Es gilt, die Sichtweisen des Gecoachten aufzudecken und durch weitergehende Fragen ein tieferes Verständnis zu fördern. Fragen stellen können ist eine wichtige Basisfähigkeit des Coachs. Das Finden der richtigen oder besser: der hilfreichen Frage ist vielfach wichtiger als das Vermitteln einer Antwort.

Die Verbesserung einer Beziehung beginnt mit dem Interesse und der Wertschätzung für die andere Person:

Gute Beziehungen basieren auf einem Interesse für die andere Person. Die folgenden sechs Punkte fassen diese »Merkposten für die Verbesserung der Kommunikation und der Beziehung« zusammen. So richten Sie Ihr Interesse gezielt auf die andere Person, und diese wird Ihre besondere Aufmerksamkeit schnell bemerken:

Ich akzeptiere sie.	Ich versichere, daß sie eine wichtige Mitarbeiter/in für mich ist, und daß ihre Meinung für mich zählt.
Ich beschäftige mich häufig mit ihr.	Ich spreche häufig mit ihr.
Ich achte darauf, in welcher Situation ich mit ihr spreche.	Ich spreche direkt mit ihr und nicht mit anderen über sie.
Ich höre ihr zu.	Was denkt sie? Ich teile ihr meine Meinung über bestimmte Angelegenheiten mit und frage sie nach ihrer Meinung zu den betreffenden Themen.
Ich schenke ihr von Zeit zu Zeit besondere Aufmerksamkeit.	Hin und wieder widme ich ihr mehr Zeit, um ohne Hast darüber zu reden, was sie beschäftigt.
Ich halte Rücksprache mit ihr.	Bevor ich eine Entscheidung treffe, die bedeutende Konsequenzen für sie haben könnte, frage ich nach ihrer Meinung. Was sie mir vorschlägt, wiederhole ich noch einmal in meinen eigenen Worten, um zu verdeutlichen, daß ich zuhöre und daß mich das Gesagte interessiert.

Zeigen Sie Interesse – dann werden Sie es auch empfinden:

Kann es irgendeinen Nutzen haben, wenn ich nur vorgebe, den Mitarbeiter zu akzeptieren? Wird er meine Verstellung nicht sehr schnell durchschauen? Und wenn ich ihn im Grunde meines Herzens wirklich als minderwertig und verachtenswert ansehe und seine Interessen am liebsten übergehen würde, was dann?

Geheucheltes Interesse

Diese Sorge ist durchaus berechtigt. Das Interesse am anderen wirkt sehr stark motivierend, wenn es darum geht, eine Beziehung zu verbessern. Jenen, die uns sehr nahe stehen – Familie und Freunde –, bringen wir normalerweise besonders viel Anteilnahme

113

entgegen. Wenn ich Interesse an der aktuellen und zukünftigen Situation der Gecoachten habe, stellt das für mich eine Motivation dar, Probleme gemeinsam mit ihnen zu lösen. Und wenn ich dieses Interesse aufrichtig zeige, dann werden sie wahrscheinlich auch eher geneigt sein, mit mir zusammen anstehende Fragen anzugehen. Wieviel Interesse müssen wir also den anderen entgegenbringen? Und wie können wir es aufbringen?

Gegenseitige Abhängigkeit von Coach und Gecoachtem

Im ersten Schritt werde ich mir bewußt, daß wir bis zu einem gewissen Grad *voneinander abhängig* sind. Ich muß mich mit der Tatsache vertraut machen, daß wir teils gemeinsame und teils widerstreitende Interessen haben und daß wir uns gemeinsam damit auseinandersetzen müssen, wenn wir zu einer vernünftigen Lösung gelangen wollen. So gesehen haben wir wohl oder übel eine Beziehung.

Haben wir erst einmal verstandesmäßig erfaßt, daß wir unsere Probleme nicht ohne den anderen lösen können, sollten wir uns so verhalten, daß sich unsere gemeinsame Fähigkeit, mit Meinungsverschiedenheiten umzugehen, verbessert. Es ist dann auch keine Heuchelei, die Ansichten und Interessen der anderen Seite erfahren zu wollen. Die Führungskraft und der Verkäufer im Vertrieb stehen in ganz direkter Abhängigkeit zueinander. Der Erfolg des Verkäufers macht sich unmittelbar auf dem Bankkonto der Führungskraft bemerkbar. Und der Leiter einer erfolgreichen Verkaufsmannschaft genießt zudem im Unternehmen einen guten Ruf und hohes Ansehen.

Mit einer Änderung des Verhaltens ändert sich auch mein Denken

Sobald ich eine wirklich gute Beziehung zu meinen Mitarbeitern habe, werde ich wahrscheinlich auch anders über sie denken. Wenn ich anfange, sie als ernstzunehmende Persönlichkeiten zu betrachten, werde ich möglicherweise die Erfahrung machen, daß sie in manchen Bereichen ein größeres Wissen und größere Fähigkeiten als ich haben und daß manche ihrer Ansichten durchaus Respekt verdienen. Wenn ich mich bemühe, die Sichtweisen der Mitarbeiter zu verstehen, werde ich mit ziemlicher Sicherheit feststellen, daß meine eigenen Auffassungen – mehr als vermutet –

von Vorurteilen geprägt sind. Verhalte ich mich so, als ob ich vertrauenswürdig wäre, so werde ich wahrscheinlich wirklich meine Zusagen einhalten. Höre ich aktiver zu und verhalte ich mich, als ob ich vernünftigen Argumenten gegenüber aufgeschlossen wäre, so werde ich feststellen, daß ich mich häufiger überzeugen lasse, als vorher angenommen. Wenn ich die Mitarbeiter wie jemanden behandle, der mir wichtig ist, dann werde ich mich bald wirklich für ihre Person interessieren.

Eine Verhaltensänderung bewirkt immer eine Veränderung im Denken!

Vom Dilemma des Rat-Gebens

Führungskräfte stehen ihren Mitarbeitern mit Rat und Tat zur Seite. In der Praxis heißt das oft genug: Führungskräfte sagen ihren Mitarbeitern, was sie wie zu tun haben (*Rat*) oder nehmen die Sache gleich ganz in die Hand (*Tat*).

Wenn Sie Ihrem Verkäufer einen Rat geben, so ist das oft als gute Empfehlung gemeint, über deren Nutzung er selber frei entscheiden kann. Viele Mitarbeiter erleben den Rat nicht als Vorschlag, sondern als Anweisung. Wenn Sie den Wunsch verspüren, einem Verkäufer einen Rat geben zu wollen, beherzigen Sie die folgenden Anregungen:

Ein gut gemeinter Rat ist keine Anweisung

- *Vom Sagen zum Wahrnehmen:* Verzichten Sie darauf, immer und direkt eine kluge Antwort zu geben. Hören Sie lieber noch einige Minuten aufmerksam zu. Fragen Sie nach. Fragen Sie nach den Hintergründen. Stellen Sie sicher, daß sie wirklich wissen, was gemeint war.

Schritte, die zum Handeln führen

- *Vom Wahrnehmen zum Fragen:* Stellen Sie Fragen mit dem Ziel, den Gesprächspartner zum Nachdenken zu veranlassen. Es gibt sehr verschiedene Möglichkeiten, Fragen zu stellen. Viele Fragen sollen einfache Informationen offenlegen (»Wieviel Kunden haben Sie in der letzte Woche besucht?«). Andere Fragen haben zum Ziel, daß der Befragte für sich erst noch neue Überlegungen anstellt und somit ganz neue Ideen und Möglichkeiten erkennen kann. (»Was haben die Kunden, bei denen Sie besonders erfolgreich sind, gemeinsam?«)

- *Vom Fragen zum Zuhören:* Fragen sind nur sinnvoll, wenn Sie bereit sind, wirklich zuzuhören. Ihr Gesprächspartner merkt, ob Sie tatsächlich an einer Antwort interessiert sind. Deshalb ist Ihre innere Einstellung von großer Bedeutung. Nur wenn Sie bereit sind zuzuhören, wenn Sie gespannt sind auf die Antwort, lohnt es sich, Fragen zu stellen.

- *Durch Fragen zur Antwort finden:* Fragen Sie den anderen, bis er selber eine Antwort findet. Sie brauchen als Führungskraft längst nicht immer eine Antwort zu wissen. Durch geschicktes Nachfragen ermöglichen Sie Ihrem Verkäufer, selber Ideen zu entwickeln und neue Sichtweisen zu finden.

- *Von der ersten Antwort zur vertiefenden Nachfrage:* Geben Sie sich mit einer Möglichkeit nicht zufrieden. Die zweite und dritte Frage erschließen weitere Sichtweisen. Die erste Antwort auf eine Frage stellt eine erste Möglichkeit dar. Zumeist gibt es jedoch mehrere Möglichkeiten und Lösungen. Diese können Sie nur dann erschließen, wenn Sie weiter fragen und sich nicht gleich mit der erstbesten Aussage zufriedengeben.

- *Von der Antwort zum Handeln:* Vergessen Sie die Handlungsorientierung nicht. Sie steht am Ende und muß sorgfältig bedacht werden. Das neue Wissen muß zu neuen Handlungen führen.

Seien Sie vertrauenswürdig

Vertrauen muß ständig erneuert werden

Vertrauen muß man sich erarbeiten und dauerhaft pflegen. Je aufrichtiger und vertrauenswürdiger wir uns zueinander verhalten, desto größere Chancen haben wir, gute Ergebnisse zu erzielen. Dies gilt auch für das Verhältnis Führungskraft – Coach im Vertrieb.

In den meisten Beziehungen pendeln wir zwischen absolutem Vertrauen und Mißtrauen hin und her. Und fast immer wünschen wir uns ein höheres Maß an Vertrauen. Vertrauen und Mißtrauen sind jedoch etwas, was nur in unseren Köpfen existiert.

Machen wir uns klar, was wir eigentlich wollen. Wollen Sie Vertrauen um jeden Preis? Wohl kaum. Es geht zumeist doch um ein wohlbegründetes Vertrauen. Vertrauen kann also auf zwei Faktoren beruhen, dem konkret erlebten Verhalten und dem, was im Kopf passiert.

Es ist deshalb besonders wichtig, sich klar zu machen, was Vertrauen auslösen und rechtfertigen würde. Im Verhältnis zwischen coachender Führungskraft und Verkäufer hat sich in den letzten Wochen vielleicht einiges Ungeklärtes angesammelt: Kunden haben sich beschwert, Termine wurden verschoben, Abschlußzahlen verringerten sich, und zwischen beiden hat es den einen oder anderen Streit gegeben. Die ehedem bestehende Vertrauensbasis ist leicht angekratzt. Bis wieder volles Vertrauen besteht, muß etwas passieren. Nicht schon beim ersten Versuch wird das Vertrauen wieder vollständig hergestellt sein. Machen Sie sich deshalb genau klar, woran Sie bemerken würden, daß Sie dem Verkäufer wieder Vertrauen entgegenbringen können.

Wie Vertrauen entsteht

Stellen Sie sich aber nicht nur den angestrebten Endzustand einer vertrauensvollen Beziehung vor. Machen Sie sich genauso ein Bild über die kleinen Etappen auf dem Weg zum Ziel. Woran würden Sie bemerken, daß der erste Schritt zu einer neuerlich vertrauensvollen Beziehung gegangen worden ist? Was könnten diese ersten Schritte sein? Aber auch anders herum stellt sich die Frage: Woran könnte der Verkäufer erkennen, daß Sie als Führungskraft den Weg zu mehr Vertrauen eingeschlagen haben, daß Sie vertrauenswürdig sind?

Sie können sofort anfangen, die Vertrauensbasis zu verbessern. Möchten sie, daß Ihr Coachingpartner/Ihr Verkäufer Ihnen mehr vertraut, so müssen Sie dafür Gründe liefern. Die besten Gründe sind Ihr konkretes Verhalten. Mit vier Fragen können Sie sich selber testen:

- Ist Ihr Verhalten gegenüber dem Verkäufer manchmal irreführend?

- Äußern Sie sich gelegentlich undeutlich? Lassen Sie den Verkäufer von Zeit zu Zeit über das erwartete Verhalten im unklaren?

- Gehen Sie mit klaren Versprechungen leichtfertig um?

- Wollen Sie den anderen aus taktischen Gründen gelegentlich täuschen?

Vielleicht gibt es den ein oder anderen Punkt, bei dem Sie sich ein kleines Ja zugestehen mußten. Schon eine kleine Unredlichkeit genügt jedoch, um großes Mißtrauen hervorzurufen. Verändern Sie deshalb Ihr Verhalten *sofort*, denn sonst gefährden Sie immer wieder das Vertrauen, das Sie benötigen, um wirkungsvoll zu coachen.

Hören Sie aktiv zu

Weniger reden –
mehr zuhören

Führungskräfte, Berater und Verkäufer reden zuviel und hören zuwenig zu.

Ist das ein Vorurteil oder eine zutreffende Situationsbeschreibung? Nun, Sie wissen es am besten, ob Sie selbst mehr zuhören sollten. Fragen Sie aber auch Freunde oder Bekannte oder Mitarbeiter, ob Sie in Gesprächen zu sehr dominieren. Fragen Sie, ob Sie zuviel reden und nicht genug zuhören. Versuchen Sie zu vergleichen, wie lange Sie jeweils sprechen und wie lange Sie den anderen zuhören. Beobachten Sie sich selbst.

Wie sehen Sie Ihr eigenes Gesprächsverhalten?	meistens	gelegentlich	selten
Ich versuche, mich in die Lage des anderen zu versetzen.			
Ich spreche Gefühle offen an.			
Ich schaue den anderen an, wenn ich spreche.			
Ich nehme mir Zeit für den anderen.			
Ich bemühe mich, Störungen festzuhalten.			
Ich lasse den anderen ausreden.			
Ich respektiere Motive und Einstellungen des anderen.			
Ich spreche genau und entschieden.			
Ich nehme mir Zeit, Meinungsverschiedenheiten zu klären.			
Ich gebe Anerkennung und Kritik.			

Sie können sich selber disziplinieren, und bevor Sie einem Mitarbeiter antworten, das zuvor Gesagte mit eigenen Worten zusammenfassen. »Herr Müller, Sie meinen also, wir sollten uns künftig auf diese neue Kundengruppe konzentrieren, weil … Habe ich Sie da richtig verstanden?« Erst nach der positiven Bestätigung Ihres Gesprächspartners geht es weiter mit Ihrer Antwort.

Selbstdisziplin bei Gesprächen

Sie erreichen auf diesem Weg dreierlei: Erstens können Sie sicher sein, daß Sie das Gemeinte auch verstanden haben und Ihre Antwort daran ausrichten. Zweitens zeigen Sie deutlich Interesse am Gesprächspartner und dokumentieren Ihren Wunsch, ihn wirklich zu verstehen. Und drittens werden Sie mittelfristig die Dauer Ihrer

Gespräche und Sitzungen verkürzen, weil sich alle mehr auf das Gesagte konzentrieren.

»Blinde« Diskussions-führung

Wenn Sie experimentierfreudig sind, können Sie auch folgendes in einem Meeting probieren. Führen Sie die Diskussion zu einem Tagesordnungspunkt blind. Bitten Sie alle Teilnehmer, die Augen zu schließen und nicht zu blinzeln (oder besser: bereiten Sie Tücher als Augenbinde vor). Diskutieren Sie dann den Punkt miteinander. Achten Sie zugleich auf das, was passiert. Wenn Sie mit dem Punkt fertig sind, nehmen alle die Augenbinde ab und werten die Erfahrungen aus.

Was war anders mit verbundenen Augen? Haben Sie anders zuhören können? Sind Sie genauer aufeinander eingegangen? Haben Sie längere oder kürzere Zeit benötigt, als Sie vorher gedacht haben? Sind Sie mit dem Ergebnis zufrieden?

In den meisten Fällen stellen die Teilnehmer dieser Übung fest, daß sie genauer hinhörten, mehr Rücksicht aufeinander nahmen und ein gemeinsam getragenes Ergebnis erzielten. Sollte Ihnen die Übung etwas ungewöhnlich vorkommen, dann können Sie für sich persönlich einen Versuch machen. Schließen Sie während der Diskussion die Augen, machen Sie Ihren nächsten Wortbeitrag blind und warten Sie die Reaktionen ab. Probieren Sie es ruhig aus. Sie riskieren nichts.

Mit Hilfe der folgenden Checkliste können Sie das Zuhörverhalten anderer beobachten.

Fähigkeit/Verhalten	✓
Er/sie hört aufmerksam zu und unterbricht nicht.	
Er/sie stellt Fragen, um Inhaltliches klarzustellen.	
Er/sie wiederholt Wichtiges mit eigenen Worten, um das Verständnis von Begriffen oder Folgerungen klarzustellen.	
Er/sie kommuniziert offen und direkt.	
Er/sie bricht bei unwichtigen Punkten die Diskussion ab.	
Er/sie blockiert das Lernen anderer durch abweisende oder negative Bemerkungen.	
Er/sie neigt dazu, das Wort an sich zu ziehen und zu halten.	
Er/sie zeigt nur wenig oder gar nicht an, ob er/sie etwas verstanden hat.	

Trainieren Sie sich im Fragenstellen

Sie können durch Fragen etwas verändern. Das klingt vielleicht etwas merkwürdig, wir erleben es in unserer Praxis aber immer wieder.

Dahinter steckt eine philosophische Grundhaltung. Der Engländer John Locke vertrat im 17. Jahrhundert die Ansicht, der Mensch würde als unbeschriebenes Blatt geboren und müsse alles, was er fürs Leben benötige, erst noch erwerben und erlernen. Wir folgen dieser Auffassung nicht. Vielmehr neigen wir der Meinung des griechischen Philosophen Platon zu. Er vertrat die Ansicht, daß der Mensch alles bereits in sich habe, was er für das Leben benötige. Die Aufgabe des Lehrers sei es, dieses innere Wissen zu erwecken und für die Anwendung zu erschließen.

Inneres Wissen erschließen

Coaching basiert auf diesem platonischen Menschenbild. Fragen stellen ist der Schlüssel zur Unterstützung der Mitarbeiter bei ihrem Wachstum und zur Nutzung der – noch unentdeckten – Fähigkeiten:

Die Vorzüge des Fragens

Konkret auf die Situation des Coaching bezogen ergeben sich folgende Vorzüge des Fragens:

- Der Verkäufer trägt mit seinen Antworten selber etwas zum Coaching bei. Er betreibt aktiv einen Entwicklungsprozeß.

- Die meisten Menschen fühlen sich wohler, wenn sie nach ihrer Wahrnehmung gefragt werden.

- Fragen ermöglicht es dem Coach, die Sichtweisen des Gecoachten zu entdecken.

- Optimales Lernen wird möglich, wenn der Gecoachte in das Feedback einbezogen und aktiv an der Problemlösung beteiligt ist.

- Das Einbeziehen verstärkt die Akzeptanz und die Umsetzung der Lösung durch Coach und Gecoachten.

Vertiefende Fragen

Vertiefendes Fragen: Stellen Sie die gleiche Frage mehrfach.

Frage: Mögen Sie Ihren Job?

Antwort: Ja, ich mag ihn.

Frage: Mögen Sie Ihren Job? Was ist Ihnen wichtig dabei?

Antwort: Ja, tatsächlich. Ich habe selbständige Handlungsmöglichkeiten, und ich mag die Menschen, mit denen ich arbeite. Ich mag meinen Job.

Frage: Mögen Sie Ihren Job? Was ist Ihnen wichtig daran?

Antwort: Ja, ich mag den Job, aber ich bin mir nicht sicher. Es gibt Momente, wo ich mir nicht sicher bin. Ich mache tagein tagaus die gleichen Dinge. Jeden Tag. Ich wünsche mir, ich hätte eine Tätigkeit, in der ich leidenschaftlich aufgehen würde, die mich stärker herausfordern würde.

Nach der ersten Frage haben wir ein klares Ja gehört und hätten uns zufriedengeben können. Nach der zweiten Frage erhielten wir eine genauere Darstellung dessen, was am Job gemocht wird. Erst bei der dritten Frage erfahren wir etwas über das »Ja-aber«. Hier erst finden wir einen wichtigen Anknüpfungspunkt für Engagement und Veränderungswünsche des Mitarbeiters.

Das beharrliche Nachfragen hat den Mitarbeiter dazu gebracht, genauer nachzudenken und zu reflektieren – was er vielleicht vorher bewußt noch gar nicht gemacht hat. Der Erfolg des Fragens liegt darin, den Gesprächspartner zum Nachdenken und zum Klären zu veranlassen.

Beharrliches Nachfragen führt zur Selbstreflexion

Richtlinien für ein erfolgreiches Coaching

- Der Gecoachte spricht zuerst.

- Lassen Sie den Gecoachten zuerst seine Themen, Fragen und Erfahrungen darstellen.

- Geben Sie ein ausbalanciertes Feedback.

- Formulieren Sie positive und negative Aspekte mit dem Ziel der Verbesserung.

- Das positive Feedback zuerst. Dies erhöht die Bereitschaft zur Aufnahme der negativen Aspekte.

- Seien Sie konkret.

- Konzentrieren Sie sich auf wenige Dinge. Überfrachten Sie eine Besprechung nicht mit zu vielen Themen.

- Schließen Sie die Tür. Stellen Sie sicher, daß Sie während Ihres Gesprächs nicht gestört werden.

- Seien Sie offen und ehrlich.

- Vertuschen, Verschweigen und taktisches Zurückhalten von Meinungen und Einschätzungen helfen nicht weiter.

- Klären Sie von Anfang an den Zeitumfang und halten Sie diesen auch ein.

- Seien Sie kein Vermittler.

- Sie agieren im Coaching besser nicht als Unterhändler für andere Personen.

- Geben Sie nicht frühzeitig auf! Seien Sie penetrant und geduldig. Fragen Sie bohrend nach. Fragen Sie ruhig dreimal. Fragen Sie nach Alternativen.

- Vertrauen Sie und seien Sie vertrauenswürdig.

- Verteilen Sie Lob.

- Kanalisieren Sie Ihren Ärger.

- Erklären Sie, warum Sie Feedback geben und was Sie beabsichtigen.

- Seien Sie Vorbild.

Kontrakte schaffen Sicherheit und Klarheit im Coaching

Die Führungskraft hat im Rahmen ihres Verantwortungsbereichs Entscheidungen zu treffen und umzusetzen, die für den Verkäufer verbindlich sind. Diese Rollenzuweisung ist für den Coachingprozeß *nicht* zweckmäßig

Der Inhalt des Coaching wird vom Gecoachten vorgegeben

Das Coaching ist um so wirkungsvoller, je mehr Inhalte und Vereinbarungen vom Gecoachten definiert werden und er selber diese für sich als verbindlich erklärt. Jeder Eingriff des Coachs, jede Vorgabe und zu viele eigene Vorschläge behindern die Eigenverantwortung des Gecoachten für die Umsetzung im Alltag.

Die Führungskraft ist im Coaching also nicht in der Rolle des Definierens und Bestimmens, vielmehr übernimmt diese Rolle der Gecoachte selber. Dieser Wechsel in der Verantwortung widerspricht jedoch den geltenden »Spielregeln« in den meisten Unternehmen. Sollen diese geänderten Regeln für das Coaching gelten, müssen sie daher explizit vereinbart werden. Inhalte eines solchen Kontraktes zwischen Coach und Gecoachtem können sein:

- Ziele und Zweck des Coachings

- Vollmacht des Gecoachten zur Festlegung der Ziele

- Offenheit

- Verschwiegenheit über die Inhalte des Coachingprozesses gegenüber Dritten

- Verbindlichkeit der Vereinbarungen

- Verantwortung des Coachs

- Verantwortung des Gecoachten

- Berechtigte Ansprüche des Gecoachten

- Berechtigte Ansprüche des Coachs

- Häufigkeit und Dauer der Coaching-Sitzungen

- Regelmäßige Protokolle

- Einseitiges Recht auf Unterbrechung oder Abbruch des Coachings.

Der Kontrakt dient der veränderten Rollendefinition zwischen Führungskraft und Verkäufer in der konkreten Coaching-Sitzung und der Absicherung des Gecoachten. Vielfach werden im Rahmen von Coaching-Sitzungen Dinge geäußert und Probleme oder Schwächen dargestellt, die normalerweise ein Mitarbeiter seinem Vorgesetzten nicht erzählen würde. Der Kontrakt sichert den Gecoachten insoweit ab, als diese Informationen nicht gegen ihn verwandt werden.

Der »Coaching-Kontrakt«

Der Coach hingegen muß abwägen, ob es Dinge gibt, deren Wissen ihn als hierarchische Führungskraft außerhalb des Coachings zum Handeln verpflichten. Gegebenenfalls muß dann der Coach den Verkäufer auffordern, darüber im Rahmen des Coachings nichts weiter zu sagen, da sonst für den Coach ein Rollen- und Loyalitätskonflikt entsteht.

3. Coaching: Verhaltensstile und Typologie

Wie erkennen Coachs unterschiedliche Verhaltensstile der Verkäufer und wie stellen sie sich darauf ein? Für Führungskräfte ist es nichts Neues, daß sie mit einigen Mitarbeitern gut und mit anderen weniger gut kooperieren können. Ein häufig genanntes Kriterium in den Fällen, in denen »die Chemie« stimmt, ist: »Der/die andere hat viel mit mir gemeinsam«.

Bevorzugt: Menschen »auf der gleichen Wellenlänge«

Wir mögen Menschen, die wie wir sind: die den gleichen Humor haben, die ähnliche Arbeitsweisen bevorzugen, die die gleichen Werte vertreten, die gleichen Hobbys pflegen oder die gleichen Ziele verfolgen. Bitte denken Sie einen Moment über die folgenden Fragen nach: Wen würden Sie auf einen längeren Inselaufenthalt mitnehmen? Hat diese Person mehr Gemeinsamkeiten oder mehr Unterschiede mit Ihnen? Sicher werden Sie eine Person auswählen, die Ihnen ähnlich ist. Auch im Arbeitsalltag bevorzugen wir in unserer Umgebung Menschen, die uns ähnlich sind.

Wir treffen in unserer Umgebung jedoch immer wieder auch auf Menschen, mit denen wir kooperieren müssen, obwohl sie nicht auf unserer Wellenlänge liegen. Hier gestalten sich das gegenseitige Verständnis und die Zusammenarbeit meist schwieriger. Reibungspunkte und Konflikte entstehen, die oftmals nur schwer aufgelöst werden können.

Unterschiede sind eher positiv

Obwohl das Verständnis und die Kooperation zwischen sehr unterschiedlichen Menschen oft viel Mühe macht, ist es dennoch nicht wünschenswert, daß alle Menschen um uns herum genau so sind wie wir. Denn erst die Unterschiedlichkeit der Einstellungen, Fähigkeiten und Handlungsmuster ermöglicht es uns, in vielfältiger Art und Weise auf unsere Umwelt einzuwirken und viele verschiedene Möglichkeiten zur Lösung unserer Engpässe und Probleme zu entwickeln. Wir Menschen sind nun einmal soziale Wesen, durch Abhängigkeiten eng miteinander vernetzt und unbedingt auf unsere Mitmenschen angewiesen. In einer extrem arbeitsteiligen Gesellschaft wie der unseren, ist dies offensichtlich: Viele von uns würden verhungern, wenn nicht andere da wären, die die Lebensmittel produzieren, die wir täglich brauchen. Ähnliches gilt für unsere Bekleidung, unsere Wohnungen und unsere Fortbewegungsmittel: Wir brauchen die engagierte Arbeit von anderen, wenn wir gut leben wollen.

Toleranz, die Fähigkeit andere, andersartige, fremde Menschen so zu akzeptieren und anzunehmen, wie sie sind, ist daher eine wichtige Grundlage für das Zusammenleben.

Toleranz extrem wichtig

Auch ein Verkäufer muß mit den unterschiedlichsten Menschen zurechtkommen und die verschiedensten Kunden bedienen können. Keiner kann sich auf die Kunden beschränken, die ihm liegen. Ebenso wichtig sind Toleranz und gegenseitiges Verständnis für die Zusammenarbeit in einer Vertriebsmannschaft, die sich gegenseitig unterstützen und erfolgreich sein will. Für das Funktionieren eines Vertriebsteams ist es wichtig, von der Existenz und Berechtigung unterschiedlicher Verhaltensstile zu wissen und die verschiedenen Menschen mit ihren spezifischen Eigenarten, Vorlieben, Potentialen und Engpässen zu verstehen und zu akzeptieren. Dies ist auch für die Führungskraft als Coach von elementarer Bedeutung.

Toleranz ist erlernbar. Eine wichtige Voraussetzung dafür ist Menschenkenntnis. Denn mit Menschen, deren Anderssein wir verstehen und begreifen, können wir problemloser umgehen als mit Menschen, deren Verhalten wir nicht begreifen.

Menschenkenntnis führt zu Toleranz

Im folgenden wollen wir Ihnen ein sehr nützliches Instrument vorstellen, das Ihnen hilft, sich selbst und andere besser zu verstehen. Es ermöglicht Ihnen, bei sich und bei Ihren Partnern die jeweils vorherrschenden Verhaltensstile sicher zu erkennen und zuverlässig einzuschätzen.

Erkennen sie Ihre bevorzugten Verhaltensstile

Wir alle entwickeln in unserem Leben bestimmte Vorlieben und Verhaltensmuster, die sich in vielen verschiedenen Situationen be währt haben. Vier dieser *grundlegenden Verhaltensstile* sollen hier beschrieben werden:

- Risikoorientierung

- Sicherheitsorientierung

- Sachorientierung

- Beziehungsorientierung

Bevorzugte Verhaltensstile

Risikoorientierung, Sicherheitsorientierung, Sachorientierung und Beziehungsorientierung sind vier *charakterliche* Grundtendenzen, die in jedem Menschen mehr oder minder stark ausgeprägt sind.

Risikoorientierung:

Eine starke Risikoorientierung geht meist einher mit einer mehr oder minder stark ausgeprägten Angst vor Einengung und Begrenzung. Der risikoorientierte Mensch sucht ständig die Herausforderung des Neuen und Unvorhersehbaren. Er wendet sich der Zukunft zu, das Altbekannte langweilt ihn schnell.

Sicherheitsorientierung:

Menschen mit einer starken Sicherheitsorientierung lieben das bekannte und vertraute Umfeld. Sie hassen Experimente, deren Ausgang ungewiß ist. Sicherheitsorientierte brauchen einen festen Rahmen und möglichst klare Grenzen, um sich wirklich wohlzufühlen. Sie fürchten sich vor Grenzüberschreitungen und Regelverletzungen.

Sachorientierung:

Eine starke Sachorientierung ist in der Regel gepaart mit einer ausgeprägten Angst vor Nähe. Sachorientierte Menschen halten sich an Fakten. Sie scheuen den engen Konktakt zu anderen und arbeiten am liebsten allein. Sachorientierte sind meist nüchterne Kalkulierer und kühle Rechner. Es ist ihnen nicht so wichtig, was andere empfinden und von ihnen denken.

Beziehungsorientierung:

Vorwiegend beziehungsorientierte Menschen brauchen immer Freunde und Partner in ihrer Nähe. Sie sind ungern allein und fürchten sich davor, abgelehnt oder zurückgewiesen zu werden. Beziehungsorientierte zeigen offen ihre Gefühle und achten die Einstellungen und Gefühle von anderen.

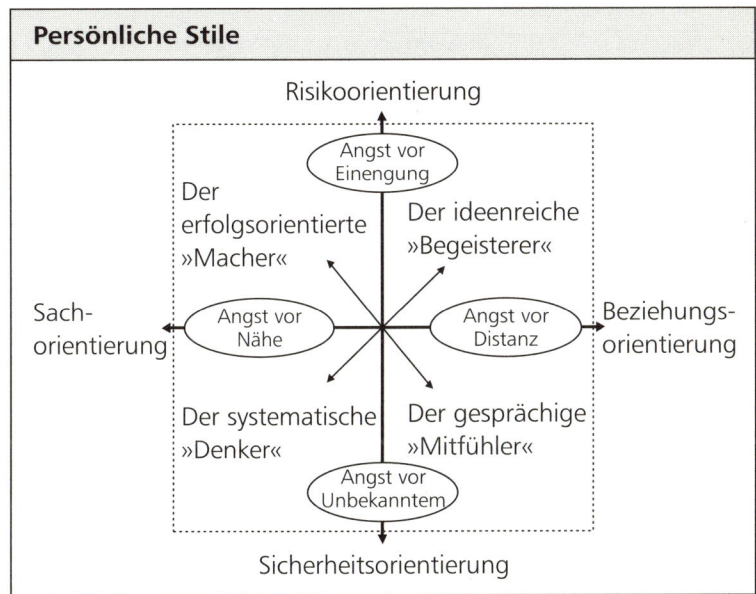

Persönliche Stile

Aus der Kombination von jeweils zwei dieser Grundtendenzen ergeben sich folgende Handlungstypen:

Handlungstypen

Sachorientierung und Risikoorientierung:	Der erfolgsorientierte »Macher«
Risikoorientierung und Beziehungsorientierung:	Der ideenreiche »Begeisterer«
Beziehungsorientierung und Sicherheitsorientierung:	Der gesprächige »Mitfühler«

Sicherheitsorientierung
und Sachorientierung: Der systematische »Denker«

Wir wollen die einzelnen Typen einmal näher betrachten:

Der erfolgsorientierte »Macher«:

Die Eigen-
schaften des
»Machers«

Sachorientierung und Risikoorientierung: Diesen Persönlichkeitsschwerpunkt findet man besonders bei Selbständigen, im gehobe-
nen Management und bei Verkäufern technischer Güter.

Erfolgsorientierte »Macher« scheuen sich nicht, neue Wege zu
gehen und legen höchsten Wert auf Produktivität. Sie haben klare
Zielvorstellungen, nehmen Herausforderungen an und stürzen sich
auf Probleme. Sie unternehmen etwas auf eigene Faust und sche-
ren sich wenig darum, ob auch andere ihre Initiative gut finden.
Nur Ergebnisse zählen für sie.

Erfolgsorientierte »Macher« halten sich nicht unbedingt an Regeln
und Grenzen, wenn diese ihrem Erfolg im Wege stehen. Sie wollen
Neues schaffen, Erfolgsziele erreichen und nehmen dabei wenig
Rücksicht auf ihre Umgebung. Menschen mit diesem Handlungs-
schwerpunkt vermeiden gerne Ordnungsstrukturen, sie hassen die
Routine und fühlen sich durch genaue Vorgaben schnell eingeschränkt.

Erfolgsorientierte »Macher« wirken oft kühl, unabhängig und
wettbewerbsorientiert. Sie genießen in ihrem Unternehmen meist
eine hohe Autorität.

Erfolgsorientierte »Macher« versuchen, ihre Umgebung nach ihren
Anforderungen zu formen und fordern dafür ein Höchstmaß an
Handlungsfreiheit. Manchmal werden sie als eigensinnig, ungedul-
dig, hart und aggressiv erlebt. Sie neigen dazu, andere zu kontrol-
lieren und haben eine niedrige Toleranzschwelle für die Gefühle,
Einstellungen und Unzulänglichkeiten von Mitarbeitern.

Verkäufer mit einer starken Persönlichkeitsausprägung in diese
Richtung gehen selbstbewußt, mutig und erfolgsorientiert auf ihre

Kunden zu. Auch vor der Neukundengewinnung scheuen sie sich nicht. Sie verfügen meist über eine gute Arbeitsorganisation, ein wirkungsvolles Selbstmanagement und überdurchschnittliche Fachkenntnisse. Sie haben Entwicklungsbedarf im emotionalen Bereich sowie bei der Gestaltung zwischenmenschlicher Beziehungen.

Der ideenreiche »Begeisterer«:

Risikoorientierung und Beziehungsorientierung: In dieser Kategorie finden wir hauptsächlich Menschen mit starker kommunikativer Ausrichtung in Verkaufs- und Beratungstätigkeiten. Sie können andere für neue Ideen begeistern und sind aktiv auf Menschen ausgerichtet.

Die Eigen-schaften des »Begeisterers«

Ideenreiche »Begeisterer« sind in ihren Äußerungen direkt und offen. Sie sagen, was sie denken, und haben oftmals ihr Herz auf der Zunge liegen. Diese Menschen sind schnell in ihren Entschlüssen und entscheiden sich spontan. Sie sind zuständig für die grundsätzliche Linie; Fakten und Einzelheiten der Umsetzung ihrer Ideen interessieren sie nicht. Problemen gehen sie aus dem Weg. Manchmal neigen sie zu euphorischen Übertreibungen.

Ideenreiche »Begeisterer« sind gerngesehene Gesellschafter; man liebt ihre Begeisterungsfähigkeit und ihre Überzeugungskraft. Häufig neigen sie jedoch dazu, »den Mund zu voll zu nehmen«. Sie tun zu viele Dinge auf einmal, sind ungeduldig und verfügen über eine sehr kurze Aufmerksamkeitsspanne.

Ideenreiche »Begeisterer« haben ständig neue Ideen und suchen immer nach Zustimmung und Anerkennung. Sie brauchen ihr Publikum und beziehen die Kraft ihrer Inspiration aus den Beziehungen zu ihren Mitmenschen. Oftmals überrollen sie andere jedoch mit ihren Einfällen und Phantasien.

Ideenreiche »Begeisterer« sind die typischen Verkäufer. Sie sind offensiv, trauen sich auch zu, unbekannte Menschen anzusprechen und verstehen es, schnell gute persönliche Beziehungen zu knüpfen.

Entwicklungsbedarf haben sie oft hinsichtlich ihrer Sach- und Fachkompetenz sowie ihrer Beständigkeit und ihres »Stehvermögens«. Ideenreiche »Begeisterer« verfügen häufig über zuwenig Frustrationstoleranz. Daher ist es wichtig für sie, klare Konzepte zur Selbstmotivation in Krisen zu entwickeln.

Der gesprächige »Mitfühler«:

Die Eigenschaften des »Mitfühlers«

Beziehungsorientierung und Sicherheitsorientierung: Diesen Persönlichkeitstyp finden man häufig in helfenden Berufen (z. B. Sozialarbeiter, Psychologen, Lehrer, Krankenpfleger).

Der gesprächige »Mitfühler« liebt die Sicherheit beständiger, geregelter Verhältnisse. Er handelt umsichtig und nimmt sich viel Zeit für das Durchdenken von Entscheidungen. Er gilt als warmherzig und zuverlässig. Seine Äußerungen sind meist vorsichtig und unbestimmt.

Gesprächige »Mitfühler« weichen unbekannten und risikoreichen Situationen gerne aus. Sie erkundigen sich immer wieder, wie andere über eine Situation denken, bevor sie ihre eigene Entscheidung treffen. Die Meinungen und die Gefühle ihrer Mitmenschen sind ihnen wichtig.

Gesprächige »Mitfühler« mögen enge, freundschaftliche Beziehungen auch in der Arbeitswelt. Sie suchen das Du und reden andere gerne mit dem Vornamen an. Zwischenmenschliche Konflikte mögen sie nicht. Sie gehen Ärger aus dem Weg und sagen oft das, was andere Menschen ihrer Meinung nach von ihnen hören wollen.

Sie legen großen Wert auf verbindliche Regeln im Geschehen, auf Tagesordnungen und Protokolle. Sie lieben es, Aufgaben sorgfältig zu einem guten Ende zu bringen oder Regeln aufzustellen, die möglichst vielen Betroffenen Sicherheit verschaffen. Selbst in einer hektischen Umgebung stehen sie für Sicherheit und Kontinuität. Bei der Arbeit strahlen sie eine Ruhe aus, die positiv auf andere wirkt. Sie kümmern sich gerne darum, formale Belange mit den Interessen der Betroffenen in Einklang zu bringen und schaffen so die Voraussetzung für Erfolge.

Gesprächige »Mitfühler« achten besonders auf eine gute Atmosphäre in der Begegnung. Sie sind gute Ratgeber und unterstützen andere in Problemsituationen.

Gesprächige »Mitfühler« sind bei ihren Kunden immer sehr beliebt. Sie können sich einfühlen und verfügen über ein hohes Maß an Sensibilität für die Probleme ihrer Gesprächspartner. Neukundengewinnung fällt ihnen schwer, weil sie sich lieber in gewohnter Umgebung bewegen. Auch schnelle Abschlüsse sind nicht ihre Stärke.

Gesprächige »Mitfühler« brauchen eine verständnisvolle, aber eindeutige und konsequente Führung. Sie müssen angeleitet werden, klare, detaillierte und machbare Ziele zu entwickeln und diese systematisch zu umzusetzen. Coachs, die viele gesprächige »Mitfühler« in ihrer Vertriebsmannschaft haben, sind um ihre Aufgabe nicht zu beneiden.

Der systematische »Denker«:

Sicherheitsorientierung und Sachorientierung: Personen mit diesem Persönlichkeitsschwerpunkt finden wir in Berufsfeldern, in denen der sachliche und der Sicherheitsaspekt im Vordergrund stehen. Dazu gehören EDV-Spezialisten, Techniker, Juristen.

Die Eigenschaften des »Denkers«

Diese Menschen fühlen sich wohl, wenn ihr Alltag durch Logik und klare Strukturen gekennzeichnet ist. Sie beschäftigen sich mit analytischen Vorgängen und sind beharrliche, systematische Problemlöser. Die Entwicklung einer optimalen Lösung ist ihnen wichtiger als die Einhaltung von Fristen und Terminen. Einen unvollkommenen Vorschlag geben sie ungern aus der Hand. Lieber überarbeiten sie ihn noch einige Male.

Systematische »Denker« wirken lieber im Hintergrund und achten weniger auf die öffentliche Sichtbarkeit ihrer Ergebnisse. Ihr Augenmerk richten sie auf die Entwicklung von perfekten Lösungen. Daher sammeln sie immer wieder neue Informationen, ohne zu einer Entscheidung zu kommen. Sie legen den Schwerpunkt ihrer Aufmerksamkeit auf die Einzelheiten eines Arbeitsvorgangs und reagieren ärgerlich auf Überraschungen, »Ausrutscher« und Fehler.

Schwierig wird es für sie, wenn Beziehungsaspekte ihre Routinen stören oder sie durch zu einfache Aufgaben unterfordert werden.

Systematische »Denker« arbeiten gern allein. Sie sind genau, zuverlässig, unabhängig und streng sachorientiert.

Systematische »Denker« können gute Verkäufer werden, wenn sie den Mut entwickeln, offensiv auf andere zuzugehen. Häufig werden sie sich jedoch im Vertrieb sehr unwohl fühlen, weil das einfach nicht ihre Welt ist.

Entdecken Sie ihre Vorlieben

Welcher Persönlichkeitstyp sind Sie?

Haben Sie schon erkannt, in welchen Bereichen Ihre Schwerpunkte liegen? Wenn nicht: Den nachfolgenden Fragenkatalog können Sie verwenden, um einen Eindruck über Ihre persönlichen Schwerpunkte zu erhalten. Entscheiden Sie bei den einzelnen Fragen *möglichst spontan,* bei welcher Punktzahl auf der angezeigten Linie Sie sich einordnen können.

Füllen Sie den nachfolgenden Fragebogen aus.

Übertragen Sie die Zahlen, die Sie markiert haben, anschließend in die nachfolgende Tabelle:

Antworten Sie möglichst spontan

1. Ich treffe Entscheidungen lieber nach Gefühlsaspekten anstatt nach rationalen Gesichtspunkten.

1	2	3	4	5	6

trifft oft zu   trifft selten zu

2. Ich habe das Gefühl, nicht liebenswert genug zu sein.

1	2	3	4	5	6

trifft selten zu   trifft oft zu

3. Neuem begegne ich

1	2	3	4	5	6

aufgeschlossen.   mit großer Angst.

4. Ich lasse mich gerne durch Verträge, Versprechungen usw. auf längere Zeit festlegen.

1	2	3	4	5	6

trifft oft zu   trifft selten zu

5. Ich bin bereit, mich durch Gefühle beeinflussen zu lassen.

1	2	3	4	5	6

sehr oft   selten

6. Ich neige dazu, Personen zu idealisieren.

1	2	3	4	5	6

selten   oft

7. Meine Gewohnheiten sind mir wichtig.

1	2	3	4	5	6

wenig   sehr

8. Manchmal lebe ich gerne in meiner Phantasiewelt.

1	2	3	4	5	6

eher nicht   sehr oft

9. Ich kann gut allein sein.

1	2	3	4	5	6

eher nicht so gut   sehr gut

10. Ich bin manchmal auf Erfolge anderer neidisch – auch wenn ich daran beteiligt bin.

1	2	3	4	5	6

oft neidisch   niemals

11. Andere halten mich für einen besonnenen Menschen.

1	2	3	4	5	6

selten   fast alle

12. Meine Risikobereitschaft ist

1	2	3	4	5	6

wenig ausgeprägt.   sehr ausgeprägt.

13. Ich fühle mich anderen verpflichtet.

1	2	3	4	5	6

oft   eher selten

14. Ich hänge mich gerne an andere an.

1	2	3	4	5	6

selten   oft

15. Andere erleben meine Flexibilität als

1	2	3	4	5	6

sehr ausgeprägt.   weniger ausgeprägt.

16. Plötzliche Veränderungen erlebe ich eher als

1	2	3	4	5	6

belastend.   positive Herausforderung.

17. Menschliche Beziehungen versachliche ich

1	2	3	4	5	6

eher selten.   oft.

18. Meine Bescheidenheit schätze ich

1	2	3	4	5	6

gering ein.   hoch ein.

19. Meine Sparsamkeit ist

1	2	3	4	5	6

gering ausgeprägt.   stark ausgeprägt.

20. Meine Vergangenheit

1	2	3	4	5	6

beschäftigt mich noch lange.   vergesse ich rasch.

21. Auf andere wirke ich introvertiert und kühl.

1	2	3	4	5	6

weniger   oft

22. Ich kann gut »Nein« sagen.

1	2	3	4	5	6

sehr gut   eher schlecht

23. Meine Risikofreude auch für Experimente mit ungewissem Ausgang ist

1	2	3	4	5	6

sehr groß.   gering.

24. Ich bin nachtragend.

1	2	3	4	5	6

oft   selten

25. Andere empfinden mich als Einzelgänger.

1	2	3	4	5	6

selten   oft

26. In Konfliktsituationen schweige ich oder gebe ich nach.

1	2	3	4	5	6

kaum   oft

27. Ich möchte gerne, daß alles beim »alten« bleibt.

1	2	3	4	5	6

lieber nicht   wäre mir lieber

28. Unangenehme Ereignisse, die mich betreffen

1	2	3	4	5	6

wirken lange nach.   verdränge oder vermeide ich.

29. Meine Unsicherheit, wenn Menschen mir »zu nahe« treten

1	2	3	4	5	6

ist gering.   ist groß.

30. Auf andere wirke ich eher passiv.

1	2	3	4	5	6

selten   oft

31. Mein Pflichtgefühl

1	2	3	4	5	6

ist wenig ausgeprägt.   ist sehr ausgeprägt.

32. Ich kann mich selbst hinterfragen.

1	2	3	4	5	6

gut   weniger gut

33. Meine Kritikfähigkeit wird

1	2	3	4	5	6

gering eingeschätzt.   hoch eingeschätzt.

34. Meine Kontaktwünsche werden

1	2	3	4	5	6

zu wenig erfüllt.   gut erfüllt.

35. Mein Sicherheitsbedürfnis ist

1	2	3	4	5	6

gering.   groß.

36. Ich bin leicht zu begeistern.

1	2	3	4	5	6

stimmt selten   stimmt meistens

37. Manche Menschen sehen mich als Zyniker.

1	2	3	4	5	6

selten   oft

38. Meine Aggressionen lebe ich meistens

1	2	3	4	5	6

frei und ungehemmt aus.   absolut nicht aus.

39. Treue ist mir

1	2	3	4	5	6

nicht so wichtig.   sehr wichtig.

40. Andere Menschen zu faszinieren fällt mir

1	2	3	4	5	6

schwer.   leicht.

Ihre persönliche Testauswertung

Kategorie A Sach- orientierung		Kategorie B Beziehungs- orientierung		Kategorie C Sicherheits- orientierung		Kategorie D Risiko- orientierung	
Frage	Ihre Punkte	Frage	Ihre Punkte	Frage	Ihre Punkte	Frage	Ihre Punkte
1		2		3		4	
5		6		7		8	
9		10		11		12	
13		14		15		16	
17		18		19		20	
21		22		23		24	
25		26		27		28	
29		30		31		32	
33		34		35		36	
37		38		39		40	
Summe A		Summe B		Summe C		Summe D	

Die Summen der einzelnen Spalten tragen Sie bitte auf den Achsen des nachfolgenden Diagramms ein. Der Schnittpunkt der Achsen markiert die Zahl 10, die äußeren Enden markieren die Zahl 60.

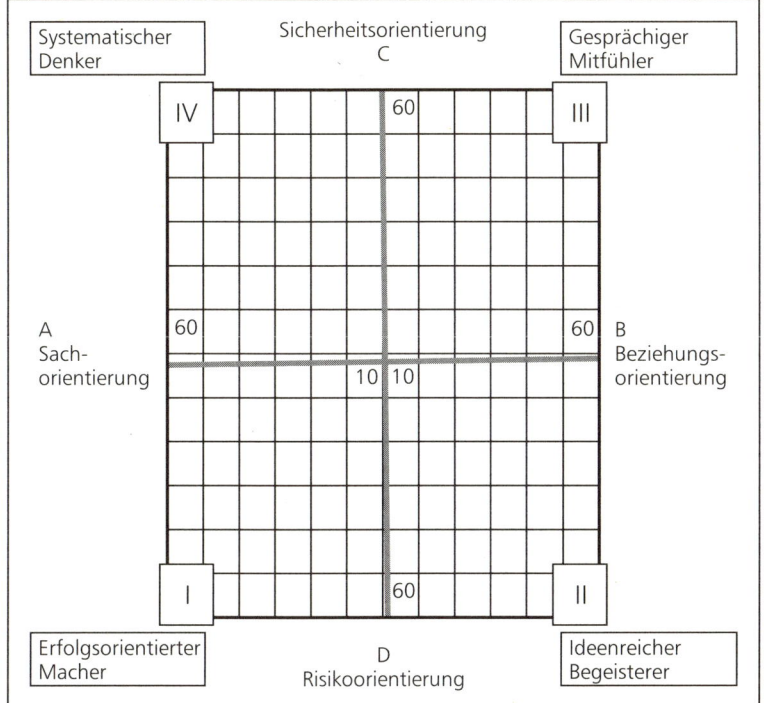

Nachdem Sie auf den einzelnen Achsen Ihre Werte eingetragen haben, verbinden Sie Punkte miteinander. Auf dem Diagramm entsteht ein Viereck. Die Schnittpunkte auf den Achsen markieren die Ausprägung Ihrer Verhaltensstile.

Eine starke Ausprägung liegt vor, wenn Sie in einem Bereich mehr als 45 Punkte haben. Eine geringe Ausprägung besteht bei weniger als 25 Punkten auf einer Achse.

In welchen Bereichen haben Sie die höchsten Werte? Wo sind ihre Punktwerte am niedrigsten. Haben sie in mehr als einem Bereich hohe Ausprägungen? Stimmen die Eindrücke mit Ihrem Selbstbild überein? Fragen sie Ihre Kolleg/innen und ihre Partnerin oder Ihren Partner, wie er/sie Sie sieht.

Ihr Persönlichkeitsviereck

Stimmt das Resultat mit Ihrem Selbstbild überein?

Die Größe der Flächen in den vier Quadranten zeigt Ihre Priorität in den vier Handlungstypen (erfolgsorientierter Macher, ideenreicher Begeisterer, gesprächiger Mitfühler, systematischer Denker).

Es gibt keine »schlechten« Ergebnisse

Wichtig: Kein Ergebnis ist schlecht. Es stellt eine Momentaufnahme dar. Im Laufe der Zeit können sich die Ausprägungen verändern, schließlich lernen Sie dazu und entwickeln sich weiter.

Sie können diesen Test auch mit Ihren Mitarbeiter/innen machen. Das gemeinsame Bild der Gruppe zeigt eine Übersicht über die bevorzugten Stile der einzelnen und gibt interessante Hinweise auf Einsatzmöglichkeiten.

Erfolgreiche Verkäufer finden wir besonders häufig in den beiden ersten Quadranten (I und II). Dem erfolgsorientierten »Macher« fehlt jedoch oft die Fähigkeit, persönliche Beziehungen aufzubauen und offene emotionale Wertschätzung für seine Partner zum Ausdruck zu bringen. Er ist meist zu sehr an seinem eigenen Erfolg interessiert und vernachlässigt dabei die Bedürfnisse und Gefühle seiner Kunden.

Erkennen Sie Ihren Entwicklungsbedarf

Die gesprächigen »Mitfühler« laufen Gefahr, im Verkaufsprozeß über die Beratung den Abschluß aus den Augen zu verlieren, bei den systematischen »Denkern« kann es vorkommen, daß der Kunde zwar alle Fakten genannt bekommt, aber bei der Entscheidung von diesem Verkäufer im Stich gelassen wird. Folglich wird er versuchen, den Verkäufer loszuwerden, anstatt abzuschließen.

Typische Typen im Coaching

Das Wissen um die verschiedenen Verhaltensstile ist jedoch nicht nur für die Beurteilung und Förderung der Verkäufer wichtig, sondern insbesondere auch für das Zusammenspiel zwischen dem Coach und seinem Coachingpartner.

Unterschiedliche Stile von zwei Partnern können sich sehr gut ergänzen, die Verschiedenartigkeit birgt aber auch typische Gefahren. Diese Gefahren müssen Sie als Coach kennen, damit Sie die Chancen der Verschiedenartigkeit im vollen Umfang und ohne Beeinträchtigung für die Erfolgsentwicklung ihrer Verkäufer nutzen können.

Eine Hauptgefahr liegt darin, daß Partner mit unterschiedlichen Persönlichkeitsstilen sich oftmals gegenseitig entwerten, weil die Stärken und besonderen Eigenschaften des anderen ihnen Angst machen. Beispiele gibt es mehr als genug:

Gefahren für verschiedenartige Coachingpartner

- Der risikoorientierte Verkäufer fühlt sich sehr schnell durch die sicherheitsorientierten Tendenzen seines Coachs eingeengt. Der sicherheitsorientierte Verkäufer hingegen fürchtet, daß sein risikoorientierter Coach ihn ins unbekannte, kalte Wasser stößt, bevor er schwimmen gelernt hat.

- Der Coach mit einer starken Sachorientierung drängt mit Recht seinen beziehungsorientierten Verkäufer dazu, sich immer wieder fachlich fortzubilden, seine Kundenkontakte auszuwerten und systematischer zu arbeiten. Anstatt diese Initiative als Erfolgschance zu nutzen, wehrt sich der Verkäufer, weil er sich durch die Hinweise auf seine Schwächen kritisiert und abgelehnt fühlt.

- Wenn ein stark beziehungsorientierter Coach dagegen einfühlsam versucht, die Probleme eines sachorientierten Verkäufers zu verstehen und nachzuempfinden, dann besteht die Gefahr, daß dieser Verkäufer, mit einer ausgeprägten Angst vor Nähe, sich bedrängt fühlt. Er reagiert irritiert und abweisend auf den gutgemeinten Annäherungsversuch seines Coachs und brüskiert diesen nachhaltig.

Ein Coach, der die spezifischen Ängste und Empfindsamkeiten seiner Verkäufer und auch seine eigenen »wunden Punkte« und »blinden Flecke« kennt, ein Coach, der sich intensiv um das Verstehen menschlicher Persönlichkeitsstrukturen und Verhaltensstile bemüht hat, kann die oben beschriebenen Klippen überwinden und sehr leicht »Quantensprünge« in der verkäuferischen Entwicklung seiner Mannschaft bewirken. Die Anleitung der Verkäu-

»Quantensprünge« der persönlichen Entwicklung

fer zur *Selbsterkenntnis* mit Hilfe des oben dargestellten Verfahrens ist ein erster Schritt auf diesem Weg.

*Wechsel-
wirkungen
zwischen unter-
schiedlichen
Persönlichkeits-
typen*

Im folgenden zeigen wir kurz weitere Wechselwirkungen im Zusammenspiel verschiedener Persönlichkeitsstile. Als Coach sollten Sie sich jedoch nicht auf diese Erkenntnisse beschränken. Fordern Sie regelmäßig ein *Führungsfeedback* von Ihren Verkäufern und nutzen Sie die gängigen psychologischen Testverfahren zur Abrundung Ihrer Selbsterkenntnis. Bei Bedarf sind wir gerne bereit, Ihnen die wichtigsten Verfahren für Ihre Coachingtätigkeit zugänglich zu machen und weitere nützliche Hinweise zu vermitteln.

Begeisterer/Begeisterer:

Gemeinsamkeiten:

- Schnelles Arbeitstempo
- Freude an der Prozeßgestaltung
- Offenheit für neue Aufgaben
- Kreative Lösungssuche

Herausforderungen für beide:

- Sie wünschen sich anspruchsvolle neue Aufgaben.
- Sie können zu der Einsicht kommen, daß Sie mit Personen anderer Persönlichkeitsstile besser zum Ziel kommen.
- Die Gestaltung sinnvoll abgegrenzter Kompetenzbereiche und deren sorgfältige Beschreibung.
- Die gemeinsame Orientierung im Arbeitsprozeß durch den Abgleich bestehender Erfahrungen (die Erfahrungen des anderen gelten lassen).
- Die Entwicklung einer Strategie, die hilfreich zum Nachvollzug von Ergebnissen ist und so das Lernen aus Reflexion und Erfahrungen ermöglicht.

- Die Bewältigung von Konflikten auf partnerschaftlicher Basis, d. h. beide verzichten auf autoritäres Verhalten im gegenseitigen Umgang

- Die Lernerfahrung für den Coach: Er kann die Erfahrung machen, wie es ist, sich dauerhaft auf gleichwertige Beziehungen einzulassen, statt sich im Konfliktfall auf die höhere hierarchische Ebene zurückzuziehen.

Begeisterer/Mitfühler:

Gemeinsamkeiten:

- Offene, klare, ergebnisorientierte Kommunikation

- Sie übernehmen die Initiative für Veränderungen

- Die Überzeugungsfähigkeit

- Das schnelle Arbeitstempo

- Das zielorientierte Handeln

- Sie packen Themen an und entwickeln Lösungen

Herausforderungen für den Begeisterer-Coach mit dem Mitfühler-Partner:

- Der Umgang mit »kreativem Chaos« des anderen, also andere (fremde) Ordnungskriterien gelten zu lassen

- Das Handeln auf der Sach- und der Beziehungsebene

- Entschlossenheit mit Machtverzicht zu kombinieren

- Das Beharren auf partnerschaftlich, konsequent und geduldig vereinbarten Zielen und Teilzielen.

Herausforderungen für den Mitfühler-Coach mit dem Begeisterer-Partner:

- Die Planung von Zeitvorgaben für die Zielerfüllung

- Die Entwicklung seines Einfühlungsvermögens bei der Mitsprache des Partners

- Die Einübung in offenen Meinungsaustausch

Begeisterer/Denker:

Gemeinsamkeiten:

- Die hohe Verbindlichkeit getroffener Absprachen

- Die große Loyalität und Verantwortungsbereitschaft

- Die große Selbständigkeit im Arbeitsablauf

- Die hohe Spezialistenkompetenz

- Die gute Ergänzung im strategischen Vorgehen

- Das Bestehen gemeinsamer großer Herausforderungen

Herausforderungen für den Begeisterer-Coach mit dem Denker-Partner:

- Die Geduld für andere Arbeitsgewohnheiten entwickeln

- Die Kreativität im Umgang mit anderen Persönlichkeitsstilen zu entfalten

- Die Wertschätzung und Toleranz gegenüber Andersartigkeit zu erwerben

- Die gute Kooperation durch gegenseitige Ergänzung

Herausforderungen für den Denker-Coach mit dem Begeisterer-Partner:

- Der Ausbau der Führungskompetenzen, hier konkret: dem Partner Gestaltungsspielraum gewähren

- Das konkrete gemeinsame Verständnis über die Rahmenbedingungen herzustellen

- Die Einübung in Kontrollaufgaben

Begeisterer/Macher:

Gemeinsamkeiten:

- Die ausgeprägten analytischen Fähigkeiten
- Die kritische Sicht der bestehenden Verhältnisse
- Das große Interesse an Ergebnisqualität
- Die Fähigkeit, alleine gute Ergebnisse zu erzielen

Herausforderungen für den Begeisterer-Coach mit dem Macher-Partner:

- Das Aufzeigen gesicherter Perspektiven trotz Veränderung (Was wird bleiben, wie es ist?)
- Das Verständnis, für andere Strategien zu entwickeln
- Die Toleranzfähigkeit bei Konflikten einzuüben
- Die gute Detailarbeit für Veränderungsstrategien zu trainieren

Herausforderungen für den Macher-Coach mit dem Begeisterer-Partner:

- Der Umgang mit dem schnelleren Entscheidungstempo des Partners
- Die Vermittlung im Aufzeigen von Risiken, Detailthemen und den Folgen spezifischer Verhaltensmuster
- Der Ausbau der Konfliktfähigkeit
- Die Entwicklung von mehr Toleranz

Mitfühler/Mitfühler:

Gemeinsamkeiten:

- Die ausgeprägte Kontaktfreude
- Die gute Kommunikationsfähigkeit
- Die gute Motivationsfähigkeit

Herausforderung für beide:

- Die Orientierung auf die Fakten und vereinbarten Schritte

- Die Klärung der Ziele

- Prioritäten setzen und einhalten

- Der Umgang mit der Verbindlichkeit von Absprachen

- Der selbstverantwortliche Umgang mit Störungen/Hindernissen

Mitfühler/Denker:

Gemeinsamkeiten:

- Die Freude an Kooperation mit anderen

- Das zielgerichtete Vorgehen

- Die gute Basis für Teamarbeit

- Die gute gegenseitige Ergänzung

Herausforderung für den Mitfühler-Coach mit dem Denker-Partner:

- Die Einigung über den jeweiligen Kompetenzrahmen

- Der Umgang mit Änderungsideen des Coachs im gemeinsam verabredeten Rahmen

- Die korrekte Einhaltung von Absprachen

- Die Entwicklung von mehr Toleranz für andere Denk- und Handlungsweisen

Herausforderungen für den Denker-Coach mit dem Mitfühler-Partner:

- Der Umgang mit Krisensituationen, insbesondere die Flexibilität bei hohem Zeitdruck

- Die Vermittlung struktureller Vorgaben

- Der Umgang mit schneller Entschlossenheit des Partners, obwohl ihm Ziel und Weg noch unklar sind.

Mitfühler/Macher:

Gemeinsamkeiten:

- Die konstruktiv-kritische Denkweise
- Die gute Kooperation bei Sachthemen
- Die gute Ergänzung in Detailfragen
- Die gegenseitige Ergänzung bei der Gestaltung von Arbeitsabläufen
- Die hohe gemeinsame Effizienz

Herausforderungen für den Mitfühler-Coach mit dem Macher-Partner:

- Der Umgang mit Delegation: klare Aufgabenbeschreibung
- Die Toleranz bei höherem Zeitbedarf des Partners
- Die gute Vorbereitung von Veränderungsmöglichkeiten
- Die Entwicklung von Geduld bei der Klärung von Detailfragen

Herausforderungen für den Macher-Coach mit dem Mitfühler-Partner:

- Der Ausbau von Toleranz für andere Vorlieben im Verhalten
- Der flexible Umgang mit Grundsatzvereinbarungen
- Der Ausbau der eigenen Konfliktfähigkeit

Denker/Denker:

Gemeinsamkeiten:

- Die Vorliebe für klare Absprachen
- Die große Verbindlichkeit im gemeinsamen Umgang

- Der selbständige Arbeitsstil

- Das große Erfahrungspotential an Fachwissen

- Der gewissenhafte Arbeitsstil

- Die gegenseitige Loyalität

Herausforderungen für beide:

- Die Einübung flexiblerer Arbeitsweisen

- Die Entwicklung des Einfühlungsvermögens (z. B. in Kunden-sicht)

- Der Ausbau des Kontaktverhaltens

- Die Einübung in die Vermittlung von Fachwissen an andere

- Toleranzentwicklung

Denker/Macher:

Gemeinsamkeiten:

- Die hohe Arbeitsmotivation und -zufriedenheit

- Das ausgeprägte Spezialistentum

- Die gegenseitige ernsthafte Wertschätzung

- Die Vorliebe für Regelungen

- Die hohe Identifikation mit Arbeitsergebnissen

Herausforderungen für den Denker-Coach mit dem Macher-Partner:

- Die Beachtung der Beziehungsebene zwischen beiden

- Die Entwicklung von kreativen Alternativen zu bestehenden Verfahrensweisen

- Die Einführung von Flexibilität in Planungsvorhaben

- Der Ausbau der Konfliktfähigkeit

Herausforderungen für den Macher-Coach mit den Denker-Partner:

- Der Motivationsaufbau für Veränderungen

- Die Suche nach verschiedenen Lösungsstrategien

- Die Vermittlung von Kundensicht

- Die Entwicklung von Einfühlungsvermögen in Dritte

Macher/Macher:

Gemeinsamkeiten:

- Vorliebe für Details

- Großes Qualitätsbewußtsein

- Die Vorliebe für geregelte Arbeitsweisen

- Die hohe Identifikation mit dem jeweiligen Team

- Die große Kompetenz in Sachfragen

- Die genaue Kenntnis der Ist-Situation

Herausforderungen für beide:

- Die Entwicklung von Alternativen zur Ist-Situation

- Die Motivation, Machbares zu entwickeln

- Die Veränderung von Traditionen

- Der Umgang mit Unsicherheit

- Der Kompetenzzuwachs auf der Beziehungsebene

- Die Erweiterung der Konfliktfähigkeit

- Die Entwicklung des Kontaktverhaltens.

Der Coachingprozeß

4

Der Coachingprozeß

Wie bereits in den vorangegangenen Kapiteln deutlich geworden ist, basiert die Tätigkeit eines Coachs auf seinen grundsätzlichen Einstellungen, Glaubenssätzen und Werten. Der Delphin-Coach geht davon aus, daß jeder Verkäufer zunächst einmal selbst daran interessiert ist, in seinem Beruf erfolgreich zu werden und sich zu entwickeln. Der Verkäufer wird also aus einem eigenen inneren Antrieb heraus versuchen, nach seinen aktuellen Möglichkeiten und nach seiner Sichtweise der Rahmenbedingungen das bestmögliche Ergebnis für sich zu erzielen.

Verkäufer wollen sich grundsätzlich weiterentwickeln

Der Delphin-Coach ist davon überzeugt, daß hinter jedem Verhalten seiner Verkäufer immer eine positive Absicht steckt, die wichtig ist für das Verständnis des konkreten Verhaltens – auch wenn sie nicht immer auf Anhieb erkannt werden kann. Er erwartet Positives von seinen Verkäufern und traut ihnen auch zu, diesen Erwartungen zu entsprechen. Und er geht davon aus, daß jeder Verkäufer grundsätzlich in der Lage und auch daran interessiert ist, zu lernen und sich weiterzuentwickeln. Er weiß aber auch, daß Veränderungen oft mit unangenehmen Gefühlen von Angst und Unsicherheit verbunden sind.

Das Motivationsgesetz

Der Delphin-Coach kennt das grundlegende Motivationsgesetz, das da lautet: Menschen bewegen sich, handeln und verändern sich und ihre Umwelt nur dann, wenn für sie damit angenehme Gefühle verbunden sind oder die Chance, unangenehme Gefühle zu vermeiden. Diese Grundannahmen leiten das gesamte Handeln des Delphin-Coachs im Coachingprozeß.

Sein Interesse richtet sich daher nicht primär auf die Verwirklichung der von seinem Unternehmen vorgegebenen Umsatzziele (und auch seine persönlichen Einkommensziele stehen für ihn nicht im Vordergrund), sondern für ihn ist in erster Linie wichtig, seinen Verkäufern dabei zu helfen, ihre eigenen Erfolgspotentiale zu erkennen und zu entwickeln, ihre eigenen Visionen zu entwerfen und (im Rahmen der Möglichkeiten) ihre eigenen Ziele zu verwirklichen.

Damit ergibt sich eine Parallele zur Praxis des Delphin-Verkäufers. Denn auch der Delphin-Verkäufer stellt nicht seine Provisionsziele oder die Umsatzziele des Unternehmens in den Mittelpunkt seiner Bemühungen, sondern den optimalen Kundennutzen, die optimale Entwicklung und Befriedigung der Kundenbedürfnisse. Der Delphin-Verkäufer hilft seinem Kunden, in einem individuellen Prozeß zu erkennen, welche Bedürfnisse er genau befriedigen will, welche Probleme er lösen will, welche Engpässe er überwinden will, und entwickelt mit ihm gemeinsam konkrete Wege, wie dies geschehen kann.

Er weiß sicher, daß die Energie, die er aufwendet, um seinen Kunden erfolgreich zu machen, wieder zu ihm zurückfließt und letztlich dazu führt, daß er als Verkäufer erfolgreich ist und auch seinem Unternehmen gute Dienste leistet.

Ziel:
der optimale
Kundennutzen

Der Delphin-Coach verwirklicht genau diese Grundhaltung gegenüber seinen Verkäufern. Er stellt sein Handeln in den Dienst ihres Erfolgs, in der sicheren Gewißheit, daß dadurch auch sein Erfolg und der Erfolg seines Unternehmens garantiert ist. Delphin-Coaching ist damit immer auch ein personenbezogenes, individuell ausgerichtetes Verfahren: Der einzelne Verkäufer mit seiner besonderen Persönlichkeitsstruktur, mit seinen besonderen Erfahrungen, Bedürfnissen, Einstellungen und Werten steht im Mittelpunkt des Geschehens. Ihn erfolgreich zu machen, ihm zu helfen, seine Ziele zu verwirklichen, seine Visionen zu leben und seine Bedürfnisse zu befriedigen, ist das Grundanliegen des Coachs. Um dieses Ziel zu erreichen, sind bestimmte methodische Schritte in einem Coachingprozeß erforderlich, die im folgenden beschrieben werden.

Die einzelnen Schritte müssen nicht in der hier beschriebenen Reihenfolge getan werden. Es müssen auch nicht alle Schritte mit gleicher Intensität und Ausführlichkeit behandelt werden. Denn Coaching ist ein engpaßorientiertes Verfahren; das heißt, der Coach arbeitet mit seinem Coachingpartner immer an den Punkten, die *aktuell* seine Weiterentwicklung behindern.

Die einzelnen
Schritte zum
Erfolg

Menschliche Entwicklungen verlaufen spiralförmig. Auf verschiedenen Entwicklungsstufen können mehrfach die gleichen Themen in den Mittelpunkt der Bemühungen geraten. Die hier dargestellten Schritte sind in *jedem* Coachingprozeß von Bedeutung – ganz gleich, auf welchem Entwicklungsniveau begonnen wird.

1. Die Entwicklung attraktiver Visionen

»Wenn einer vertrauensvoll in die Richtung seiner Träume weitergeht und sich bemüht, das Leben zu führen, das er sich erträumt hat, wird er auf Erfolge stoßen, die er in gewöhnlichen Stunden nicht erwartet hätte.« (Henry David Thoreau)

Schritt 1:
Wo will der
Verkäufer hin?

Der erste Schritt in einem Coachingprozeß besteht darin, herauszufinden, wo der Verkäufer selbst hinwill, gemeinsam mit ihm also seine persönliche Vision zu erarbeiten. Denn da, wo es den Verkäufer selbst hinzieht, da, wo seine inneren Kräfte hinstreben, müssen wir ihn nicht hintreiben.

Das Wesen von
Visionen

Eine Vision ist eine möglichst konkrete Vorstellung davon, wie wir uns unsere Zukunft vorstellen, wie wir morgen unseren Lebenssinn verwirklichen wollen. Visionen entspringen den tief in uns schlummernden Wünschen, den Träumen, die uns mit Sehnsucht erfüllen und die wir aus ganzem Herzen verwirklichen wollen. Eine Vision ist damit etwas, was über unsere gegenwärtige Existenz hinausweist, etwas, das uns bereichert und wachsen läßt, etwas, das uns vergrößert. Eine Vision ist ein Bild der in uns vorhandenen, realisierbaren Möglichkeiten und Potentiale, ein Bild unserer eigenen Größe, wie wir sein *könnten*. Eine Vision ist daher immer auch eine persönliche Herausforderung und eine Anforderung, die wir an uns stellen. Sie umreißt die Idee unserer *Selbstverwirklichung*.

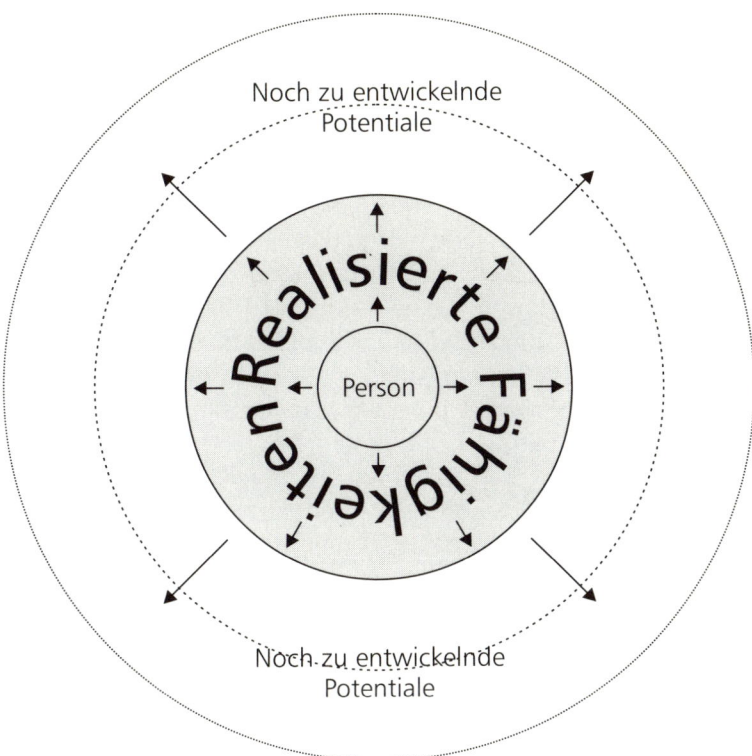

Visionsbildung heißt Selbstverständigung, bedeutet die Klärung der Fragen:

- Wer bin ich?

- Was kann ich?

- Wer will ich sein?

Menschen sind von Natur aus Visionäre. Jeder kann seine Visionen in sich entdecken bzw. aus sich herausarbeiten. Es ist die Bestimmung des Menschen, sich selbst zu entwerfen, die eigenen Möglichkeiten abzuschätzen und zu realisieren. Wir Menschen sind Wesen, die *aktiv* ihre Zukunft gestalten, die sich selbst und ihre

Jeder ist ein Visionär

157

Umwelt bewußt erkennen und verändern können. Wie weit das angesichts der neuesten Erkenntnisse der Genforschung gehen kann, ist uns in der letzten Zeit immer häufiger durch die Medien nahegebracht worden. Visionsentwicklung ist damit immer auch ein Schritt der menschlichen Selbstverwirklichung – der Verwirklichung unserer Wesensbestimmung.

Visionen = Utopien + Möglichkeiten

Wenn wir von Visionen reden, dann meinen wir die tief in uns verwurzelten, realisierbaren Utopien und Möglichkeiten, nicht aber die saft- und kraftlosen Hirngespinste, die realitätslosen Phantasien, die ohne Grund und ohne Bodenhaftung frei im Raum schweben. Visionsfindung oder Visionsentwicklung ist damit immer auch ein Finden, Entwickeln und Abschätzen der eigenen Möglicheiten und Entwicklungspotentiale. Visionen sind fest verankert im persönlichen Wertesystem derjenigen, die sie entwickeln. Sie müssen als positive Leitsterne für die Ausrichtung aller Lebensprozesse gelten können, denen man mit ganzem Herzen und ohne innere Widerstände zustrebt.

Entwicklung von Visionen ein lebenslanger Prozeß

Aus dem hier Gesagten wird deutlich, daß die Arbeit an der eigenen Vision und ihrer Verwirklichung ein lebenslanger Prozeß ist, der immer wieder den ganzen Menschen fordert. Die Entwicklung einer Lebensvision ist ein ganzheitlicher Prozeß, der die Bereiche Familie, Freunde, soziales Umfeld, Gesundheit und Fitneß, berufliche Leistung, Erfolg, Sicherheit, Geld und Besitz, sowie Sinn und Selbstverwirklichung umfaßt. Jeder Coachingprozeß, der tatsächlich alle inneren Antriebskräfte für die Mobilisierung der verkäuferischen Erfolgspotentiale freisetzen will, muß auf einer umfassenden Lebensvision des Verkäufers basieren. Denn nur, wer sich Klarheit darüber verschafft hat, wohin er mit seinem Leben will, kann auch klar und eindeutig seine beruflichen Ziele bestimmen und diese nahtlos in einen Gesamtentwurf seines Lebens einpassen.

Die Entwicklung einer Lebensvision ist damit Voraussetzung für den Aufbau klarer, eindeutiger und motivierender Zielorientierungen für die eigene Person und Grundlage für die Abstimmung der eigenen Ziele mit den Zielen der anderen. Denn nur, wer genau weiß, wohin er will, kann auch mit den Mitmenschen (Auftraggebern, Vorgesetzten, Kollegen usw.) selbstsicher verhandeln, verbindlich Verträge schließen, Grenzen setzen und verantwortlich Ziele vereinbaren.

Visionsbildung mobilisiert und schafft die Antriebsenergien, die zur Verwirklichung der Vision benötigt werden. Kräfte, die in einem Zustand der inneren Übereinstimmung mit sich selbst, mit den eigenen zentralen Wertvorstellungen und Prinzipien verausgabt werden, scheinen sich während des Prozesses zu erneuern. Wer von seiner Sache beseelt ist, kann wesentlich länger und ausdauernder an ihr arbeiten als jemand, der nur äußeren Anreizen folgt (s. dazu auch das Kapitel: »Die eigenen Emotionen für die Verwirklichung der eigenen Ziele nutzen«). Menschliche Energie ist kinetische Energie, Bewegungsenergie also, die nicht gehortet werden kann. Jeder, der sich sportlich betätigt, kennt den Effekt: Nach einer körperlichen Anstrengung, die mit Freude und Begeisterung vollbracht wurde, fühlen wir uns nach kurzer Zeit frischer, entspannter und kraftvoller als vorher.

Übereinstimmung mit sich selbst führt zu größerer Ausdauer

Visionsbildung, die Klärung der ureigensten Wünsche, Sehnsüchte und Bestrebungen, ist die wichtigste Voraussetzung für begeistertes und nachhaltiges Engagement.

Das Erarbeiten einer individuellen Vision für jeden Verkäufer

»Wenn du ein Schiff bauen willst, so trommle nicht Männer zusammen, um Holz zu beschaffen, Werkzeuge vorzubereiten, Aufgaben zu vergeben und die Arbeit einzuteilen, sondern lehre die Männer die Sehnsucht nach dem weiten, endlosen Meer.« (Antoine de Saint-Exupéry)

Exupéry, der große französische Schriftsteller, hat es erkannt: Spitzenleistungen brauchen ein eigenmotiviertes, inneres Engagement. Die Führungskraft, die ihren Verkäufern zu erkennen hilft, wohin sie selbst wollen, kann Sehnsucht erzeugen, die nach vorne treibt.

Spitzenleistung durch Eigenmotivation

Prozeßvisionen
entwickeln, ...

Delphin-Coachs motivieren die Verkäufer, sich ihre Wünsche möglichst plastisch, hautnah, farbig und sinnlich konkret (das heißt mit allen fünf Sinnen) vorzustellen und auszumalen. Sie legen bei der Visionsbildung daher auch besonderen Wert darauf, daß Prozeßvisionen entwickelt und dargelegt werden, das heißt Wunschvorstellungen über die Tätigkeit und das Leben als erfolgreicher Verkäufer. Dabei soll der Coachingpartner so tun, als ob er seine Erfolgsziele bereits erreicht hätte. Er soll sich möglichst vollständig, mit allen fünf Sinnen, in die angestrebte Situation hineinphantasieren und sie schon im Vorfeld ihrer Verwirklichung genußvoll vorerleben. Die folgenden Fragen sollen dazu anregen:

... die
erreichbare Ziele
vorweg nehmen

»Wie sehen Sie sich selbst als erfolgreicher Verkäufer? Wie werden Sie Ihren Kunden begegnen? Wie werden Sie in Ihrem Freundes- und Bekanntenkreis auftreten? Wie wird sich Ihr Erfolg auf Ihre Persönlichkeit auswirken?

Wird sich etwas an Ihrer Weltanschauung verändert haben durch Ihren Erfolg? Werden sich Ihre Werte, das, was Sie gut und richtig finden, das, was Sie schlecht finden und ablehnen, verändert haben?

Wie haben sich Ihre Fähigkeiten entwickelt in Ihren Erfolgsprozeß? Was haben Sie neu dazugelernt, welche Fähigkeiten haben Sie ausgebaut, was haben Sie verlernt?

Wie verhalten Sie sich als erfolgreicher Verkäufer in schwierigen Verkaufsverhandlungen? Wie gehen Sie jetzt, da Sie so erfolgreich sind, mit dem Innendienst, mit Ihren Kollegen und mit Ihrem Verkaufsleiter um? Was gefällt Ihnen besonders gut an Ihrer Tätigkeit? Wie erleben und gestalten Sie die alltäglichen Arbeiten und Abläufe als erfolgreicher Verkäufer?«

Alltag als
Heraus-
forderung

Nur wer sich schon im Vorfeld genußvoll den eigenen Erfolgsprozeß plastisch ausmalen kann, hat reale Chancen, die harten Realitäten des Verkäufer-Alltags immer wieder als Herausforderung zu begreifen und diesen mit der notwendigen Leichtigkeit zu begegnen.

Der Delphin-Coach hilft dem Verkäufer, den Verkaufsprozeß als attraktives Spiel mit vielen reizvollen Effekten, Erlebnissen, Herausforderungen und Abenteuern zu begreifen, in dem er seine Stärken und Fähigkeiten optimal anwenden und weiterentwickeln kann. Die Vision des lustvoll erlebten verkäuferischen Erfolgsprozesses schafft die zu ihrer Verwirklichung notwendigen Antriebskräfte.

Der Verkaufsprozeß als attraktives Spiel

Niemand, keine Zielvorgabe der Welt, keine noch so hohe Prämie, kein noch so hohes Einkommensversprechen könnten Reinhold Messner motivieren, immer wieder unter Einsatz seiner Gesundheit und seines Lebens an die Grenzen der menschlichen Leistungsfähigkeit vorzudringen. Nur er selbst, nur sein eigener Wille können das bewirken.

Alle Forschungen zum Thema »Spitzenleistung« zeigen, daß äußere Anreize wie Geld, Ruhm und Anerkennung zwar gerne genommen werden von den Spitzenkönnern, daß diese materiellen Anreize jedoch nicht die *eigentliche* Triebfeder des Handelns sind. Im Gegenteil: Dort, wo äußere Anreize oder Beifall den wichtigsten Motivationsfaktor darstellen, werden meist nur kurzzeitig herausragende Leistungen erbracht. Wenn der gewünschte Erfolg nicht eintritt, wird sehr schnell aufgegeben und in einen anderen Bereich gewechselt, in dem man leichter, schneller und mit weniger Anstrengung zum Ziel zu gelangen hofft.

Äußere Anreize sekundär

Wer nur ein äußeres Erfolgsziel im Auge hat, kalkuliert und rechnet immer wieder, in welchem Verhältnis Aufwand und Ertrag zueinander stehen. Er gibt schnell auf, wenn die Anstrengung zu groß ist oder wenn der Erfolg zu lange auf sich warten läßt. Menschen mit einer inneren Prozeßmotivation dagegen erleben ihr Handeln selbst als befriedigend, sie arbeiten mit Hingabe und Engagement und sind begierig darauf, sich immer weiter zu verbessern.

Eine Prozeßvision, ein innerer Film, möglichst hautnah und sinnesfreudig, vom Leben und Arbeiten als erfolgreicher Verkäufer ist Basis und Triebfeder eines jeden erfolgreichen Coachingprozesses.

Der »innere« Film

Methoden zur Visionsentwicklung

Da die Entwicklung einer Vision ein individueller, sehr persönlicher Prozeß ist, sollte jeweils eine Methode gewählt werden, die zu dem Coachingpartner paßt und die ihm liegt. Hier sind großes Fingerspitzengefühl und Einfühlungsvermögen des Coachs erforderlich.

Im Anhang stellen wir Ihnen ein Verfahren vor, das sich in unserer Coachingpraxis sehr bewährt hat.

Übung zur Visionsfindung:

Diese Übung sollten Sie schriftlich machen. Nehmen Sie sich dazu mindestens 1½ Stunden Zeit und sorgen Sie dafür, daß Sie dabei ungestört sind. Entspannende Musik im Hintergrund kann nützlich sein. Nehmen Sie bitte Bleistift und Papier zur Hand und schreiben Sie die folgenden Stichworte auf:

- Beruflicher Erfolg, Geld, Besitz, Lebensstil

- Soziale Beziehungen – zu Freunden und in der Familie

- Gesundheit, Freizeit, Sport, Entspannung, Reisen

- Persönliches Wachstum, Lebenssinn, Selbstverwirklichung, Weiterbildung

*Antworten Sie
spontan und
absolut ehrlich*

Verdeutlichen Sie sich jetzt Ihre gegenwärtige Lebenssituation und beantworten Sie dann, unter Berücksichtigung dieser Stichworte, die folgenden Fragen auf einem gesonderten Blatt Papier:

- Was in meinem gegenwärtigen Leben ist so gut, daß es auch in der Zukunft so bleiben soll wie es ist? Worauf bin ich stolz? Was macht mich glücklich?

- Was möchte ich in meinem beruflichen und privaten Leben noch alles erreichen? Welche Wünsche möchte ich noch verwirklichen?

Schreiben Sie einfach alles auf, was Ihnen zu diesen Fragen anhand der Stichworte in den Sinn kommt. Lassen Sie Ihren Gedanken dabei freien Lauf. Lassen Sie sich nicht durch Denkverbote, Tabus, Grenzen der Realisierbarkeit oder ähnliches einschränken. Alles, was Ihnen bei dieser Übung in den Sinn kommt, ist gut so und wird zunächst einmal aufgeschrieben (Stichworte genügen).

Stellen Sie sich vor, wie Ihre Wünsche Wirklichkeit werden:

Gehen Sie jetzt jeden einzelnen Punkt auf Ihrer Liste durch und stellen Sie sich vor, wie es wäre, wenn Sie Ihre Visionen bereits verwirklicht hätten und Ihre Wünsche in Erfüllung gegangen wären.

Was wäre, wenn sich Ihre Visionen erfüllten?

Bitte lassen Sie vor Ihrem geistigen Auge jeweils ein Bild entstehen, auf dem Sie genau sehen, wie es ist, wenn Sie sich einen Wunsch erfüllen. Achten Sie bitte genau darauf, was Sie auf diesem Bild sehen, achten Sie auf Farben und Formen, achten Sie darauf, welche Personen und welche Gegenstände zu sehen sind und nehmen Sie bitte auch wahr, ob sich das Bild wie ein Film bewegt oder ob es ein Standbild ist. Sie können dieses Bild auch bewußt verändern, so daß es möglichst angenehm auf Sie wirkt. Schauen Sie es sich nun noch einmal an. Vielleicht können Sie jetzt auch Töne hören, Geräusche, Worte oder Musik. Bitte hören Sie genau hin. Achten Sie darauf, ob diese Töne eher laut oder leise sind, achten Sie auf die Tonhöhe und auf den Rhythmus.

Schauen Sie bitte jetzt das Bild noch einmal an. Wenn Sie es deutlich sehen und vielleicht auch Töne hören und sogar einen bestimmten Geschmack im Mund spüren oder einen Duft in der Nase wahrnehmen, dann achten Sie doch einmal darauf, welche Gefühle diese Vorstellungen in Ihnen auslösen. Wie genau und wo genau spüren Sie diese Gefühle?

Schalten Sie all Ihre Sinne ein

Bitte gehen Sie all Ihre Wünsche, die Sie sich erfüllen wollen, noch einmal durch und wählen Sie dann für die drei attraktivsten Wünsche ein gemeinsames Symbol, das Sie immer wieder an diese Wünsche erinnert und das all die angenehmen Gefühle in Ihnen wachruft, die Sie eben erlebt haben. (Ganz nützlich können hier kleine Klebeetiketten sein, auf die Sie dieses Symbol aufzeichnen und die Sie an verschiedenen Stellen in Ihrer Wohnung, in Ihrem

163

Büro und in Ihrem Auto aufhängen können, so daß Sie sich täglich an diese Wünsche erinnern.)

Hindernisse der Visionserfüllung

Bitte gehen Sie Ihre Wünsche jetzt noch einmal durch. Lassen Sie jeden einzelnen Wunsch noch einmal intensiv auf sich wirken und schreiben Sie dann bitte alle Antworten auf, die Ihnen einfallen zu der Frage: Was könnte mich daran hindern, diesen Wunsch zu verwirklichen? Bitte beachten Sie bei den Antworten die verschiedenen logischen Ebenen Ihres Bewußtseins. Also fragen Sie sich:

- Sehe ich Hindernisse in meiner Umwelt, im Bereich der materiellen, der örtlichen und zeitlichen Rahmenbedingungen, die mich umgeben?

- Sehe ich Hindernisse im Bereich meines Verhaltens? Gibt es hinderliche Verhaltensweisen?

- Sehe ich Hindernisse bezüglich meiner Fähigkeiten, meiner Handlungsstrategien, meiner besonderen Art, die Dinge anzupacken?

- Sehe ich Hindernisse im Bereich meiner Werte, im Bereich meiner Prinzipien, meiner Einstellungen?

- Sehe ich Hindernisse im Bereich meines Selbstwertgefühls, meines Selbstbewußtseins oder meines Selbstbildes?

- Wer bin ich, wenn ich meine Wünsche erreiche? Kann ich mir wirklich gestatten, im Hinblick auf diese Wünsche erfolgreich zu sein?

Schauen Sie sich jetzt die ermittelten Hindernisse noch einmal an. Was ist das Positive, das Hilfreiche, das Nützliche daran? Welche gute Absicht steckt dahinter? Was können Sie daraus lernen?

Achten Sie bei der Beantwortung dieser Fragen auf alle Gefühle, inneren Bilder und inneren Stimmen, die in Ihnen auftauchen. Registrieren Sie all Ihre Wahrnehmungen und schreiben Sie auf, was Ihnen dazu einfällt. Haben Sie in sich Ängste und Befürchtungen entdeckt? Wenn ja, dann beantworten Sie bitte noch die folgenden Fragen: Was wäre das Schlimmste, was eintreten könnte? (Bitte beschreiben Sie den schlimmsten Fall möglichst genau.) Wie würde ich weiterleben, wenn das Schlimmste passierte? Was könnte ich daraus lernen? Was kann ich tun, um das Schlimmste möglichst zu verhindern?

Wenn Sie auch diese Fragen beantwortet haben, dann schauen Sie doch bitte im Licht aller Erkenntnisse, die Sie bis jetzt gewonnen haben, noch einmal Ihre Wünsche durch:

- Was hat sich für Sie verändert?

- Welche Wünsche wollen Sie beibehalten?

- Welche Wünsche wollen Sie verändern?

- Welche Wünsche wollen Sie aufgeben?

Nach dem bisher Dargestellten erscheint es fast überflüssig zu erwähnen, daß selbstverständlich auch der Coach für sich die Fragen einer ganzheitlichen Vision (zumindest vorläufig) geklärt haben muß, wenn er seinen Verkäufern als »gestandener« Partner für die Visionsentwicklung und die Klärung all der Fragen, die damit zusammenhängen, zur Verfügung stehen will. Denn Visionsfindung heißt auch Entscheidungen fällen und Grenzen ziehen zwischen dem, was ich will und was ich nicht will. Denn der Partner, der mich in diesem grundlegenden Prozeß begleiten will, muß soviel Sicherheit und Vertrauen vermitteln, wie ich brauche, damit ich mich auch auf meine tiefen Unsicherheiten und Existenzängste einlassen kann. Auch der Coach muß daher genau wissen, wer er ist, was er kann und wohin er will.

Auf dem Weg zu einer ganzheitlichen Vision

2. Gemeinsam klare Ziele definieren

»Ziele sind quantifizierte und termingebundene Träume«

Visionen müssen sich im Alltag bewähren. Sie müssen durch konkrete Handlungsschritte verwirklicht werden, wenn Sie nicht dauerhaft im Traumland bleiben wollen. Ziele sind konkretisierte, quantifizierte und terminierte Visionen. Sie sind an der Realität orientiert und sollten immer auf einen überschaubaren Zeitraum bezogen werden.

Visionen müssen sich im Alltag bewähren

Wir unterscheiden *Prozeß*- und *Ergebnisziele*. Ein Prozeßziel kann zum Beispiel lauten: »Ich werde in diesem Jahr an jedem Arbeitstag mindestens vier Kunden besuchen.« Oder: »Ich werde in den von mir besuchten Krankenhäusern nicht nur zu den Chefärzten, sondern auch zu den Verwaltungsleitern gute Beziehungen aufbauen.« Oder: »Ich werde meine Verkaufsgespräche immer am gleichen Tag noch auswerten und nacharbeiten.«

Prozeß- und Ergebnisziele müssen ...

Ein Ergebnisziel könnte z. B. lauten: » Ich werde im Januar eine Million Umsatz machen.« Oder: »Ich verkaufe im nächsten Jahr jeden Monat mindestens zehn Krankenversicherungen.« Oder: »Ich richte im Mai eine neue Geschäftsstelle meiner Agentur im Stadtzentrum ein.«

Delphin-Coachs achten darauf, daß die Verkäufer beim Formulieren ihrer Erfolgsziele die folgenden Rahmenbedingungen einhalten:

Positive Zielformulierung

Die angestrebten Ziele sollen *positiv* formuliert sein, sie sollen genau das ausdrücken, was der Verkäufer will und nicht etwa das, was er nicht will oder vermeiden will. Denn nur positiv formuliert können Ziele optimal motivieren und echte Handlungsanreize bieten.

... positiv formuliert werden

Zu Beginn eines Coachingprozesses wird jeder Verkäufer gebeten: »Bitte schreiben Sie genau auf, was Sie in den nächsten zwölf Monaten erreichen wollen und wie Sie es erreichen wollen. Beschreiben Sie den gewünschten positiven Zustand und nicht etwa die Abwesenheit eines unerwünschten negativen Zustandes. Achten Sie auch darauf, daß Ihre Ziele keine Vergleiche enthalten.«

Beispiel:

»Ich werde in diesem Jahr in jeder Arbeitswoche 15 Kunden besuchen«, statt: »Ich werde in diesem Jahr mehr Kunden besuchen als im letzten Jahr«.
»Ich werde ab Montag jeden Morgen um sieben Uhr aufstehen« statt: »Ich werde nicht mehr so lange schlafen.«
»Ich werde im nächsten Jahr einhundert Wohneinheiten verkaufen« statt: »Ich werde doppelt so viele Wohneinheiten verkaufen wie im letzten Jahr.«

Nur Ziele, die klar und eindeutig einen positiven Zustand beschreiben, können in uns ihre motivierende Kraft entfalten. Wer sich zum Ziel setzt: »Ich werde mir das Rauchen abgewöhnen«, fixiert sein Denken immer wieder auf das Rauchen – also die Handlung, die er vermeiden will. Dieses Ziel ist nicht attraktiv. Es bedeutet einen Verzicht auf einen Genuß. Eine solche Zielformulierung provoziert schon von Anfang an den Rückfall in das alte, zu verhindernde Verhalten.

Formulieren Sie präzise

Besser wäre ein Ziel wie: »Ich lebe gesund und lustvoll. Ich erfreue mich immer wieder daran, frische Luft zu atmen und mich genußvoll beim Lutschen zuckerfreier Bonbons zu entspannen.« (Denn der Genuß, der aufgegeben werden soll, muß durch einen attraktiveren ersetzt werden, damit der dahinterstehende unbewußte Trieb seine Befriedigung erfährt.)

Sinnlich konkrete Zielformulierung

Formulieren Sie Ihr Ziel so, daß es *sinnlich konkret* vorstellbar und meßbar ist. Sie sollen es jetzt schon innerlich sehen, hören, fühlen und eventuell sogar riechen und schmecken können.

... und sinnlich konkret

Beispiel: _____

Ich werde im nächsten Monat Immobilien im Wert von 70 Millionen DM verkaufen, statt: Ich werde meinen Immobilienumsatz erhöhen.

Je attraktiver das Ziel, desto stärker die Motivation

Wenn wir uns unsere Ziele genau vorstellen und innerlich ausmalen, dann können wir erspüren, wie reizvoll es für uns ist, diese Ziele in dieser Form zu erreichen. Wenn wir uns auf die Gefühle einlassen, die bei der konkreten Vorstellung unserer Ziele in uns auftauchen, dann können wir bereits erahnen, wie stark es uns zu diesen Zielen hinzieht und wieviel Energie wir mobilisieren wollen, um sie auch wirklich zu erreichen. Je attraktiver ein Ziel für uns ist, um so stärker ist unsere Motivation, für die Erreichung dieses Ziels tätig zu werden und die Hindernisse des Alltags zu überwinden.

Kontextbezogene Zielformulierung

Benennen Sie genau den Rahmen und die Bedingungen, unter denen Sie Ihre Ziele erreichen können (Ort, Zeit, Mitarbeiter, etc.).

Beispiel: _____

Ich werde im nächsten Monat alle Kunden zwischen 40 und 55 Jahren, die im Raum Köln/Bonn wohnen und noch keine private Altersversorgung besitzen, anrufen und mit ihnen einen Besuchstermin vereinbaren. An jedem Arbeitstag werde ich zwischen 19 und 21 Uhr mindestens zehn Kunden anrufen, statt: Ich werde mehr Kunden wegen einer privaten Altersversorgung ansprechen.

Konkret und realitäts- bezogen

Dieser Schritt stellt eine weitere *realitätsbezogene* Konkretisierung der Ziele dar. Dabei wird es häufig erforderlich, komplexe Ziele in kleine, einfache und überschaubare Schritte zu zerlegen.

Im Coachingprozeß wird an diesem Punkt immer wieder die Erfahrung gemacht, daß die in den ersten Schritten formulierten Ziele doch zu groß und zu anspruchsvoll gewesen sind oder daß die vorhandene Informationsbasis noch nicht ausreicht, um die Ziele bereits so zu formulieren, daß sie konkret abgearbeitet werden können.

In einem von uns durchgeführten Coachingprozeß formulierte ein Verkäufer zum Beispiel: »Ich werde ab dem 1. März jede Woche mindestens acht Krankenhäuser besuchen und bei jedem Besuch sowohl dem Chefarzt als auch dem Verwaltungsleiter unsere orthopädischen Produkte vorstellen«, denn ihm war klar geworden, daß die Verwaltungsleiter aus Kostengründen immer stärker die Anschaffung orthopädischer Produkte beeinflussen. Bei der kontextbezogenen Formulierung seines Zieles erkannte er jedoch, daß er kaum Erfahrungen hatte, wie man bei Verwaltungsleitern, die man noch nicht kennt, einen Termin bekommen kann und welche Besonderheiten bei den Gesprächen mit ihnen zu beachten sind. Nach Rücksprache mit einigen erfahreneren Kollegen konnte er sein Ziel dann genau so umformulieren, daß es unter Berücksichtigung der konkreten Rahmenbedingungen in den Krankenhäusern auch erreichbar wurde.

Die ersten Schritte sind oft zu groß

Ökologische Zielformulierung

Ziele müssen so gestaltet werden, daß sie im Einklang mit meinen Grundeinstellungen, Lebensprinzipien und Werten stehen. Sie dürfen anderen wichtigen Zielen und Bedürfnissen nicht widersprechen, und auch der »innere Schweinehund« soll sie zulassen und tolerieren können.

Ziele müssen im Einklang mit meinen Werten stehen

Beispiel: Ein Verkäufer hat sich das Ziel gesetzt, jeden Tag zehn Kunden zu besuchen, weil er im nächsten Jahr 500 000 DM verdienen will. Jeder Besuch dauert ca. eine Stunde, das heißt, er müßte jeden Tag mindestens 14 Stunden arbeiten. Da er jedoch zwei kleine Kinder hat und auch eine Frau, die er liebt, würde er gerne auch einige Stunden am Tag mit seiner Familie verbringen. Hier ist es sinnvoll, einen Kompromiß oder eine neue Lösung zu finden, die es ihm ermöglicht, beide Bedürfnisse, Familienleben und Top-Umsätze, zu vereinen. Denkbar wäre, die Arbeit auf acht

Stunden zu reduzieren und den Samstag einzubeziehen, oder zwei neue Verkäufer einzustellen und selbst weniger zu tun, usw., usw.

Unsere Ziele müssen »ökologisch« formuliert sein, damit wir voll dahinter stehen können. Halbherzig formulierte Ziele, die mit inneren Widersprüchen und Ambivalenzen behaftet sind, können uns nicht begeistern. Sie werden spätestens dann aufgegeben, wenn ernsthafte Schwierigkeiten auftauchen, weil sich dann die inneren Widerstände mit den äußeren gegen unseren Willen zur Zielverwirklichung verbinden.

Unausge-
sprochene
Probleme
verunsichern

Gerade Verkäufer brauchen eindeutige, klare und begeisternde Ziele, denn nur wer selbst begeistert ist, kann auch seine Kunden begeistern. Unausgesprochene Probleme mit dem eigenen Unternehmen oder mit Führungskräften können ebenso eine ökologisch einwandfreie Zielbestimmung beeinträchtigen wie innere Zweifel an der Qualität der Produkte. Im Versicherungsaußendienst z.B. haben wir immer wieder feststellen können, daß die massive Kritik an der Lebensversicherung in den öffentlichen Medien bei den Verkäufern zu Verunsicherungen führt, die offen ausgesprochen und geklärt werden müssen, damit ökologisch korrekte und begeisternde Ziele formuliert werden können.

Realistische Zielformulierung

Ziele müssen so dimensioniert sein, daß sie meinen Kräften und Fähigkeiten entsprechen.

Gefahr:
Selbstüber-
schätzung

Insbesondere bei jungen und unerfahrenen Mitarbeitern achten Delphin-Coachs darauf, daß diese sich nicht selbst überschätzen und ihre Ziele zu groß dimensionieren. Denn zu hoch geschraubte Ziele führen unweigerlich zu Versagenserlebnissen und damit zur Demotivation. Realitätsgerechte, machbare Ziele vermitteln dagegen Erfolgserlebnisse. Sie stärken das Selbstbewußtsein der Verkäufer und fördern die Freude am eigenen Handeln.

Selbst kontrollierbare Zielformulierung

Die Ziele sollen so formuliert sein, daß es allein in meiner Macht steht, sie auch zu verwirklichen.

Beispiel:

»Ich werde in diesem Jahr jede Woche mindestens zehn Kunden besuchen, weil ich die Umsatzspitze in unserer Region übernehmen will« statt: »Ich werde in diesem Jahr die Umsatzspitze in unserer Region übernehmen:« Denn die Verwirklichung des erstgenannten Ziels steht in meiner Macht. Ich selbst kann darüber entscheiden, ob ich es erreiche oder nicht. Das zweitgenannte Ziel hängt dagegen vom Wollen meiner Kunden ab und ist nur bedingt von mir zu beeinflussen.

Wenn ich meine Ziele so formuliere, daß ich sie allein durch mein eigenes Handeln erreichen kann, liegt der Zielverwirklichungsprozeß immer voll in Bereich meiner Kontrolle. Ich kann jederzeit überprüfen, ob ich noch auf dem Zielpfad bin und gegebenenfalls nachsteuern. Darüber hinaus wird jeder Schritt, den ich für die Verwirklichung eines derartig formulierten Ziels unternehme, schon ein kleines Erfolgserlebnis. Bereits beim Tun entsteht ein beflügelndes Erfolgs-Bewußtsein, das mich zu weiteren begeisterten Schritten motiviert.

Schritte zum Ziel kontrollierbar machen

Wenn die Erfolgsziele des Verkäufers nach den obengenannten Kriterien formuliert sind, dann motiviert der Delphin-Coach ihn dazu, einen inneren Testlauf durchzuführen. Das heißt, probehalber innerlich unter Beteiligung aller Sinne zu erleben, wie es sein wird, wenn das Ziel erreicht ist. Was werde ich dann sehen, was werde ich hören, was werde ich empfinden, riechen und schmecken? Ist es genau das, was ich wollte oder will ich noch Veränderungen durchführen?

Der »innere Testlauf«

Die Zielbestimmung ist ein wichtiger Schritt zur positiven mentalen Einstimmung auf den Erfolgsprozeß des Verkäufers. Der Coach unterstützt ihn dabei, genau seine Ziele zu finden, die Ziele, für die er sich mit voller Kraft und Begeisterung engagieren kann; Ziele, für die es sich lohnt, zu arbeiten und sich gegebenenfalls auch gegen Widerstände durchzusetzen.

Zielab-weichungen möglich

Diese Ziele – das ist im vorstehenden sicher deutlich geworden – sind immer individuelle und persönliche Ziele, die auch genau den Fähigkeiten und Kräften des einzelnen Verkäufers entsprechen. Sie können im Einzelfall weit über das hinausgehen, was vom Unternehmen verlangt und vorgegeben wird. Es ist aber auch möglich, daß unter besonderen Umständen eine Zielabweichung nach unten vereinbart wird. Dem Coach kommt in diesem Fall eine besondere Verantwortung zu, denn er muß solche Zielvereinbarungen gegebenenfalls auch offensiv gegenüber seinen eigenen Führungskräften vertreten.

3. Die Entwicklung einer individuellen Erfolgsstrategie

Pareto's 20 : 80-Regel

Erfolg braucht Strategie, denn nur ein geplantes und systematisches Vorgehen garantiert, daß wir genau dort ankommen, wo wir auch hinwollen. Coaching ist immer auch Strategieberatung, denn der Coach will ja seinen Coachingpartner dabei unterstützen, mit dem geringstmöglichen Kraftaufwand die bestmöglichen Ergebnisse zu erzielen.

Im Coachingprozeß ermittelt der Verkäufer gemeinsam mit seinem Coach, wo er den Hebel seiner verkäuferischen Bemühungen ansetzen muß, um möglichst elegant seine Ziele zu erreichen. Pareto hat entdeckt, daß wir in der Regel mit 20 % unserer Handlungen 80 % unserer Ergebnisse bewirken. Diese Erkenntnis dürfte zwischenzeitlich zum Basiswissen jeder Führungskraft gehören. Wie aber können wir herausfinden, was genau diese 20 % der Handlungen sind, wo wir genau ansetzen müssen, was wir genau tun müssen, um den höchsten Wirkungsgrad unserer Handlungen zu erreichen? Dies soll im folgenden systematisch aufgezeigt werden.

Situationsanalyse

Am Anfang jeder Strategieentwicklung steht eine Situationsanalyse. Sie beginnt mit vielen Fragen, die dem Verkäufer helfen sollen, seine eigenen Antworten zu finden. Die Situationsanalyse umfaßt sowohl sachliche als auch persönliche Bereiche und bezieht sich auf erzielte Ergebnisse ebenso wie auf gestaltete Prozesse. Wir fragen danach, was im Arbeitsalltag gut und was nicht so gut läuft, wo Risiken und wo Chancen gesehen werden.

Risiken und Chancen im Arbeitsalltag

Eine ausführliche Anleitung finden Sie im Abschnitt: Praktische Instrumente des Coachs.

Stärken-Schwächen-Analyse

Ein weiterer Schritt der strategischen Planung besteht darin, daß der Verkäufer sich systematisch seine Stärken verdeutlicht und diese schriftlich erfaßt. In unserer Praxis hat es sich als sinnvoll erwiesen, den folgenden Fragebogen einzusetzen, der es dem Verkäufer ermöglicht, seine bisherigen Entwicklungen und Erfahrungen in Hinblick auf seine Stärken und Schwächen zu analysieren. So wird sichergestellt, daß relevante Stärken nicht übersehen und vergessen werden.

Stärken erkennen ...

Es ist sinnvoll, bei der Stärkenanalyse auch nach den Schwächen zu fragen, denn erstens erfährt man dadurch, wie kritisch sich der Verkäufer selbst einschätzt, und zweitens können die selbst erkannten Schwächen »reframt« werden; das heißt, wir können jede Schwäche gemeinsam mit dem Verkäufer dahingehend untersuchen, welche Fähigkeit der jeweiligen Schwäche zugrunde liegt. Denn jedes Verhalten (auch sich-nicht-Verhalten ist ein Verhalten), welches wir an uns als Schwäche erleben, kann in bestimmten Lebenssituationen und Handlungszusammenhängen eine nützliche Fähigkeit sein.

... Schwächen »reframen«

Beispiele für »reframte« Schwächen:

Genannte Schwäche:	Reframte Schwäche:
Ich bin zu faul.	Du kannst dich entspannen. Du kannst dein Leben genießen. Du kannst loslassen.
Ich bin zu ängstlich.	Du bist klug und vorsichtig. Du gehst behutsam vor. Du überlegst gründlich, bevor du handelst.
Ich bin zu unordentlich.	Du kannst »fünf« gerade sein lassen. Du kannst Grenzen überschreiten. Du bist kreativ.
Ich schiebe unangenehme Angelegenheiten zu lange vor mir her.	Du kannst Unannehmlichkeiten lange aushalten. Du konzentrierst dein Handeln auf das Wesentliche. Du beschäftigst dich gerne mit angenehmen Dingen.

Welche Reframes bewegen Verkäufer emotional?

So oder ähnlich könnte ein Reframing von Schwächen eines Coachingpartners aussehen. Wichtig ist es, genau die Reframes zu treffen, die den Verkäufer emotional bewegen, die für ihn eine neue Erkenntnis darstellen. Der Coach achtet beim Reframing von Schwächen daher sehr genau auf körpersprachliche Äußerungen, die wichtige Hinweise geben können, welcher Reframe in dieser Hinsicht »trifft«.

Das Reframen von Schwächen ist eine wichtige Voraussetzung für ihre Veränderung. Es ist viel leichter und angenehmer, zu den schon vorhandenen Fähigkeiten noch einige hinzuzulernen, als Schwächen abzubauen. Außerdem erkennen Coach und Verkäufer beim Reframing, welcher heimliche Lustgewinn mit den »Schwächen« verbunden ist und welche Bedürfnisse bei den anstehenden Veränderungen unbedingt berücksichtigt werden müssen, wenn der Prozeß nicht scheitern soll.

Die Stärkenanalyse wird so ausgedehnt zu der Fragestellung: »Was sind meine besonderen Stärken? Was kann ich besonders gut, was kann ich besser als meine Mitbewerber? Was ist mein besonderes Stärkenprofil? Wie kann ich meine speziellen Stärken in den von mir ausgesuchten Handlungsfeldern einsetzen, um für meine Kunden einen besonderen Nutzen zu schaffen?«

Spezielle Stärken einbeziehen

Die Beantwortung dieser Fragen zeigt wichtige Ansatzpunkte für die strategische Planung.

Engpaßanalyse

Bei der Strategieplanung hat es sich als sehr nützlich erwiesen, auch nach speziellen Engpässen der konkreten Kunden und Kundengruppen Ausschau zu halten. Ein Engpaß ist ein wichtiger Punkt, der die Weiterentwicklung eines lebenden Systems beeinträchtigt. An einem Beispiel soll dies verdeutlicht werden. Justus von Liebig hat entdeckt, daß eine Pflanze Kalk, Stickstoff, Kali und Phosphorsäure für ihre Ernährung braucht (Wir nutzen dieses vereinfachte Modell, um das Engpaßprinzip zu verdeutlichen. In der Realität hängt das Pflanzenwachstum von vielen weiteren Faktoren ab, auf die wir hier nicht weiter eingehen). Wenn eines dieser Düngemittel fehlt, dann kann die Pflanze sich nicht mehr weiterentwickeln, sie kümmert dahin, auch wenn alle anderen Faktoren im Überfluß zur Verfügung stehen. Erst wenn der Engpaß überwunden wird, geht die Entwicklung weiter.

Beispiele für Engpässe

Auch für Unternehmen entstehen Entwicklungsengpässe.

Beispiel:

Die Schweizer Weberei Langenthal stellte vorwiegend Bezugsstoffe für Sitze in Bussen und Bahnen her. Als auf dem Markt schwer entflammbare Stoffe verlangt wurden, entstand für das Unternehmen ein Engpaß. Erst durch das Erschließen neuer Bezugsquellen für entsprechende Rohstoffe und die Einstellung von Fachleuten mit dem nötigen Know-how wurde dieser Engpaß überwunden. Die Firma entwickelte sich zum Marktführer.

Ein Verkäufer, der den speziellen Engpaß, das brennendste Problem oder das bedrückendste Hindernis eines Kunden auf dem Weg zu seinen Erfolgszielen erkennt, muß mit Hilfe seiner besonderen Stärken (Produkte, Serviceangebote, Know-how etc.) versuchen, maßgeschneiderte Lösungsansätze zu entwickeln und damit einen überragenden Nutzen für den Kunden zu schaffen. Bei der Suche nach derartigen Engpässen können die folgenden Fragen nützlich sein:

Fragen zur Engpaß-erkennung ...

- Was sind die besonderen Stärken meines Kunden? Was sind die besonderen Schwächen meines Kunden?

- Was müßte mein Kunde tun, wenn er bei gleicher Qualität und gleichem Service seine Kosten halbieren wollte?

- Was müßte mein Kunde tun, wenn er seinen Umsatz verdoppeln wollte?

- Was hindert meinen Kunden daran, seine Marktanteile deutlich zu steigern?

- Was würde ein unbefangener Beobachter meinem Kunden empfehlen?

... steigern den Kundennutzen

Die Suche nach Engpässen führt dazu, daß ein Verkäufer genau die Punkte entdeckt, an denen er mit dem geringstmöglichen Einsatz den größtmöglichen Erfolg erzielen kann. Indem er die drängendsten Probleme seiner Kunden löst, indem er einen besonderen Nutzen für sie schafft, macht er sie zu seinen Verbündeten. Das spricht sich schnell in der Branche herum. Verkäufer, die die Engpässe ihrer Kunden erkennen und ihre drängendsten Probleme auf besondere Weise durch den Einsatz ihrer speziellen Stärken lösen, potenzieren ihre Kräfte und machen ihre Kunden zu ihren besten Werbeagenten.

Aber nicht nur die Engpässe der Kunden sind in einem Coachingprozeß von Bedeutung. Ebenso wichtig sind mögliche *Entwicklungs- und Erfolgsengpässe der Verkäufer*. Auch hier gilt es im Coachingprozeß, den kybernetisch wirkungsvollsten Punkt zu entdecken, dessen Überwindung neue Horizonte eröffnet. Immer wenn Entwicklungen stagnieren, immer wenn Erfolgsprozesse zum Stillstand gekommen sind, können Hürden und Hindernisse ermittelt werden, die den Weg zu neuen Dimensionen versperren. Die Aufgabe des Coachs ist es, durch herausfordernde Fragestellungen die kreativen Fähigkeiten der Verkäufer anzuregen und auch die eigenen Kreativitätspotentiale für das Entdecken und Überwinden der Engpässe einzusetzen.

Bei der Suche nach persönlichen Engpässen der Verkäufer können die folgenden Fragen sehr nützlich sein:

Persönliche Engpässe der Verkäufer

- Was müßten Sie tun, wenn Sie innerhalb eines Jahres Ihre Umsätze verdoppeln wollten?

- Wie sind Sie noch nie vorgegangen?

- Welche Grenzen sollten im Verkaufsprozeß niemals überschritten werden?

- Wie wird man in zehn Jahren unsere Produkte verkaufen?

- Wie würde ein Pfarrer, ein Lehrer, ein Polizist vorgehen, wenn er Ihre Umsätze um 100 % steigern wollte?

- Welche Maßnahmen wären mit Sicherheit erheblich übertrieben?

- Was wäre wohl viel zu verrückt, um in unserer Branche noch anzukommen?

- Was wäre einfach viel zu teuer?

Durch diese Fragen werden alternative Sichtweisen erzeugt und hemmende Barrieren erkannt.

Alternative Sichtweisen bauen Barrieren ab

Sichten Sie gemeinsam mit Ihrem Coachingpartner die Engpässe, indem Sie diese auf einen großen Papierbogen (Flipchart oder Pinwand) schreiben. Danach sollte eine Bewertung erfolgen (1 = sehr wichtig – 7 = unwichtig). Unterstützen Sie die Verkäufer dabei, sich zunächst auf die Bearbeitung der wichtigsten Problembereiche (1 – 3 Bereiche genügen) zu konzentrieren. Die Überwindung der zentralen Engpässe ist meist mit einem enormen Motivations- und Erfolgsschub verbunden.

4. Realistische Ziel- und Zeitplanung

Wer systematisch anspruchsvolle Ziele verwirklichen will, muß seine Arbeit und sein Leben *planen*.

Das Problem, ob Planung überhaupt sein muß ...

Planung heißt, gedanklich verschiedene Möglichkeiten der Zukunft durchzuspielen und die attraktivste auszuwählen. Bei der Planung von Erfolgszielen begegnen uns immer wieder zwei Lehrmeinungen: Die einen sagen, daß es reicht, wenn man sich seine Ziele deutlich ausmalt und sie immer wieder vor seinem geistigen Auge visualisiert. Die Verwirklichung wird sich dann schon von alleine einstellen; denn jeder sinnlich konkret ausgeformte Gedanke drängt von sich aus zur Verwirklichung. Die anderen schwören darauf, jeden Einzelschritt ihrer Handlungen exakt vorauszuplanen. Sie führen akribisch genau ihre Terminkalender, in der jede Minute systematisch verbucht wird.

Die Gegner detaillierter Planungsmethoden fühlen sich durch genaue Vorausplanung allzu stark festgelegt. Sie befürchten, daß dadurch all ihre Möglichkeiten zu frühzeitig auf einen einzigen Weg reduziert werden und sehen so ihren Handlungsspielraum sowie ihre Kreativität eingeschränkt.

Die Befürworter genauer Zeit- und Aktivitätenplanung dagegen schätzen die Sicherheit, die die Festlegungen bieten, und glauben daran, daß nur exakte Planungsmethoden die Zielerreichung garantieren.

... ist nur individuell zu lösen

Wir haben uns mit dem »Für und Wider« exakter Planung intensiv auseinandergesetzt und sind zu der Erkenntnis gekommen, daß die Methoden einer sinnvollen Zielplanung an die planenden Personen und ihre Wertvorstellungen sowie ihre Vorlieben und Abneigungen angepaßt und gegebenenfalls individuell variiert werden müssen. Im Coachingprozeß ist dies von besonderer Bedeutung, wenn sichergestellt werden soll, daß Planungsarbeit die Zielverwirklichung befördert und nicht etwa behindert. Daher können wir auch hier nur allgemeine Hinweise geben, die vom Coach an jeden Coachingprozeß individuell angepaßt werden müssen.

Systematische Zielverwirklichung erfordert sorgfältige Vorbereitungs- und Planungsarbeit. Grobziele müssen in Teilziele zerlegt, Teilziele auf einer Zeitschiene angeordnet und terminiert werden. Es gilt, Arbeitsprozesse und Abläufe zu durchdenken und konkrete Handlungsschritte festzulegen.

Teilziele terminieren

Die wichtigsten Fähigkeiten in diesem Prozeß sind ein *ablauforientiertes* Vorstellungsvermögen, die realistische Einschätzung des Zeitbedarfs für die geplanten Handlungen und eine möglichst wirklichkeitsnahe Vorstellung der eigenen Leistungsfähigkeit.

Voraussetzung: ein ablauforientiertes Vorstellungsvermögen

Insbesondere jüngere und unerfahrene Verkäufer tun sich oft sehr schwer mit einer realistischen Erfolgsplanung. Sie verschätzen sich leicht beim erforderlichen Zeitaufwand für ihre Tätigkeit als auch hinsichtlich ihrer Leistungsfähigkeit. Oftmals fehlen ihnen die Kenntnisse über Entscheidungsprozesse bei ihren Kunden und auch in der eigenen Firma. Da ist gerade bei der Erfolgsplanung der erfahrene, behutsam agierende und unterstützende Coach gefragt.

Teilziele ermitteln

Schritt A: Ich gehe ins Reisebüro und besorge mir Prospekte

Schritt B: Ich kaufe mir Reiseführer, Sprachführer und Karten

Schritt C: Ich besuche einen englischen Sprachkurs

Schritt A: Ich buche Flüge, Unterkünfte und Inlandsreisen

Schritt A: Ich suche mir einen Nebenjob, um zusätzlich Geld zu verdienen

Teilziel 1: Ich besorge mir Informationen über das Land

Schritt B: Ich besorge mir ein Visum, Reiseschecks, Rucksack, Kamera usw.

Teilziel 4: Ich treffe Reisevorbereitungen

Teilziel 2: Ich lege fest, wie ich die Reise finanziere

Schritt B: Ich eröffne ein Sparbuch

Ziel: Sechs Monate Urlaub in Amerika

Schritt C: Ich sorge für eine Krankenversicherung

Teilziel 3: Ich stelle sicher, daß meine häuslichen Angelegenheiten während meiner Abwesenheit in Ordnung gehalten werden

Schritt C: Ich erkundige mich bei der amerikanischen Botschaft nach Verdienstmöglichkeiten

Schritt A: Ich sorge dafür, daß mein Haus versorgt ist

Schritt B: Ich regle meine finanziellen Verpflichtungen

Schritt C: Ich teile meiner Bank meine Urlaubs-Anschrift mit

Der erste Planungsschritt besteht darin, größere Ziele in Teilziele zu zerlegen und diese konkret zu terminieren. Grundsätzlich sind bei der Festlegung von Teilzielen zwei Wege möglich:

Von der Zukunft in die Gegenwart planen

Erstens, den Zielverwirklichungsprozeß von der Gegenwart schrittweise in die Zukunft zu planen oder zweitens, den Zielverwirklichungsprozeß aus der antizipierten und sinnlich konkret vorgestellten Zukunft rückwärts gerichtet schrittweise in die Gegenwart zu planen. Bei anspruchsvollen und komplexen Zielen empfiehlt es sich, *beide* Wege zu gehen.

Wir fangen in unseren Coachingprozessen meist mit der zweitgenannten Alternative an. In einem *ersten Schritt* werden unsere Coachingpartner aufgefordert, einen Zeitpunkt zu benennen, zu dem sie ihre wichtigsten Ziele erreicht haben werden. Danach bitten wir sie auf einer Skala von eins bis hundert einzuschätzen, wie realistisch es ist, daß das Ziel zu diesem Zeitpunkt realisiert sein wird, und gegebenenfalls den geplanten Zeitpunkt noch einmal zu korrigieren.

Wichtig: konkrete Szenarien

Der *zweite Schritt* besteht darin, sich genau vorzustellen und ein sinnlich konkretes Szenario zu entwickeln, wie es sein wird und was sich verändert haben wird, wenn das wichtigste Ziel erreicht worden ist.

Wenn dieses Szenario unter Nutzung aller Sinne (Was konkret sehen, hören, spüren, riechen, schmecken Sie? – Welche sachlichen, räumlichen und personellen Gegebenheiten haben sich wie verändert – Wie haben Sie sich selbst auf dem Weg Ihrer Zielverwirklichung verändert?) hergestellt ist, wird der Coachingpartner in einem *dritten Schritt* aufgefordert, ausgehend von seinem Zielszenario, quasi im »Rückwärtsgang«, also auf die Gegenwart zu, weitere Szenarien zu entwickeln, so daß sich eine vernünftige und plausible Abfolge bis zum »Hier und Jetzt« ergibt.

Ressourcen und Hilfsmittel

Im *vierten Schritt* ermittelt der Coachingpartner dann, welche Ressourcen, Fähigkeiten und Hilfsmittel notwendig sind, um die einzelnen Szenarien und auch den gesamten Zielverwirklichungsprozeß tatsächlich umsetzen zu können. Folgende Fragen sind dabei hilfreich:

- Welche geistigen und körperlichen Fähigkeiten benötige ich zur Erreichung meines Ziels?

- Welche Fähigkeiten sind bereits vorhanden?

- Welche kann ich aktivieren?

- Welche muß ich neu erwerben?

- Von welchen Personen benötige ich oder wünsche ich mir Hilfe und Unterstützung?

- Welche Materialien und Arbeitsmittel brauche ich, um meine Ziele zu erreichen?

- Über welche Mittel verfüge ich schon?

- Wann will ich die ersten Schritte tun?

Gegebenenfalls müssen jetzt die Szenarien noch einmal konkretisiert und überarbeitet werden. Im *fünften Schritt* überprüft der Coachingpartner gemeinsam mit dem Coach die persönliche Ökologie seiner Zielvorstellung (d.h. ob diese Ziele zu dem Coachingpartner passen, ob sie mit seinen Werten vereinbar sind, ob sie mit ganzem Herzen bejaht und angestrebt werden). Gibt es Befürchtungen oder Ängste oder auch nur ungute Gefühle, die mit der Realisierungsvorstellung der Szenarien verbunden sind? Was wäre das Schlimmste, was wäre das Beste, was passieren könnte? Welche Opfer sind zu bringen, welche Preise müssen bezahlt werden, welche Unannehmlichkeiten sind zu erdulden, wenn die Teilziele verwirklicht werden? Bin ich bereit dazu? Welches Ereignis könnte mich dazu bewegen, mein Ziel zu verändern oder aufzugeben?

Dieser Ökologie-Check hilft, den Zielverwirklichungsprozeß noch einmal paßgenau auf den Coachingkandidaten zuzuschneiden. Alle Teilziele werden an die Trieb- und Bedürfnisstrukturen des Coachingpartners wie ein Maßanzug, wie eine zweite Haut angepaßt. Der Verkäufer erkennt im Verfahren immer klarer: »Genau

Die persönliche Ökologie der Ziele

181

das ist es, was ich erreichen will, genau das ist es, was ich tun will. Das sind meine Ziele, für die ich mich mit vollem Engagement begeistert einsetzen werde.« Dabei müssen innere Übereinstimmung und volle Identifikation erreicht werden, damit alle Antriebskräfte sich widerspruchsfrei in den Dienst der Zielverwirklichung stellen.

Zielszenarien verinnerlichen

Im *sechsten Schritt* wird die Plausibilitätskette der einzelnen Zielszenarien verinnerlicht. Der Ablauf wird so oft mental durchgespielt und vorerlebt, bis er dem Coachingpartner in Fleisch und Blut übergegangen ist. Sehr hilfreich ist es, wenn jeweils ein Bild zu den einzelnen Szenarien gemalt oder in Form einer Collage angefertigt wird, so daß die ganze Plausibilitätskette zu einem einzigen Entwicklungs- und Erfolgspanorama vereinigt werden kann. An einem zentralen Ort, in der Wohnung oder am Arbeitsplatz aufgehängt, kann dieses Bild die einmal geweckten Sehnsüchte täglich neu beleben und unterstützen.

Aufgaben zum Erreichen des Gesamtzieles

Der *siebte Schritt* dient der konkreten Durchführungsplanung. Der Coachingpartner entwickelt, ausgehend vom ersten Teilzielszenario, welches dem »Hier und Jetzt« folgt, eine Liste von Aufgaben und Tätigkeiten, die er durchführen wird, um dieses Teilziel zu erreichen und die notwendigen Voraussetzungen für die Verwirklichung des Gesamtziels zu schaffen. Folgende Aufgaben und Aktivitäten sind dabei denkbar:

- Einmalige oder unregelmäßig wiederkehrende Aufgaben: z. B. Gespräche, Informationsbeschaffung, Arbeitspläne etc.

- Regelmäßige, periodisch durchzuführende Aufgaben: z. B. Planungs- und Reflexionsschritte, Entspannungs- und Fitneßprogramme, Schulungen und Lehrgänge besuchen etc.

Für die Durchführung der Aufgaben werden Termine festgelegt und Zeitpläne erstellt. Danach stellt sich der Coachingpartner sinnlich konkret vor, wie er das tut, was er sich vorgenommen hat, und genießt so bereits im voraus die ersten Schritte seines Erfolgs.

Alle Aufgaben werden in eine Wochenplanung übernommen und täglich in die Aufgabenspalte eines Terminkalenders oder Zeitplaners eingetragen und systematisch abgearbeitet.

Wochenplanung sichert Verbindlichkeit der Ziele

Dieses Vorgehen sichert die Verbindlichkeit der im Coachingprozeß geplanten Ziele und Absprachen. Der Verkäufer kann jeden Tag seine Erfolgsfortschritte kontrollieren und überprüfen, ob die von ihm durchgeführten Maßnahmen die beabsichtigten Wirkungen erzielen – und gegebenenfalls den eingeschlagenen Kurs korrigieren.

5. Positives Energiemanagement

Der Coachingprozeß ist ein menschlicher Entwicklungsprozeß. Die Triebkräfte aller menschlichen Entwicklungen sind Bedürfnisse. Menschen entwickeln und verändern sich nur dann, wenn sie sich durch ihr Tun angenehme Gefühle versprechen oder unangenehme Gefühle vermeiden. Auch politische oder moralische Wertsysteme beruhen letztlich auf Bedürfnissen. Wer sich z.B. für Gerechtigkeit, für Frieden oder für Meinungsfreiheit einsetzt, befriedigt damit innere Bedürfnisse. Ganz gleich, ob es sich dabei um das Bedürfnis nach Anerkennung von Gleichgesinnten, um Bedürfnisse nach Macht und Einfluß oder um den Wunsch nach Selbstverwirklichung handelt.

Bedürfnisse als Triebkräfte zum Handeln

Es ist leicht, in Einklang mit den Bedürfnissen und inneren Bestrebungen von Menschen Ziele zu erreichen, und es ist sehr schwer, dies gegen die inneren Triebkräfte zu tun. Dephin-Coachs wissen das. Sie versuchen daher immer möglichst frühzeitig und möglichst genau, die Bedürfnis- und Wertsysteme ihrer Coachingpartner zu erkennen und ihnen nichts abzuverlangen, was diesen Systemen widerspricht. Im Gegenteil, sie achten sehr genau darauf, daß ihre Coachingpartner sich nur solche Ziele setzen, die ihren Wünschen, Bedürfnissen und Wertsystemen entsprechen.

Aber nicht nur die Zielverwirklichung, sondern auch der Coachingprozeß selbst braucht Kraft. Denn Coaching heißt Lernen und

183

Lernprozesse sind Veränderungsprozesse, in denen vorhandene Erkenntnis- und Handlungsstrukturen umgewandelt und gegebenenfalls durch neuere, effektivere ersetzt werden. Alle wissenschaftlichen Untersuchungen zu diesem Thema haben gezeigt, daß Lernprozesse am besten in einem emotional positiven Klima ohne Angst und ohne Repressionen gedeihen.

Coaching soll Spaß machen

Ein Delphin-Coach achtet darauf und sorgt dafür, daß die von ihm geleiteten Coachingprozesse vorwiegend in einem entwicklungsfördernden Klima stattfinden. Coaching soll allen Beteiligten Spaß machen und sie vorwiegend mit Stolz und Freude erfüllen. Das heißt, daß beide Coachingpartner sich mindestens 80% der Coachingzeit gut gelaunt, geistig fit und voller Energie fühlen. Sie befinden sich während des Coachingprozesses in einem Erfolgs- oder Reflexionszustand und nur sehr selten in einem Problemzustand.

Mißerfolge als Lernchancen begreifen

Auch wenn der Coachingpartner während des Prozesses schwerwiegende und persönlich tiefgehende Probleme bearbeitet, achtet der Coach immer wieder darauf, daß auch die positiven und konstruktiven Anteile der Problemsituationen bewußt betrachtet und gewürdigt werden. Schwierigkeiten, Fehler und Mißerfolge werden als Lernchancen gesehen, und auch kleine Lernfortschritte werden als Erfolge emotional registriert. Der Coach übernimmt während des gesamten Coachingprozesses die Verantwortung dafür, daß der Coachingpartner in einem positiven Gefühlszustand bleibt oder zumindest immer wieder schnell zu einem positiven Gefühlszustand zurückfindet. Er läßt nicht zu, daß der andere sich tief in negativen Emotionen und Selbstzweifeln verfängt oder gar über pessimistische und sich selbst abwertende Problembetrachtungen in depressive Gefühlszustände abgleitet.

Voraussetzung dafür ist, daß der Coach selbst über genügend Selbstwertgefühl und eine große emotionale Stabilität verfügt. Er darf sich nicht durch gravierende Problemlagen seines Coachingpartners gefühlsmäßig herunterziehen und aus dem Gleichgewicht bringen lassen. Er muß über ein großes Maß an Wahrnehmungsfähigkeit und geistiger Flexibilität verfügen, die es ihm ermöglichen, immer wieder die positiven und konstruktiven Anteile sowie die Lernchancen in problematischen Situationen zu erkennen. Er muß darüber hinaus viel Einfühlungsvermögen und ausgeprägte kommunikative Fähigkeiten besitzen, um immer wieder in den richtigen Momenten seinen Coachingpartner anzuleiten, seine Problemlagen aufrichtig, ernsthaft und verantwortlich zu betrachten – oder die positiven und stärkenden Anteile dieser Situationen wahrzunehmen.

Der Coach hilft seinem Coachingpartner, daß dieser sich seine Probleme und Schwierigkeiten in genau den Portionen bewußt macht, die er verkraften und in Lern- bzw. Erfolgserfahrung umwandeln kann. Er unterstützt ihn dabei, sich mit seinen tatsächlich vorhandenen Problemen auseinanderzusetzen und sie nicht zu verdrängen, zu bagatellisieren oder mit dem rosaroten Schleier der Verleugnung zu umgeben.

Probleme »portionieren«

Der Coach betätigt sich als Energiemanager seines Coachingpartners, indem er durch entsprechende Interventionen (Fragen und Hinweise, die Erfolge, Stärken, Chancen oder auch Probleme, Grenzen, Schwierigkeiten und Risiken verdeutlichen) bewirkt, daß dieser sich immer genau mit den Aspekten der Realität auseinandersetzt, die den Erfolgsprozeß fördern: Wenn der Verkäufer niedergeschlagen und enttäuscht ist, wird er auf erzielte Erfolge, Entwicklungsfortschritte und Chancen hingewiesen; wenn er zu euphorisch ist, sorgt der Coach dafür, daß auch wieder die anstehenden Engpässe, Probleme und Schwierigkeiten ins Blickfeld geraten. Der Coach bewirkt durch diese Interventionen, daß sein Coachingpartner sich immer in dem Gefühlszustand befindet, der einem Lern- und Entwicklungsprozeß förderlich ist.

Der Coach als Energiemanager

Gerade für Verkäufer, die ja immer wieder unausweichlich mit Absagen und Zurückweisungen konfrontiert sind, ist eine optimistische Grundhaltung und die Fähigkeit, immer wieder zu einer optimistischen Sichtweise wechseln zu können, von grundlegender Bedeutung. Martin Seligman hat in mehreren wissenschaftlichen

Untersuchungen nachgewiesen, daß optimistische Verkäufer wesentlich erfolgreicher sind als ihre pessimistischen Kollegen. (Seligman, M., Pessimisten küßt man nicht)

Optimisten	Pessimisten
sehen Mißerfolge als punktuelle, vorübergehende Ereignisse.	begreifen Mißerfolge als beispielhaft und typisch für ihr Leben.
schreiben Mißerfolge eher den widrigen Umständen zu.	machen sich selbst für Mißerfolge verantwortlich.
lassen sich von ihren Mißerfolgen höchstens kurzfristig negativ beeindrucken.	fühlen sich nach Mißerfolgen nachhaltig hoffnungslos, hilflos und wertlos.

Pessimisten sind schlechte Verkäufer

Diese stark beeinträchtigenden negativen Gefühle werden nicht unmittelbar durch das Mißerfolgserlebnis hervorgerufen, sondern durch die Gedanken, die das Mißerfolgserlebnis in den Pessimisten hervorruft. Ein pessimistisch eingestellter Verkäufer denkt zum Beispiel, wenn ihm nach längeren Verkaufsverhandlungen mit einem wichtigen Kunden ein Geschäft platzt: »Jetzt ist alles aus« (Hoffnungslosigkeit), »Ich bin nicht geeignet für derartig schwierige Geschäfte« (Hilflosigkeit), »Ich bin ein Versager« (Wertlosigkeit).

Der Coach hilft einem pessimistisch eingestellten Verkäufer in einer derartigen Situation, sich die Gedanken, die er in Mißerfolgssituationen hat, zunächst einmal bewußt zu machen und dann kritisch zu hinterfragen. »Was genau haben Sie angesichts dieses Mißerfolgs gedacht? – Welche Gedanken genau sind Ihnen durch den Kopf gegangen? – Sind Ihre Gedanken, die Sie im Zusammenhang mit Ihrem Mißerfolg hatten, logisch richtig und sachlich gerechtfertigt? – Sind die Schlußfolgerungen, die Sie in Ihren Gedanken ziehen, vernünftig? – Welche Schlüsse könnte ein verständiger Verkäufer sonst noch ziehen? – Welche Gedanken wären vernünftiger, welche nützlicher?«

Wenn der Verkäufer aus dem oben angeführten Beispiel sich diese Fragen stellt, dann wird er zunächst einmal feststellen müssen, daß durch das geplatzte Geschäft längst nicht »alles« aus ist. Ein Geschäft ist geplatzt – viele andere können noch getätigt werden. Eine genaue Analyse des Vorgangs kann wichtige Erkenntnisse bringen, die bei einem zukünftigen ähnlich gelagerten Fall helfen, erfolgreich zu sein. Damit kann der Mißerfolg zu einer wichtigen Lernerfahrung werden.

Analysieren Sie Mißerfolge

Auch die Aussage: »Ich bin nicht geeignet für derartig schwierige Geschäfte« erweist sich bei näherer Betrachtung als unhaltbar. Denn ein geplatztes Geschäft rechtfertigt kein generelles Urteil über die Eignung des Verkäufers. Höchstens die Frage: »Was muß ich noch lernen, um in der Zukunft auch solche Geschäfte erfolgreich abschließen zu können?«.

Das sich selbst entwertende Urteil: »Ich bin ein Versager« ist weder logisch richtig noch sachlich gerechtfertigt. Denn jede schwierige Verkaufsverhandlung kann scheitern, das liegt in der Natur der Sache. Das Scheitern sagt nicht zwangsläufig etwas über die Qualität des Verkäufers aus.

Hilfreicher wären angesichts eines Mißerfolgs Gedanken wie: Schade, hat nicht geklappt, woran lag es ? Was kann ich daraus lernen? Was ist das Positive an dieser Sache? Welchen Nutzen kann mir diese Erfahrung bringen?

Im Coachingprozeß werden auch pessimistisch eingestellte Verkäufer angeleitet, ihre eigenen Gedanken und die dadurch erzeugten Gefühle bewußt zu registrieren und zu verändern. Die Veränderung der Gedanken und Gefühlszustände setzt so positive Energien und damit motivierende Kräfte frei, die für die systematische Verwirklichung der Erfolgsziele genutzt werden können.

Polen Sie Ihre Gefühle um

Die Verkäufer lernen durch das Coaching, optimistischer zu denken und positiver zu empfinden. Sie entwickeln eine zunehmend positive Grundeinstellung, gewinnen mehr Selbstvertrauen und Zuversicht. Sie reagieren gelassener und sind durchweg freundlicher zu ihren Kunden.

Positive Energiespiralen

Das Energiemanagement im Coachingprozeß fördert die Entwicklung sich selbst verstärkender positiver Energiespiralen: Der optimistisch und freundlich zu sich selbst eingestellte Verkäufer tritt auch seinen Mitmenschen optimistisch und freundlich gegenüber. Und diese sind in der Regel dann auch eher bereit, eine vertrauensvolle Beziehung zu knüpfen, sich zu öffnen und ihrerseits Freundlichkeit und Optimismus zu zeigen – was wiederum die Selbstsicherheit des Verkäufers festigt.

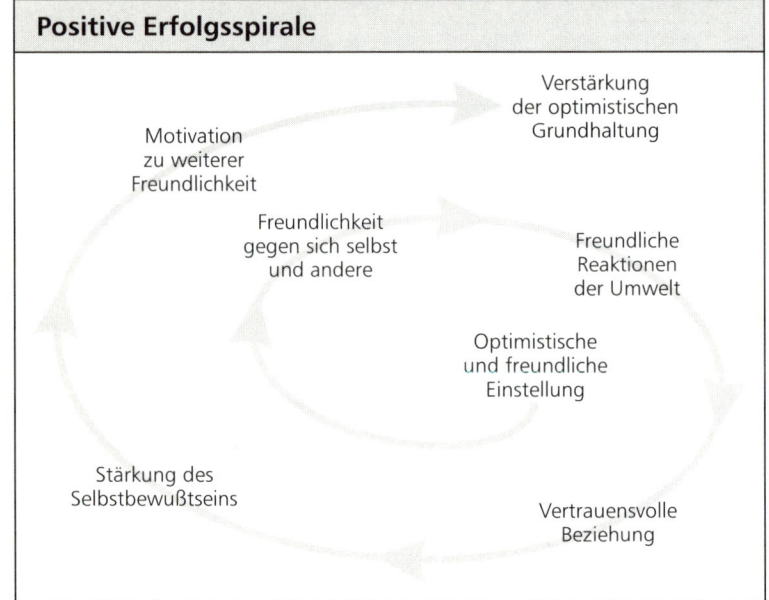

Positive Erfolgsspirale

Verstärkung der optimistischen Grundhaltung

Motivation zu weiterer Freundlichkeit

Freundlichkeit gegen sich selbst und andere

Freundliche Reaktionen der Umwelt

Optimistische und freundliche Einstellung

Stärkung des Selbstbewußtseins

Vertrauensvolle Beziehung

6. Lernen aus Erfahrung

Ziel: Verantwortung in eigener Regie

Im Coachingprozeß wird der Verkäufer angeregt und angeleitet, sich selbst anspruchsvolle und herausfordernde Ziele zu setzen und diese auch zu erreichen. Gleichzeitig soll er seine Fähigkeiten entwickeln und methodische Schritte kennenlernen, die ihm helfen, zukünftig in *eigener* Regie und Verantwortung seine Ziele zu verwirklichen und seine Selbstverwirklichung voranzutreiben.

Jeder, der anspruchsvolle Ziele erreichen will, muß von Zeit zu Zeit innehalten und zurückschauen. Er muß prüfen, ob seine Handlungen die beabsichtigten Wirkungen erzielt haben und ob er sich mit seinen Aktionen noch in Richtung seines Ziels bewegt. Gegebenenfalls muß er »nachsteuern«, muß eine Kurskorrektur einleiten, um wieder auf Zielkurs zu kommen.

Kurskorrektur durch Rückschau

Der Coach regt seinen Coachingpartner an, die eigenen Arbeitsvorgänge und den Coachingprozeß regelmäßig zu reflektieren und aus seinen Erfahrungen zu lernen. Voraussetzung für diesen Lernprozeß ist es, von der »Bahnsteigkante« des Lebens zurückzutreten, sich emotional zu lösen, eine den Alltagserfahrungen übergeordnete »Metaposition« einzunehmen.

Der Coachingpartner wird angeleitet, *bewußt* die unterschiedlichen Gefühlszustände wahrzunehmen und noch einmal in sich hervorzurufen, die mit dem Erleben und der gedanklichen *Durchdringung eines Problems*, mit dem Erleben und innerlichen *Feiern eines Erfolgs* sowie mit der nüchtern, *sachlichen Reflexion von Erfahrungen* verbunden sind (siehe dazu auch die Übung: Veränderung von Zuständen – Problemzustand, Erfolgszustand, Reflexionszustand).

Nehmen Sie eine »Metaposition« ein

Er lernt diese Zustände kennen und sie willentlich zu verändern. Denn die Fähigkeit, sich von einem Problem zu lösen und von einen emotionalen Problemzustand in einen Reflexionszustand zu wechseln, ist eine wesentliche Voraussetzung für systematisches Lernen aus eigenen Erfahrungen.

Der Coach regt seinen Coachingpartner also an, möglichst regelmäßig über seine Erfahrungen nachzudenken, Erfolge und Mißerfolge zu reflektieren und daraus zu lernen. Zur Eingewöhnung in einen Coachingprozeß empfiehlt es sich, jeden Tag zu fragen:

Fragen, die Sie sich täglich stellen sollten

- Was habe ich heute für die Verwirklichung meiner Ziele unternommen?

- Was hat gut geklappt? (Positive Erfahrungen erinnern, sie vor dem geistigen Auge – wie einen Film – betrachten und

189

die damit verbundenen angenehmen Erfolgsgefühle noch einmal bewußt nacherleben und genießen. Das so erzeugte, kraftvolle Erfolgsgefühl bewußt aufrechterhalten).

- Was hat nicht so gut geklappt? (Negative Erfahrungen aus der Distanz betrachten: Stellen Sie sich vor, Sie wären im Kino und würden weit vorne auf der Leinwand noch einmal das Geschehen ablaufen sehen. Schauen Sie sich alles genau an, damit Sie daraus lernen können.)

- Wie genau habe ich es gemacht, daß dieses nicht gewollte Ergebnis erzielt wurde?

- Was kann ich daraus lernen?

- Wie könnte ich es beim nächsten Mal besser machen? (Möglichst mehr als drei alternative Handlungsstrategien kreieren: Erfinden Sie drei Möglichkeiten, wie sie in einer ähnlichen Situation beim nächsten Mal wirkungsvoller vorgehen können.)

Lernen aus dem eigenen Handeln

Der Coachingpartner, der in dieser Art und Weise seine Erfahrungen auswertet, lernt aus seinem eigenen Handeln und übernimmt Verantwortung für das, was er tut. Der Coach hilft ihm dabei, die einzelnen Lernschritte engagiert, in einem guten emotionalen Zustand und mit Freude zu bewältigen.

Jeder Lernprozeß kann in vier Schritte unterteilt werden

Unbewußte Inkompetenz

Schritt 1: Unbewußte Inkompetenz

Der Verkäufer weiß (noch) nicht, daß ein bestimmtes Verhalten zum Mißerfolg führt.

Beispiel: _____

Der Kunde erklärt nach einem ausführlichen Verkaufsgespräch (bei dem ihm deutlich geworden ist, daß er das angebotene Produkt oder die angebotene Dienstleistung braucht), er wolle sich die Sache noch einmal überlegen und dann den Verkäufer wieder anrufen. Der Verkäufer bedankt sich für das interessante Gespräch und verläßt den Kunden, ohne danach zu fragen, was ihn denn genau dazu bewegt hat, das für ihn vorteilhafte Geschäft jetzt noch nicht abzuschließen und noch einmal über die Sache nachzudenken.

Schritt 2: Bewußte Inkompetenz

In der Selbstreflexion oder im Coachinggespräch erkennt der Verkäufer, daß sein Verhalten für seine Verkaufsabsicht wenig hilfreich war und daß auch der Kunde seine Bedürfnisse nicht befriedigen konnte. Dem Verkäufer wird klar, daß er nicht erfahren hat, welche Einwände sich im Kopf des Kunden gegen den an sich sinnvollen und vorteilhaften Kauf gebildet hatten. Er konnte die Einwände daher auch nicht zerstreuen. Der Kunde hatte nicht mehr angerufen und das Geschäft bei einem anderen Anbieter getätigt.

Bewußte
Inkompetenz

Der Verkäufer erkennt, daß ihm noch Fähigkeiten und Kompetenzen zur wirkungsvollen Gestaltung von Abschlußsituationen fehlen.

Schritt 3: Bewußte Kompetenz

Der Coach zeigt seinem Coachingpartner mehrere sinnvolle Möglichkeiten, wie ein Verkäufer wirkungsvoll in Abschlußsituationen reagieren, die Probleme seines Kunden bearbeiten und seine Ziele positiv fördern kann. Der Verkäufer erkennt diese Möglichkeiten und versucht, sie in den nächsten Abschlußsituationen bewußt einzusetzen. Das gelingt ihm jedoch zunächst nicht so ganz, weil er die erforderlichen Verhaltenssequenzen zwar kennt, sie jedoch noch nicht locker und elegant im Alltag praktizieren kann.

Bewußte und ...

Schritt 4: Unbewußte Kompetenz

... unbewußte Kompetenz

Der Verkäufer läßt sich nicht entmutigen und probiert das neue Verhalten mit zunehmendem Erfolg immer wieder aus, solange, bis er es sicher beherrscht und es ihm sozusagen »in Fleisch und Blut übergegangen« ist. In der Folge ist es für ihn selbstverständlich – ohne nachzudenken – in Abschlußsituationen kompetent und erfolgreich zu agieren. Das neu erlernte Abschlußverhalten ist in das Repertoire seiner unbewußten Fähigkeiten übergegangen.

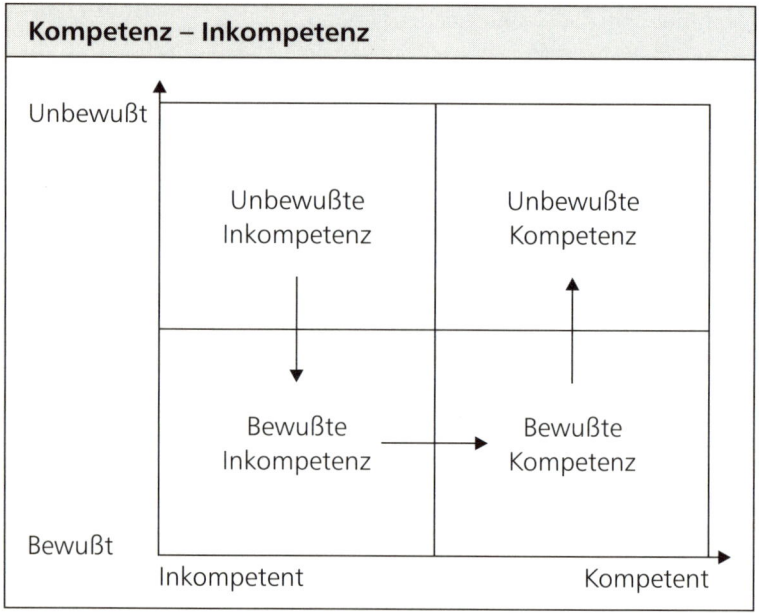

Kompetenz – Inkompetenz

Unbewußt

Unbewußte Inkompetenz

Unbewußte Kompetenz

Bewußte Inkompetenz

Bewußte Kompetenz

Bewußt

Inkompetent

Kompetent

Übergänge emotional oft schmerzhaft

Insbesondere der Übergang von der unbewußten zur bewußten Inkompetenz wird häufig als unangenehm und schmerzhaft erlebt. Aber auch das Erlernen des neuen Verhaltens und die damit verbundene Erfahrung, daß es Schwierigkeiten bereiten kann, neu erlernte Verhaltensweisen in der Alltagspraxis erfolgreich anzuwenden, ist oft mit emotionalen Belastungen verbunden. In beiden Fällen, beim Erkennen und bewußten Annehmen der eigenen Inkompetenz sowie beim geduldigen und beständigen Anwenden und Einüben der neuen Kompetenz, kann ein einfühlsamer und unterstützender Coach sehr hilfreich sein.

Es ist außerordentlich nützlich, wenn Coachingpartner ihre Erfahrungen regelmäßig schriftlich reflektieren. Obwohl wir wissen, daß viele Verkäufer sich mit schriftlichen Berichten schwertun, bestehen wir auf einer schriftlichen Wochenreflexion. Denn gerade ein derartiger Bericht ruft die zu reflektierenden Erfahrungen noch einmal mit besonderer Eindringlichkeit ins Gedächtnis. Die Schriftform ojektiviert das Geschehen und ermöglicht eine sachlich differenzierte Auseinandersetzung. Dies ermöglicht dem Coach, sich optimal auf das Coachinggespräch vorzubereiten.

Schriftliche Reflektion vorteilhaft

Neben den Wochenberichten geben wir unseren Coachingpartnern Fragebögen und Checklisten an die Hand, die helfen, schwierige Verkaufsgespräche, besondere Problemsituationen, aber auch außergewöhnliche Erfolge alleine oder mit einem anderen Verkäufer im »Partnercoaching« zu reflektieren.

Der Coachingprozeß ist im Kern ein Lernprozeß. Lernen aber ist vor allem anderen persönliches Wachstum, Potentialentwicklung und Selbstverwirklichung.

Die »Werkzeugkiste« des Coaching

5

Werkzeuge des Coaching

1. Wie können Sie die verschiedenen Instrumente nutzen?

Jeder Handwerker braucht nicht nur Wissen, sondern auch das geeignete Werkzeug, um seine Arbeit zu tun. Gutes Werkzeug ermöglicht eine gute Arbeit. Wer zudem auf die Bedürfnisse und Erwartungen seiner Kunden eingeht, wird diese auch zufriedenstellen. Gepaart mit der richtigen Einstellung entstehen daraus zufriedene Kunden.

Die Grundhaltung des Coachs ist der »halbe Erfolg«

Genauso ist es mit dem Coach. Seine Grundhaltung, das Wissen um die Beziehungen zu den Verkäufern, die Phasen des Coachings und die Beherrschung geeigneter Instrumente sind der »halbe Erfolg«.

Wir stellen Ihnen in diesem Kapitel praxisbewährte Instrumente des Coaching im Vertrieb vor. Sie sind ein bewährter Teil unseres eigenen Werkzeugkoffers. In unserer Praxis entscheiden wir situationsbezogen, welche Instrumente geeignet erscheinen. Wir wenden nicht alle zugleich an und modifizieren die einzelnen Vorschläge von Fall zu Fall.

Checklisten und Arbeitsblätter direkt einsetzbar

Wir beschreiben jedes Instrument ausführlich für Sie. Sie erhalten Informationen über den Einsatzzweck und die verschiedenen Einsatzmöglichkeiten. Checklisten und Arbeitsblätter unterstützen die Anwendung. Manche Instrumente sind in verschiedenen Phasen nützlich oder leicht modifiziert für die verschiedenen Zwecke der coachenden Führungskraft im Vertrieb geeignet. Sie finden an Ort und Stelle auch hierfür Anregungen.

Übersicht

Die folgende Übersicht listet alle Instrumente auf. Sie weist Sie auf die Einsatzmöglichkeiten in verschiedenen Phasen hin und benennt die Seite, auf der Sie die Anleitung finden.

Instrument	Coachingphase							Seite
	Vorbereitung	Vision	Zielformulierung	Erfolgsstrategie	Ziel- und Zeitplanung	Energiemanagement	Lernen aus Erfahrung	
Die dynamische Potential- und Engpaßanalyse	X	X	X	X	X		X	198-201
Die Klärung des eigenen Standpunktes	X	X					X	201-207
Die Vorbereitung auf das Mitarbeitergespräch	X							207-209
Der Leitfaden für das Mitarbeitergespräch		X	X	X	X	X	X	209-212
Kraft aus der Vision schöpfen		X	X		X		X	213-220
Die Zielformulierung			X			X	X	220-228
Der Handlungsplan					X			233-237
Die Wochenplanung								237-238
Der Wochenreflexionsbericht								241-242
Die Auswertungstreffen								243
Test einer neuen Strategie						X	X	231-232
Widerstände nutzen						X	X	239-240
Sieben Zauberfragen						X	X	240-241
Die Engpaßanalyse				X			X	243-245
Sechs Schritte zu erfolgreichen Handlungsalternativen				X	X	X	X	245-248

Wie sollten Sie vorgehen?

Selbstversuche sinnvoll

Arbeiten Sie zunächst systematisch alle Instrumente durch. Manche werden Ihnen sofort einleuchten. Vielleicht sind Sie in Ihrem Alltag bereits ähnlich vorgegangen. Andere Instrumente müssen Sie erst einmal selber ausprobieren. In der Regel können Sie leicht einen Selbstversuch starten.

Wenn Sie feststellen, daß es plausibel und hilfreich für Ihre Situation ist, wenden Sie das Instrument im Coaching mit Ihren Verkäufern an. Vielleicht stellen Sie an der ein oder anderen Stelle fest, daß es in Ihrem Unternehmen oder für Ihre Situation spezifische Aspekte gibt, die wir noch nicht berücksichtigen konnten. Dann fragen Sie sich, an welchen Stellen Fragen und Hinweise weggelassen und wo Ergänzungen oder Konkretisierungen vorgenommen werden müssen. Nehmen Sie die entsprechenden Veränderungen vor und wenden Sie das Instrument einfach an.

Im Laufe der Zeit werden Sie Erfahrungen machen, die es Ihnen ermöglichen, weitere Anpassungen vorzunehmen und mit anderen Instrumenten zu experimentieren, die Sie zunächst noch nicht gebraucht haben.

Instrumente an Ihre Bedürfnisse anpassen

Nutzen jetzt nur die Dinge, die Ihnen direkt einleuchten und passend erscheinen. Prüfen Sie später, wenn Sie einige Erfahrung haben, ob weitere Instrumente hilfreich erscheinen. So kann diese Arbeitshilfe zu einem kleinen Schatzkästchen werden, das Sie immer wieder zu Rate ziehen.

2. Persönliche Vorbereitung

Die dynamische Potential- und Engpaßanalyse

Das Ziel:

Ziel exakt festlegen

Sie machen sich als Coach klar, welche Ziele Sie mit jedem Ihrer Mitarbeiter verfolgen wollen. Diese Vorarbeit ist wichtig für Sie, damit Sie Ihre Vorhaben und Anliegen im Auge behalten. Die dynamische Potential- und Engpaßanalyse basiert auf dem Wissen, daß jeder Mensch Fähigkeiten hat, die manchmal erst entdeckt werden müssen. Zugleich gibt es für jeden Menschen Engpässe, die die Nutzung der persönlichen Fähigkeiten behindern oder sogar verhindern. Die dynamische Potential- und Engpaßanalyse hilft Potentiale und Engpässe zu erkennen und Handlungswege vorzubereiten.

Die Anleitung:

Nehmen Sie sich eine halbe Stunde Zeit, in der Sie nicht gestört werden. Listen Sie zunächst die besonderen Stärken und Fähigkeiten des Mitarbeiters auf und die Situationen, in denen diese besonders zum Tragen kommen. Listen Sie ebenfalls die Erfahrungen auf, die Ihrem Mitarbeiter hilfreich sein könnten. Es ist besonders wichtig, daß Sie konkret und detailliert formulieren. Schreiben Sie z.B.: »Er kennt das Produkt X gut« statt »Er hat gute Fachkompetenz«.

Konkret und detailreich formulieren

Setzen Sie diese Auflistung mit den Engpässen fort. Was könnte aus Ihrer Sicht der Mitarbeiter gebrauchen, um noch erfolgreicher zu werden? Wo steht er sich selbst immer wieder im Weg?

Im nächsten Schritt formulieren Sie Ihre Zielvorstellung für den Mitarbeiter für die nächsten zwölf Monate. Wo soll er nach dieser Zeit stehen? Was soll er erreicht haben? Was soll sich in dieser Zeit verändert haben?

Sodann überlegen Sie geeignete Maßnahmen, die Sie als Führungskraft ergreifen, um diese Entwicklung in Gang zu setzen und zu gestalten. Abschließend setzen Sie für diese Maßnahmen Prioritäten nach dem A-B-C-Prinzip und legen Termine fest. Die folgende Tabelle hilft Ihnen bei der Durchführung.

Prioritäten nach dem A-B-C-Prinzip

Dynamische Potential- und Engpaßanalyse

Name des Mitarbeiters:	Besondere Stärken, Fähigkeiten, Erfahrungen usw.:	Engpässe (Was braucht er noch, um erfolgreich zu sein?):	Wohin soll er sich in den nächsten 12 Monaten entwickeln?	Welche Maßnahmen werde ich sofort ergreifen? Was werde ich in den nächsten 12 Monaten tun?	Rangfolge: A-B-C	Termin:

Anmerkung:

Vielleicht haben Sie sich gefragt, warum diese Analyse dynamisch genannt wird. Dynamisch steht im Gegensatz zu statisch. Bei der ersten Durchführung enthält sie Ihre persönliche Sicht des Mitarbeiters. Dabei wird meist deutlich, daß Ihnen längst nicht alle Potentiale und Engpässe bekannt sind. Es ergibt sich also die Notwendigkeit, sich in Gesprächen oder durch genaue Beobachtung ein detaillierteres Bild zu machen.

Mitarbeit des Gecoachten im zweiten Durchlauf

In einem zweiten Durchlauf können Sie den Mitarbeiter dazu auffordern, das Formular aus seiner Sicht zu bearbeiten. Nach und nach wird so ein gemeinsames Bild der Ausgangssituation und der Ziele erarbeitet. Die Analyse wird somit immer wieder fortgeschrieben.

Neue Erfahrungen führen zur Nutzung zusätzlicher Potentiale und zur Entdeckung neuer Engpässe. Achten Sie immer darauf, daß Ihre Sicht als Führungskraft nur *eine* der möglichen Sichtweisen ist. Ihre Vorstellungen und Ideen sind erst einmal nur für Sie wichtig.

Schreiben Sie Ihren Mitarbeitern nicht vor, was sie zu tun oder zu lassen haben. Für das weitere Vorgehen besprechen Sie Ihre beiderseitigen Vorstellungen und klären sie gegenseitig ab.

Einsatzmöglichkeiten in anderen Phasen des Coachingprozesses:

Die dynamische Potential- und Engpaßanalyse wird kontinuierlich fortgeführt und weiterentwickelt. Sie kann daher nahezu in allen Coachingphasen wieder hervorgeholt und aktualisiert werden.

Analyse in allen Coachingphasen wiederholbar

Klärung des eigenen Standpunktes

Das Ziel:

Sie erarbeiten eine positive Erwartungshaltung diesem Mitarbeiter gegenüber und schaffen so eine wichtige Voraussetzung für das Gelingen des Coachingprozesses. Die Beziehung zu Mitarbeitern, die den eigenen Erwartungen nicht entsprechen, ist häufig von gegenseitigen Enttäuschungen belastet. Werden Sie sich darüber klar, was Sie genau stört und lassen Sie diese Erkenntnisse in die Entwicklungswünsche für den Mitarbeiter einfließen.

Werden Sie sich klar, was Sie stört

Die Anleitung:

Diese Analyse gliedert sich in vier Phasen mit jeweils fünf Arbeitsschritten.

Fünf Arbeitsschritte

Klärung des eigenen Standpunktes bei Mitarbeitern, die nicht meinen Leistungs- und/oder Verhaltenserwartungen entsprechen:

Wahrnehmungsebene	Negative Aspekte	Positive Aspekte	Mein Entwicklungswunsch
Umwelt, materielle Rahmenbedingungen: Erscheinungsbild, Kleidung, Statur, Gesichtsausdruck, Bewegungen, Gesten, Blick, Händedruck, Geruch usw.			

Wahrnehmungs-ebene	Negative Aspekte	Positive Aspekte	Mein Entwick-lungswunsch
Verhalten: Bitte kennzeichnen Sie die vorherrschende Verhaltensdimension des Mitarbeiters mit einem deutlichen Punkt in einem der vier untenstehenden Felder. Offen Emotional / Rational Verschlossen	Unangenehme Ver-haltensweisen, die mir aufgefallen sind:	Angenehme Verhal-tensweisen, die mir aufgefallen sind:	Verhaltensweisen, die ich mir von dem Mitarbeiter wünsche:

Wahrnehmungs-ebene	Negative Aspekte	Positive Aspekte	Mein Entwick-lungswunsch
Fähigkeiten: Welche Fähigkeiten hat der Mitarbeiter, welche Fähigkeiten fehlen?	Welche von mir als negativ bewerteten Fähigkeiten sind mir aufgefallen?	Welche von mir als positiv bewerteten Fähigkeiten sind mir aufgefallen?	Welche Fähigkeiten wünsche ich mir?

Wahrnehmungs-ebene	Negative Aspekte	Positive Aspekte	Mein Entwick-lungswunsch
Einstellungen, Werte:	Welche negativen Ein-stellungen habe ich bei dem Mitarbeiter wahr-genommen? Welche Einstellungen, Werte und Prinzipien vertritt er, die ich nicht teile?	Welche positiven Ein-stellungen habe ich bei dem Mitarbeiter wahr-genommen? Welche Einstellungen, Werte und Prinzipien vertritt er, die ich teile?	Welche Eistellungen, Werte und Prinzipien wünsche ich mir?

Wahrnehmungs-ebene	Negative Aspekte	Positive Aspekte	Mein Entwick-lungswunsch
Persönlichkeit, Charakter:	Welche negativen und unangenehmen Persön-lichkeitsmerkmale und Charakterzüge habe ich wahrgenommen?	Welche positiven und angenehmen Persön-lichkeitsmerkmale und Charakterzüge habe ich wahrgenommen?	Wie sollte sich der Mitarbeiter weiterentwickeln?

> Was ärgert Sie besonders an den negativen und unangenehmen Aspekten dieses Mitarbeiters? Oder welche anderen Gefühle haben Sie gegenüber diesem Mitarbeiter?

Phase A: Wie nehmen Sie Ihren Mitarbeiter wahr?

Stellen Sie sich Ihren Mitarbeiter vor Ihrem geistigen Auge vor: Dazu benutzen Sie die Kriterien des ersten Blocks der vorangestellten Darstellung.

1. Schritt: Wie bewerten Sie sein äußeres Erscheinungsbild? Wie empfinden Sie seinen Kleidungsstil? Welche Statur hat er usw.? Notieren Sie die Antworten auf die genannten Fragen auf einem gesonderten Blatt Papier, wenn der Platz in den Spalten nicht reicht. Wenn Sie ein möglichst konkretes Bild von ihm haben, wechseln Sie bitte zum Block »Verhalten«.

Welche Aspekte prägen das Bild, das Sie sich von Ihrem Mitarbeiter machen?

2. Schritt: Wie empfinden Sie sein Verhalten? Gibt es Verhaltensweisen, die Ihnen gut gefallen oder nicht gefallen? Empfinden Sie sein Verhalten eher als verschlossen oder eher offen oder umgekehrt? Ist er aus Ihrer Sicht eher rational als emotional – oder umgekehrt? Kennzeichnen Sie Ihre Einschätzung in einem der Felder.

3. Schritt: Erinnern Sie sich, welche Aufgaben er erfüllen soll. Welche Fähigkeiten gehören zu den unterschiedlichen Aufgaben, die er erfüllt? Welche Fähigkeiten hat er schon, welche fehlen ihm für die Aufgaben, die er nicht zufriedenstellend oder überhaupt nicht erfüllt?

4. Schritt: Welche Einstellungen und Werte kennen Sie von Ihrem Mitarbeiter? Was ist ihm wichtig? Welche Prinzipien vertritt er? Ist er eher egoistisch oder eher rücksichtsvoll eingestellt? Ist er eher problem- oder eher lösungsorientiert? Wo engagiert er sich gerne, wo ungern?

5. Schritt: Wie beschreiben Sie seine Persönlichkeit? Hat sie eine klare Struktur oder ist er eher schillernd? Hat er Launen oder ist er eher ausgeglichen? Wer möchte er gerne sein? Wie sollen andere nach Ihrer Meinung über ihn denken?

Phase B: Welche negativen Aspekte nehmen Sie wahr?

Tragen Sie Ihre Notizen in die entsprechenden Blöcke ein.

Wie ausgeprägt sind die negativen Merkmale Ihres Mitarbeiters?

1. Schritt: Negative Aspekte aus dem Bereich der Umwelt und der materiellen Rahmenbedingungen. Achten Sie bei diesem und den folgenden Schritten darauf, daß Sie möglichst genau und detailliert formulieren. Schreiben Sie also nicht z.B.: »Er hat ein schlechtes Erscheinungsbild« sondern: »Er hat hängende Schultern«.

2. Schritt: Beschreiben Sie konkret, welche negativen Verhaltensweisen Ihnen aufgefallen sind. Spricht er eher zu laut als zu leise? Ist er eher distanzlos oder hält er zu viel Distanz? Verhält er sich eher ruppig oder einschmeichelnd?

3. Schritt: Welche seiner Fähigkeiten empfinden Sie negativ? Was kann er gut, behindert sich damit aber? Hat er z.B. eine schnelle Auffassungsgabe und bemerkt nicht, daß der Kunde noch nicht alles verstanden hat?

4. Schritt: Welche negativen Einstellungen haben Sie an ihm wahrgenommen? Gibt es Prinzipien, die Sie nicht teilen? Ist er Ihnen vielleicht zu egoistisch oder zu sozial eingestellt? Wie schätzt er andere Ihrer Meinung nach ein? Wo engagiert er sich aus Ihrer Sicht unpassend?

5. Schritt: Welche negativen und unangenehmen Persönlichkeitsmerkmale haben Sie an Ihm wahrgenommen? Wie möchte er Ihrer Meinung nach von anderen gesehen werden?

Phase C: Welche positiven Aspekte nehmen Sie von ihm wahr?

Notieren Sie Ihre Antworten im dritten Block.

1. Schritt: Was gefällt Ihnen bei näherem Hinsehen an diesem Mitarbeiter? Ist alles negativ oder gibt es doch Einzelheiten, die Ihnen gefallen? Hat er nicht doch einen angenehmen Händedruck, einen guten Geschmack bei der Auswahl seiner Krawatten?

2. Schritt: Welche Verhaltensweisen empfinden Sie als angenehm? Können Sie sich nicht – trotz aller Einschränkungen – beispielsweise auf seine Pünktlichkeit verlassen? Informiert er Sie nicht doch zuverlässig über eingegangene Anrufe während Ihrer Abwesenheit?

3. Schritt: Welche seiner Fähigkeiten bewerten Sie positiv? Schreibt er nicht die besten Protokolle im Team? Sind nicht die letzten erfolgreichen Verkaufsstrategien von ihm angeregt worden?

4. Schritt: Welche positiven Einstellungen haben Sie wahrgenommen? Gefällt Ihnen nicht sein Durchhaltevermögen oder seine Flexibilität bei der Arbeitszeit?

5. Schritt: Welche positiven Persönlichkeitsmerkmale erkennen Sie an ihm? Gefällt Ihnen nicht doch sein soziales Engagement oder sein Teamgeist?

Wie stark sind die positiven Komponenten Ihres Mitarbeiters ausgeprägt?

Phase D: Die Entwicklungswünsche für Ihren Mitarbeiter.

Tragen Sie die konkreten Wünsche, die Sie für die Entwicklung dieses Mitarbeiters haben, in den letzten Block ein.

1. Schritt: Wohin soll er sich im Bereich der Umwelt und der materiellen Rahmenbedingungen entwickeln? Wie soll er z. B. sein Erscheinungsbild ändern?

2. Schritt: Welche anderen Verhaltensweisen wünschen Sie sich? Wie genau soll er was genau zukünftig tun?

3. Schritt: Welche Fähigkeiten soll er entwickeln oder ausbauen?

In welche Richtung sollte sich Ihr Mitarbeiter entwickeln?

205

4. Schritt: Welche Einstellungen soll er zukünftig entwickeln, welche Prinzipien soll er vertreten?

5. Schritt: Welche persönliche Entwicklung wünschen Sie für ihn?

Gibt es noch weitere Aspekte, nach denen bisher nicht gefragt worden ist, die Sie aber besonders an ihm ärgern? Gibt es andere Gefühle, die Sie diesem Mitarbeiter gegenüber haben? Notieren Sie diese in der letzten Zeile.

Auswertung:

Der Nutzen dieser Analyse

Die Einträge der zweiten Spalte geben Ihnen Erkenntnisse darüber, wo Sie im Coachingprozeß mit eigenen negativen Reaktionen auf den Partner rechnen müssen.

Die dritte Spalte macht deutlich, was Ihnen an ihm gefällt. Dieses Potential nutzen Sie, indem Sie Ihre Aufmerksamkeit darauf konzentrieren. Es gelingt Ihnen so, die für den Prozeß notwendige positive Erwartungshaltung aufzubauen.

Die vierte Spalte nutzen Sie, um die Orientierung zu behalten, wenn negative Gefühle gegen dem Coachingpartner Sie am Aufbau einer positiven Erwartungshaltung hindern. Sie erhalten so Ihre Motivation aufrecht.

Anmerkung:

Hat sich Ihre Ansicht über den Gecoachten verändert?

Bei der Bearbeitung dieses Instrumentes ist Ihnen vielleicht aufgefallen, daß sich Ihre Ansicht über den Mitarbeiter verändert hat, als Sie seine positiven Eigenschaften beschrieben haben. Sie haben so weitere Potentiale für die eigene Arbeit als Coach und die Entwicklung des Mitarbeiters erschlossen, die sich auf den Coachingprozeß positiv auswirken werden.

Einsatzmöglichkeiten in anderen Phasen des Coachingprozesses:

Dieses Instrument wird immer dann eingesetzt, wenn der Coach vermutet, daß sein Partner die Erwartungen nicht erfüllt. Außerdem eignet es sich hervorragend für die Beratung in festgefahrenen Teamprozessen, wenn etwa ein Teammitglied in die Rolle des »Sündenbocks« geraten ist.

Die Vorbereitung auf das Mitarbeitergespräch

Das Ziel:

Sie klären Ihre Ziele und Absichten für das Gespräch mit dem Mitarbeiter. Dabei ist es unerheblich, ob Sie es mit einem angestellten oder selbständigen Gesprächspartner zu tun haben. In beiden Fällen ist es wichtig, daß Sie Einigungen herbeiführen, indem Sie ggf. Kompromisse schließen.

In hierarchischen Systemen kann es verlockend sein, Druck auf den Gesprächspartner auszuüben. Dies ist im Coachingprozeß aber nicht angebracht, weil es darum geht, dem Mitarbeiter zu ermöglichen, *seine* Ziele mit wachsender Selbstverantwortung zu erreichen. Optimal wäre es, wenn diese mit Ihrer Erwartung als Führungskraft vollständig übereinstimmen.

Druck ist im Coaching-prozeß nicht angebracht

Das ist jedoch nicht immer der Fall. Orientieren Sie sich in dem Mitarbeitergespräch deshalb an den Zielen Ihres Gesprächspartners.

Anleitung:

Erarbeiten Sie Antworten zu den folgenden Fragen und notieren Sie diese auf einem gesonderten Arbeitsblatt.

Thema: Worüber wollen Sie sprechen? Welchen Zusammenhang mit den Unternehmenszielen hat dieses Thema? Welchen Zusammenhang mit den Aufgaben Ihrer Abteilung oder Ihres Verkaufsgebietes sehen Sie? Welche Zielvorgaben erwachsen daraus für Ihren Mitarbeiter? Welche Verhaltensänderungen für Ihren Mitarbeiter leiten Sie daraus ab?

Fragenkatalog für Mitarbeiter-gespräche

Ziele: Welches Ziel wollen Sie in diesem Gespräch erreichen? Gibt es zusätzliche Ziele? Wie wichtig sind Ihnen diese Ziele?

*Möglichst alle
Eventualitäten
in die Planung
einbeziehen*

Rahmenbedingungen: Wann soll das Gespräch stattfinden? Wo soll es stattfinden? Wie werden Sie sicherstellen, daß Sie nicht gestört werden? Haben Sie alle notwendigen Unterlagen und Daten?

Erwartungen: Welche Erwartungen haben Sie an den Mitarbeiter? Welches konkrete Verhalten soll er zeigen? Was wird der Mitarbeiter vermutlich von Ihnen erwarten? Welche Unterstützung wird er einfordern?

Erfahrungen: Welche Erfahrungen haben Sie bisher mit der Behandlung dieses Themas gemacht? Welche Erfahrungen sind für Sie nützlich? Welche Erfahrungen wollen Sie vermeiden? Wie kann Ihnen das gelingen?

Widerstände: Welche Widerstände haben Sie gegen das Thema? Was können Sie tun, um diese zu minimieren? Welche Widerstände erwarten Sie von Ihrem Partner? Werden Sie diese anerkennen? Welche Alternativen werden Sie ihm anbieten, damit er seine Widerstände aufgeben kann?

Ablauf: Wie werden Sie das Gespräch eröffnen? Welche Fragen werden Sie stellen? Welchen Gesprächsverlauf erwarten Sie? Wo werden Sie besonders zuhören? Wann werden Sie besonders darauf achten, daß Sie die Orientierung behalten?

Ergebnisse: Wie soll genau das Ergebnis aussehen? Was muß unbedingt geschehen, damit Sie mit dem Ergebnis zufrieden sind? Welches wäre das optimale Ergebnis? Was könnte schlimmstenfalls passieren? Wie werden die Ergebnisse dokumentiert werden? Wer wird sie dokumentieren? Wer wird die Einhaltung der Absprachen kontrollieren? In welcher Form ist die Kontrolle beabsichtigt?

Anmerkung:

*Zielorientierung
und Flexibilität*

Sie werden die Durchführung bei dem Detailreichtum dieser Vorbereitungshilfe vielleicht umständlich finden und sich fragen, ob Sie alle Punkte planen können. Eine derart detaillierte Vorbereitung wird Ihnen aber helfen, während des Gespräches Ihre Zielorientierung zu behalten, sich gleichzeitig voll auf Ihren Coachingpartner zu konzentrieren und in schwierigen Gesprächsphasen flexibel zu bleiben.

Einsatzmöglichkeiten in anderen Coachingphasen:

Dieses Instrument verwenden Sie immer, wenn Sie komplexe Themen gliedern und Ihre Ziele definieren möchten. Es ist außerdem für die Vorbereitung von Sitzungen geeignet, bei denen Sie die Erwartungen Ihrer Gesprächspartner nicht genau kennen und sich einen Überblick über Ihre Handlungsalternativen schon im Vorfeld verschaffen möchten.

Handlungsalternativen im voraus planen

Der Leitfaden für das Mitarbeitergespräch

Das Ziel:

Sie erstellen für sich als Coach den Gesprächsleitfaden für das erste Coachinggespräch. Sie verschaffen sich Handlungssicherheit für Ihre neue Rolle und stellen die Voraussetzung für eine offene und fördernde Gesprächsatmosphäre her. Der Leitfaden unterstützt Sie bei der Aufgabe, Engpässe zu erkennen und positiv zu beeinflussen.

Schaffen Sie eine offene Gesprächsatmosphäre

Die Anleitung:

In der Vorbereitung haben Sie die eigene Haltung dem Mitarbeiter gegenüber geklärt und Ihre Gesprächsziele ermittelt. Diese Arbeitsmaterialien stehen Ihnen nun zur Verfügung. Stellen Sie sicher, daß Sie im Verlauf des Mitarbeitergespräches nicht gestört werden und gestalten Sie das Gespräch nun in folgenden Schritten:

Schalten Sie äußere Störungen aus

I. Der Grund für das Gespräch

1. Schritt: Sie verdeutlichen Ihre Sichtweise.

Begrüßen Sie Ihren Mitarbeiter. Erklären Sie, warum Sie dieses Gespräch mit ihm führen.

*Erfolgreiche
Mitarbeiter-
gespräche ...*

Beschreiben Sie die aktuelle Situation aus Ihrer Sicht. Erläutern Sie kurz die aktuellen oder situationsspezifischen Unternehmensziele. Nennen Sie die daraus resultierenden Aufgaben der Abteilung oder für das Gebiet, für das Sie zuständig sind und Ihre Aufgaben. Beschreiben Sie die Erwartungen, die Sie an Ihren Mitarbeiter ableiten.

2. Schritt: Die Sichtweise Ihres Mitarbeiters.

Bitten Sie Ihren Mitarbeiter um seine Sicht der Situation und machen Sie sich Notizen.

3. Schritt: Gemeinsamkeiten feststellen.

Fixieren Sie schriftlich alle bisherigen Gemeinsamkeiten auf einem gesonderten Blatt oder Flip-Chart.

4. Schritt: Unterschiede feststellen.

Sammeln Sie nun die Themen, zu denen Sie beide unterschiedliche Auffassungen haben, auf einem weiteren Blatt oder Flip-Chart.

II. Ihre Beurteilung des Mitarbeiters

*... können
sinnvoller Weise
nur ...*

1. Schritt:

Geben Sie dem Mitarbeiter eine kurze Beurteilung anhand der Ergebnisse der Potential- und Schwächenanalyse.

2. Schritt:

Bitten Sie ihn um eine Selbsteinschätzung. Wo sieht er seine Stärken? Welche Engpässe sind ihm aufgefallen? Hat er schon Lösungsansätze?

3. Schritt:

Stellen Sie die Gemeinsamkeiten fest und fügen diese den vorher gefundenen zu.

4. Schritt:

Unterschiede feststellen: Sammeln Sie die Unterschiede ebenso.

III. Verfahrensweise, um die Unterschiede zu klären

Legen Sie gemeinsam fest, welche Unterschiede Sie heute gemeinsam klären können und welche Sie zurückstellen.

Nachdem Sie nun den Rahmen des Gespräches definiert haben, machen Sie deutlich, daß es für Sie im Coaching darauf ankommt, daß der Mitarbeiter *seine* Ziele verfolgt.

... in vielen kleinen Detailschritten geführt werden

IV. Sinn und Notwendigkeit der Zielerfüllung verdeutlichen

Fragen Sie Ihren Mitarbeiter nun: »Wo wollen Sie eigentlich hin? Welches sind Ihre persönlichen Ziele?« Gliedern Sie diese Ziele dann gemeinsam in Teilziele.

V. Die Vorschläge des Mitarbeiters zur Zielerfüllung sammeln

Befragen Sie Ihren Mitarbeiter nach seinen Ideen, wie er seine Ziele erreichen könnte, würdigen Sie diese Vorschläge und schreiben Sie sie auf.

VI. Anregungen des Coachs

Stellen Sie Anregungen vor, die nützlich sind, um die Vorschläge des Mitarbeiters zu unterstützen. Beschränken Sie sich auf wichtige Aspekte, die er bisher noch nicht genannt hat.

VII. Unterstützungsmöglichkeiten abfragen

Lassen Sie Ihren Mitarbeiter entscheiden, welche Unterstützungen er jetzt annehmen möchte.

VIII. Vereinbarung erkennbarer Handlungsschritte

Vereinbaren Sie Teilziele und einen Zeitrahmen, bis wann diese erreicht sein sollen. Lassen Sie Ihren Gesprächspartner konkrete Handlungsschritte beschreiben, die er zur Erfüllung der Teilziele unternehmen wird.

Vereinbaren Sie Teilziele

IX. Umgang mit ungeklärten Unterschieden verabreden

Erfragen sie konkrete Verfahrensvorschläge für den Umgang mit den ungeklärten Unterschieden. Würdigen Sie seine Vorschläge und nehmen Sie sie auf, wo immer es Ihnen möglich erscheint. Zu den übrigen Themen machen Sie Vorschläge.

Das Reflexions-gespräch

X. Reflexion

Verdeutlichen Sie Ihrem Mitarbeiter, daß Reflexionen ihm bei der Zielerreichung nützlich sind und Ihre Unterstützung wirkungsvoller machen. Führen Sie die Arbeitsmittel (Wochenpläne, Wochenreflexion, regelmäßige Reflexionsgespräche usw.) ein und vereinbaren Sie einen Termin für ein Reflexionsgespräch.

Anmerkung:

Leitfaden an eigene Bedürf-nisse anpassen

Den beschriebenen Leitfaden passen Sie mit zunehmender Praxis eigenen Bedürfnissen an. Das konkrete Gespräch werden Sie eleganter führen, als diese schriftliche Gliederung es verdeutlichen kann. In den Phasen V und VIII widerstehen Sie der Versuchung, dem Mitarbeiter mit eigenen Strategievorschlägen zuvorzukommen oder die Entwicklung eigener Ideen zu unterbrechen. Statt dessen nutzen Sie die Bedenkzeit des Mitarbeiters dazu, Ihre Potentialeinschätzung zu überprüfen: Entwickelt er mehr oder kreativere Vorschläge, als Sie ihm zugetraut haben oder eher weniger? Was heißt das für die Ziele, die Sie definiert haben?

Weiterhin überprüfen Sie in dieser Phase das Engagement Ihres Mitarbeiters. Wenige oder keine eigenen Vorschläge, die über das bisherige Handlungsrepertoire hinausgehen, sind Hinweis auf fehlende Motivation oder Potentiale für die Erreichung anspruchsvoller Ziele.

3. Visionen entwickeln

Unsere Fragen unterstützen den Coachingpartner, seinen eigenen Werten und Zielen auf die Spur zu kommen. Für viele Menschen ist es neu und ungewöhnlich, in der beschriebenen Weise befragt bzw. zu Antworten animiert zu werden.

Vorgehensweise:

Erklären Sie Ihrem Coachingpartner, daß Visionen für die Entwicklung persönlicher Ziele wichtig sind. Vielleicht verwenden Sie ein Beispiel aus dem Coaching im Sport, bei dem die Athleten sich ja auch auf das Gefühl, ein Sieger zu sein, statt auf den Sieg vorbereiten. Kündigen Sie ihm an, daß Sie mit ihm gemeinsam seine Visionen *in fünf Schritten* erarbeiten möchten.

Erklären Sie Ihrem Coachingpartner die Bedeutung von Visionen

Stellen Sie Rahmenbedingungen her, die es Ihrem Coachingpartner und Ihnen erlauben, für mindestens 1½ Stunden ungestört zu sein. Vielleicht besorgen Sie auch einen CD-Spieler und legen eine Platte mit ruhiger Musik ein. Außerdem sollten Sie Ihrem Coachingpartner Schreibmaterial und Papier zur Verfügung stellen.

1. Schritt: Die Zukunft erkennen:

Bitten Sie Ihren Coachingpartner, sich zu entspannen und sich zu den folgenden Fragen schriftlich in Stichworten Notizen zu machen:

»Angenommen, Sie würden in unserer Mannschaft ideale Arbeitsbedingungen vorfinden, optimale Unterstützung genießen und hervorragende Förderung erfahren, zu welchem Verkäufer würden Sie sich dann gerne entwickeln?

Ein Szenario der persönlichen Zukunft

Schauen wir zunächst auf Ihren beruflichen Erfolg:

- Wo würden Sie sich in der Hierarchie des Unternehmens befinden?

- Wieviel Geld würden Sie jährlich netto verdienen?

- Welchen Besitz hätten Sie sich davon geleistet?

- Welchen Lebensstil würden Sie pflegen?

- Wie würden die sozialen Bedingungen aussehen?

Fragen an die Zukunft

Wie wäre es um Ihre Lebensqualität bestellt?

- Wie wären die Beziehungen in der Familie: Zur Partnerin/zum Partner, zu den Kindern?

- Welche Freundschaften würden Sie pflegen? Wer wären Ihre Freunde?

- Wie wäre dann Ihr Gesundheitszustand?

- Welche Hobbys würden Sie in Ihrer Freizeit pflegen?

- Gäbe es Sportarten, die Sie ausüben würden? Wenn ja, welche?

- In welcher Form würden Sie sich entspannen?

- Welche Reisen würden Sie dann unternehmen?

- Welche Persönlichkeit würden Sie sein?

- Über welche Charakterstärken würden Sie verfügen?

- Gäbe es so etwas wie einen Sinn, für den Sie leben würden oder etwas, zu dem Sie sich berufen fühlen würden?

- Wie würden Sie sich selbst am liebsten verwirklichen?

- Gäbe es Aus- oder Weiterbildungen, die Sie absolvieren würden?

Fragen an die Gegenwart

2. Schritt: Wichtiges und Gutes aus der Gegenwart mitnehmen

Bitten Sie Ihren Coachingpartner, sich wieder in die Gegenwart zu versetzen und weitere Fragen auf einem gesonderten Blatt Papier zu beantworten. Weisen Sie darauf hin, daß er seinen Gedanken möglichst freien Lauf lassen darf. Ermuntern Sie ihn, alle Denkverbote, Tabus, Grenzen der Realisierbarkeit oder ähnliches möglichst

214

für diese kurze Zeit loszulassen. Alles, was ihm in dieser Übung in den Sinn kommt, ist gut so und wird aufgeschrieben.

- Was in meiner gegenwärtigen Lebenssituation ist so gut, daß es auch in Zukunft so bleiben sollte?

- Welche Dinge oder Beziehungen sollen so, wie sie sind, bleiben?

- Worauf bin ich stolz?

- Was macht mich glücklich?

3. Schritt: Den Traum wahr werden lassen

Bitten Sie nun Ihren Coachingpartner, sich vorzustellen, daß jeder Punkt auf der Liste bereits Wirklichkeit geworden wäre. Damit er diese Vorstellung gut konkretisieren kann, werden Sie ihn durch Fragen, die sich auf alle Sinnesorgane (Sehen, Hören, Schmecken, Tasten, Riechen) beziehen, anleiten. Bitte stellen Sie sich vor, diese Punkte auf der Liste wären bereits Wirklichkeit. Lassen Sie vor Ihrem geistigen Auge ein Bild entstehen, auf dem Sie sehen, wie es ist, wenn Sie sich einen Wunsch erfüllen.

Alle Sinne in den Coachingprozeß einbeziehen

- Welche Farben sehen Sie?

- Welche Formen sehen Sie?

- Welche Personen sehen Sie?

- Welche Gegenstände sind erkennbar?

- Sehen Sie einen bewegten Film oder ein Standbild?

- Sehen Sie es, als wäre es mit Ihren Augen aufgenommen, oder wirken Sie am Geschehen mit?

- Sie können dieses Bild noch schöner machen. Möchten Sie Formen, Farben oder die Größe verändern? – Solange, bis es Ihnen richtig gut gefällt.

- Vielleicht gibt es ja auch Töne, die Sie hören …, vielleicht eine Musik?

215

- Sind diese eher laut oder leise?

- Sind sie hoch oder tief?

- Monoton oder eher rhythmisch?

- Vielleicht verspüren Sie ja auch einen bestimmten Geschmack?

- Oder Sie riechen etwas?

- Nehmen Sie die Gefühle wahr, die dieses Bild in Ihnen auslöst?

- Wie genau und wo genau spüren Sie diese Gefühle?

Ein gemeinsames Symbol für die Wünsche

Fordern Sie Ihren Coachingpartner auf, alle Wünsche, die er sich erfüllen möchte, noch einmal durchzugehen und dann für die drei attraktivsten ein gemeinsames Symbol zu finden. Dieses Symbol wird ihn zukünftig daran erinnern, welche Zukunft für ihn attraktiv ist.

4. Schritt: Hindernisse zu Chancen machen

Hindernisse ...

In diesem Schritt geht es darum, die Vision »lebbar« zu machen. Dazu soll Ihr Coachingpartner herausfinden, ob es für ihn Hindernisse oder Widerstände gibt, die ihn daran hindern könnten, die bisherige Vision zu verfolgen. Falls es solche gibt, muß ein Weg gefunden werden, wie er damit umgeht; denn die Strategien, dagegen anzukämpfen oder sie zu ignorieren, würden im Coachingprozeß nur zu Störungen führen.

Führen Sie Ihren Coachingpartner mit folgenden Fragen.

- Wer oder was könnte mich daran hindern, dieses Teilziel zu erreichen? Die Hindernisse können vielleicht in Ihrer Umwelt liegen, vielleicht auch im Bereich von Zeit, die Ihnen zur Verfügung steht, den materiellen oder örtlichen Rahmenbedingungen, in die Sie zur Zeit eingebunden sind.

- Gibt es vielleicht Verhaltensweisen oder Gewohnheiten, die Sie aufgeben müßten oder die Sie sonst behindern könnten?

- Wie steht es um die Fähigkeiten, die Sie schon haben? Gibt es vielleicht persönliche Vorlieben, Dinge anzugehen, um die Vision Wirklichkeit werden zu lassen?

- Paßt die Vision zu den Werten und Prinzipien, die Ihnen wichtig sind? Wie würde sich die erreichte Vision auf Ihr Selbstbild auswirken? Paßt sie zu Ihnen?

- Und schließlich: Wer werden Sie sein, wenn Sie die Vision umgesetzt haben? Können Sie es sich gestatten, diese Vision zu leben?

Antworten auf diese Fragen sollten zu jedem Punkt auf einem Extrablatt notiert werden.

Diese Antworten wird Ihr Coachingpartner als Aufzählung von Hindernissen erleben. Als Coach wissen Sie aber, daß diese für Ihren Partner auch eine unterstützende Funktion haben: Die Hindernisse sind gewissermaßen die Kehrseite der Stärken. Ohne diese Hindernisse hätte Ihr Coachingpartner es nicht dahin geschafft, wo er jetzt im Leben steht. Darum gilt es im Coaching, einen positiven Zugang zu Engpässen aufzubauen und sie als Lernchancen zu nutzen. Diesen Zugang können Sie Ihrem Coachingpartner auch vermitteln:

... als zusätzliche Chancen begreifen

Bitten Sie Ihn, sich die Hindernisse noch einmal anzusehen und fordern Sie ihn auf, sich dazu folgende Fragen zu beantworten:

- Was ist das Positive an diesem Hindernis?

- Wie könnte das, was ich hier als hinderlich eingestuft habe, für mich nützlich sein?

- Welche gute Absicht könnte dahinter verborgen sein?

- Was könnte ich daraus lernen?

Nun geht es noch darum, mögliche Ängste zu klären, falls sie bisher erkennbar geworden sind. Dies könnte zum Beispiel durch ein Zögern Ihres Partners an diesem Punkt im Prozeß deutlich werden.

Ängste mit einbeziehen

Befragen Sie Ihren Coachingpartner nach seinen Befürchtungen:

- Was wäre das Schlimmste, was passieren könnte, wenn die Vision wahr werden würde? (Bitten Sie ihn, diese Frage möglichst konkret zu beantworten)

- Wie würden Sie Ihr Leben fortsetzen, wenn dieser schlimmste Fall einträte?

- Gäbe es etwas, was Sie daraus lernen könnten?

- Was würden Sie unternehmen, um diesen schlimmsten Fall zu vermeiden?

5. Schritt: Zusammenfassung

Wunschliste erneut durchgehen

Nun sind Sie fast am Ziel. Ihr Coachingpartner kennt seine Wünsche, weiß, was er schon hat, um sie umzusetzen, hat ein Gefühl dafür entwickelt, wie es sein wird, wenn er die Visionen leben würde und hat sich mit dem Umgang mit Hindernissen vertraut gemacht. Nun geht es darum, die Feinarbeit zu leisten: eine machbare und wünschenswerte Vision zu kreieren.

Bitten Sie Ihren Coachingpartner, die Liste der Wünsche noch einmal durchzugehen. Fragen Sie ihn:

- Was hat sich verändert?

- Welche Wünsche wollen Sie beibehalten?

- Welche Wünsche wollen Sie verändern?

- Welche Wünsche wollen Sie aufgeben?

Nun haben Sie gemeinsam die Vision Ihres Coachingpartners erarbeitet. Ihr Partner kennt jetzt seine Wünsche und weiß, wohin er sich entwickeln will.

Anmerkung:

Persönliche Notizen nicht für den Coach

Sie haben sicherlich erkannt, daß einige Fragen sehr persönlichen Charakter haben. Deshalb sollten Sie vorab klären, wie mit den Antworten verfahren werden soll. Der offene Austausch über alle

Antworten ist nur bei sehr gutem Vertrauensverhältnis empfehlenswert, ansonsten ist es durchaus auch möglich, daß Ihr Partner die Antworten still für sich notiert und die Arbeitsblätter *ausschließlich ihm* als persönliche Arbeitshilfe dienen.

Für den Coachingprozeß ist es wichtig, daß der Coachingpartner seine Visionen kennt. Für Sie als Coach ist es ausreichend, wenn Sie das Symbol kennen, das für diese Visionen steht, damit Sie es bei Bedarf als motivierende Unterstützung im laufenden Prozeß ansprechen können.

Die hier genannten Fragen beziehen sich schwerpunktmäßig auf die berufliche Situation Ihres Coachingpartners. Sie können sie auch ein wenig umformulieren und mit ihm parallel eine Vision für den Privatbereich erarbeiten, wenn Ihr Partner damit einverstanden ist. Das hat den Vorteil, daß Ihr Coachingpartner auf diese Weise alle Bereiche seiner realen Umgebung betrachten und bei Bedarf neu gestalten kann. Außerdem bestehen erhebliche Wechselwirkungen zwischen Berufs- und Privatleben, die Ihr Coachingpartner so mit in Betracht ziehen kann.

Fragen gelten für beruflichen wie privaten Bereich

Wir erleben immer wieder, daß sich aus dieser Strategie gut nutzbare Synergie-Effekte ergeben, die dem Gelingen des Coachingprozesses äußerst zuträglich sind. Zudem wird so die Gefahr vermindert, daß Ihr Coachingpartner während des Prozesses seine Energien so einseitig auf seine berufliche Situation fokussiert, daß in seinem Privatbereich Probleme entstehen, die ihn daran hindern können, seine beruflichen Ziele in der beabsichtigten Weise umzusetzen.

Synergie-Effekte

Einsatzmöglichkeiten in anderen Phasen des Prozesses:

Auf die Erkenntnisse dieser Visionsfindung können Sie immer wieder zurückgreifen, indem Sie Ihren Partner auf das Symbol, das er gewählt hat, ansprechen. Besonders in Situationen, in denen die Motivation sinkt oder alltägliche Störungen die Oberhand zu gewinnen scheinen, können Sie ihn daran erinnern, was er eigentlich will.

Es kann auch sein, daß im Coachingprozeß die Vision noch einmal aufgerufen werden muß, weil sich herausstellt, daß Hindernisse, die vorher nicht gesehen wurden, nun neu aufgetreten sind.

Das kann dann dazu führen, daß Sie Schritt vier und fünf noch einmal anwenden, um die Vision »auf den neuesten Stand« zu bringen.

4. Ziele formulieren

Sie erinnern sich? Ziele, zu denen sich Menschen gerne orientieren, müssen

- positiv formuliert sein,

- konkret erfahrbar sein,

- in den Kontext passen,

- »ökologisch« sein,

- realistisch sein,

- ohne das Zutun anderer erreichbar sein und

- vorab testbar sein

Schauen wir uns genauer an, wie Sie Ihren Coachingpartner zu seiner Zielformulierung führen können:

1. Die positive Zielbestimmung:

Ihr Coachingpartner formuliert eigene Ziele, die er erreichen möchte. Diese Ziele sollen positiv formuliert sein. Er benennt, was er erreichen will und nicht, was er nicht erreichen will. Ein Beispiel: »Ich möchte pro Monat zehn Lebensversicherungen verkaufen« und nicht: »Ich möchte nicht nur Sachgeschäfte abschließen«.

In wissenschaftlichen Untersuchungen wurde herausgefunden, daß unser Unterbewußtsein das Wort »Nicht« nicht versteht. Verneinungen in Zielformulierungen würden also in diesem Fall dazu führen, daß im Unterbewußtsein der Satz: »Ich möchte (...) nur Sachgeschäfte abschließen« gespeichert würde, also das genaue Gegenteil dessen, was eigentlich gewollt ist. Falls Sie schon einmal erfolglos das Rauchen aufgeben wollten, kann es sein, daß es Ihnen nicht gelungen ist, weil das Ziel »nicht mehr rauchen« (also: ... mehr rauchen) nicht positiv formuliert war.

Frage für eine positive Zielbestimmung:

Was genau möchten Sie im gemeinsamen Coachingprozeß gerne erreichen? Achten Sie darauf, daß *nur positive* Ziele genannt werden (Da will ich hin) und keine Vermeidungen (Davon will ich weg).

2. Die sinnlich konkrete Zielbestimmung:

Ein attraktives Ziel zeichnet sich dadurch aus, daß konkret erkennbar ist, wann man es erreicht hat. Dazu muß man wissen, was genau man erreichen will, bis wann man es erreichen will und was sein wird, wenn man das Ziel erreicht hat.

Ziele müssen konkret erkennbar sein

Ein wichtiges Hilfsmittel, diese Kriterien zu erfüllen, liegt darin, daß man sie konkret benennt, statt Vergleiche anzustellen: »Ich will mehr verkaufen als letztes Jahr« wird also konkret hinterfragt: »Mehr wovon? Wieviel genau? Bis wann genau?« Zusätzlich ist es wichtig, daß Ihr Coachingpartner mit allen Sinnen (Sehen, Hören, Riechen, Schmecken, Tasten) definieren kann, wann er am Ziel sein wird. Die Vorstellung, wie man sich fühlen wird, wenn das Ziel erreicht ist, setzt bei attraktiven Zielen starke Motivation frei.

Fragen für eine sinnlich konkrete Zielbestimmung:

Fragen zur Zielbestimmung

- Was genau möchten Sie im Coachingprozeß erreichen?

- Woran genau werden Sie erkennen, daß Sie am Ziel sind?

- Was werden Sie sehen, wenn Sie am Ziel sind?

- Was werden Sie hören, wenn Sie am Ziel sind?

- Was werden Sie schmecken, wenn Sie am Ziel sind?

- Gibt es einen Geruch, der Ihnen signalisiert, daß Sie Ihr Ziel erreicht haben?

- Welches Körpergefühl werden Sie haben, wenn sie am Ziel sind? Wo genau und wie genau werden sie es empfinden?

3. Die kontextbezogene Zielbestimmung:

Ziele kontextbezogen formulieren

Hier geht es darum, genau zu prüfen, was *wie* möglich ist. Genaue Arbeit an diesem Punkt sichert Ihnen später gemeinsame Coachingerfolge. Schauen Sie gemeinsam mit Ihrem Partner dessen Ziel an und lassen Sie ihn möglichst kleine, einfache und aufeinander aufbauende Teilziele formulieren.

Fragen zur kontextbezogenen Zielbestimmung:

- Was genau werden Sie tun?

- In welcher Reihenfolge werden Sie es tun?

- Welche Vorbereitungsschritte sind dazu nötig?

- Wie werden Sie diese erarbeiten?

- Haben Sie alle Informationen, um diese Schritte zu tun? Wenn nein, was werden Sie wie beschaffen?

4. Die »ökologische« Zielformulierung:

Je größer der Spaß, desto größer auch der Erfolg

Unter »ökologisch« verstehen wir in diesem Zusammenhang das Maß der Übereinstimmung unserer Ziele mit uns selbst: Je mehr sie sich mit unseren Vorlieben und Idealen decken, je interessanter wir unsere Ziele finden, desto leichter und erfolgreicher werden wir sie auch erreichen. Sie kennen das vielleicht noch aus eigener Erfahrung aus der Schule: In den Fächern, die Ihnen Spaß gemacht haben, hatten Sie größere Erfolge als in denen, die Ihnen weniger Spaß gemacht haben – obwohl objektiv betrachtet die Arbeitsintensität in Ihren Lieblingsfächern vielleicht sogar geringer war.

Gerade im Vertrieb kommt es darauf an, daß ein hohes Maß an Identifikation und Begeisterung mit dem eigenen Handeln hergestellt wird, weil so Tiefpunkte überwunden und Kunden begeistert werden.

Fragen zur ökologischen Zielformulierung:

- Werde ich die bisher genannten Schritte gerne tun?

- Werde ich mich gut fühlen, wenn ich dieses Ziel erreicht habe?

- Gibt es eine Stimme in mir oder einen Zweifel, den ich bisher noch nicht zugelassen habe?

- Falls ja: Wie genau lautet der Einwand?

- Was könnte die positive Absicht dafür sein?

- Wie könnte hier eine Einigung hergestellt werden, die den Einwand berücksichtigt?

- Erfordern die bisherigen Schritte von mir große Umstellungen meiner Gewohnheiten?

- Falls ja: Welche Gewohnheit genau müßte ich ändern?

- Was daran könnte bleiben?

- Was müßte ich hinzufügen?

- Welche Unterstützung könnte ich mir beschaffen, damit es leichter gelingt?

- Stehen die bisherigen Schritte im Einklang mit meinen Lebensprinzipien und Werten?

- Falls nein: Was genau kann ich tun, um meinem Ziel näher zu kommen?

- Gibt es Handlungen, die ich anders gestalten kann?

- Welches sind die Werte, die den Widerstand erzeugen?

So stellen Sie die »richtigen« Fragen

- Sind die für mich so noch richtig und gut?

- Wie könnte die Alternative lauten?

5. Die realistische Zielformulierung:

Realismus verhindert Enttäuschungen

Hier geht es darum zu überprüfen, ob das anvisierte Ziel Ihres Coachingpartners für ihn konkret erreichbar ist. Zu große Schritte, noch fehlende Fähigkeiten oder eine fehlende sachliche Ausstattung würde zu Enttäuschungen führen, denen Sie an dieser Stelle vorbeugen können.

Fragen zur realistischen Zielformulierung:

- Haben Sie alle Fähigkeiten, die nötig sind, die geplanten Schritte zu tun?

- Welche brauchen Sie noch?

- Wie werden Sie sich die Fähigkeiten, die Sie noch brauchen, aneignen? Wo und bis wann werden Sie diese erwerben?

- Was bedeutet das für die Reihenfolge Ihrer Schritte?

- Sind die zeitlichen Vorstellungen der bisherigen Strategie noch zu halten oder müssen sie verändert werden?

- Wie werden Sie diese dann verändern?

- Haben Sie alle Sachmittel, die nötig sind, um die einzelnen Schritte erfolgreich zu gehen?

Wenn etwas fehlt:

- Wie werden Sie diese Lücke schließen?

- Was müssen Sie noch beschaffen?

- Wie werden Sie es beschaffen?

- Werden Sie es kaufen, leihen oder leasen?

- Ist Ihr Arbeitsplatz dem Ziel entsprechend ausgestattet?

- Werden Sie dort etwas verändern müssen?

- Was wird das sein?

- Bis wann werden Sie das abgeschlossen haben?

- Was bedeutet das für die zeitliche Strategie der Zielerreichung?

6. Die selbst kontrollierbare Zielformulierung:

Hier geht es darum, die Bedingungen, unter denen Ihr Coachingpartner sein Ziel erreichen will, daraufhin durchzuchecken, ob er es auch *alleine* erreichen kann.

Lassen sich die angestrebten Ziele auch alleine erreichen?

In unseren Coachingprogrammen stellen wir manchmal fest, daß unsere Teilnehmer zwar sehr anspruchsvolle Ziele für sich formulieren, aber nicht berücksichtigt haben, daß Sie an einzelnen Punkten von der aktiven und verständnisvollen Mitarbeit anderer abhängig waren. Dann trat unvorbereitet der Fall ein, daß z. B. bei einer bestimmten Entscheidung ein Kollege im Innendienst beteiligt werden mußte, der aber nicht ausreichend informiert war. Im konkreten Fall ging es darum, daß ein Verkäufer einem Kunden Sonderkonditionen angeboten hatte, die er auch mit dem Vorgesetzten abgeklärt hatte. Der zuständige Sachbearbeiter im Innendienst war aber versehentlich nicht informiert worden, entschied anhand seiner Vorgaben abschlägig und teilte dies dem Kunden mit. Nur mit großem zusätzlichen Einsatz, vielen Telefonaten und langen Gesprächen mit dem verärgerten Kunden gelang es, den Auftrag doch noch zustande zu bringen. Solchen Situationen wird in dieser Phase vorgebeugt.

Die Fragen für eine selbst kontrollierbare Zielformulierung:

- Können Sie alle geplanten Schritte selbst erreichen?

- Sind keine anderen Personen beteiligt?

- Falls doch: Was werden Sie tun, um deren OK zu erhalten?

225

- Was können Sie tun, damit Sie freie Hand bekommen?

- Welche Absprachen, gegenseitige Information können Sie treffen?

- Bis wann werden Sie die erforderliche Abstimmung geregelt haben?

- Gibt es zusätzliche Abhängigkeiten, die Sie behindern könnten?

- Wie können Sie diese verändern?

7. Der Test:

Finaler Test zur Zielfindung

Nach dieser gründlichen Vorarbeit können Sie mit Ihrem Coachingpartner überprüfen, ob Sie nun ein attraktives Ziel definiert haben, das er erreichen kann. Die sehr konkrete und engmaschige, an manchen Stellen vielleicht auch desillusionierende Fragetechnik wird sich für Ihren Partner spätestens jetzt als nützlich erweisen, weil alle bisher erkennbaren Hindernisse bearbeitet und alle Möglichkeiten unterstützend wirksam gemacht worden sind.

Anleitung für den Test:

Bitten Sie Ihren Coachingpartner, sich vorzustellen, heute sei der Tag, an dem er sein Ziel erreicht hat:

- Welcher Tag ist heute, an dem wir es feiern, daß Sie am Ziel sind?

- Wo genau sind Sie heute, dem Tag, an dem das Ziel erreicht ist?

- Woran genau erkennen Sie, daß Sie am Ziel sind?

- Was sehen Sie heute am Ziel?

- Was hören Sie heute am Ziel?

- Was schmecken Sie?

- Gibt es einen Geruch, der Ihnen signalisiert, daß Sie Ihr Ziel erreicht haben?

- Welches Körpergefühl haben Sie heute am Ziel? Wo genau und wie genau empfinden Sie es? Bitte erinnern Sie sich daran.

- Wie hatten Sie dieses Ziel genannt?

- Was genau haben Sie für das Erreichen Ihres Zieles getan?

- Wie waren die Rahmenbedingungen, unter denen Sie es geschafft haben?

- Wie haben Sie es geschafft, das Ziel im Einklang mit sich selbst zu erreichen?

- Waren die Schritte, die Sie geplant hatten, realistisch, oder haben Sie noch Änderungen vorgenommen? Wenn ja: Welche waren das?

- Haben Sie alle Schritte selbst kontrollieren können? Gab es zusätzliche Absprachen mit anderen Personen, die vorher nicht einkalkuliert wurden?

- Wenn ja: Welche waren das? Wie haben Sie es erreicht, daß diese Personen Sie unterstützt haben?

- Haben Sie im Prozeß Ihr Ziel umbenannt? Falls ja: Wie heißt das Ziel, das Sie heute erreicht haben?

Anmerkung:

Die Zielformulierung führt über sehr kleine und gründliche Schritte zum Ziel Ihres Coachingpartners. Der dargestellte Prozeß stellt die logische Reihenfolge des Ablaufs dar. Bei der Zielfindung mit Ihrem Coachingpartner werden Sie immer wieder von einer Stufe zu einer früheren Stufe wechseln müssen, um dort Korrekturen vorzunehmen.

Korrekturen durch Rückkehr zu früheren Stufen möglich

Beispiel: _____

Ihr Coachingpartner hat die kontextbezogene Zielformulierung gründlich bearbeitet. Alle beruflichen Kriterien scheinen gut geregelt.

In der selbst kontrollierbaren Zielformulierung stellt er plötzlich fest, daß es auch noch Freunde und Partner gibt, mit denen Absprachen bestehen. Diese Absprachen behindern aber nun die Zielerreichung. Folglich wird ein guter Coach seinen Coachingpartner wieder zur Stufe drei führen und dort die erforderlichen Kontextbedingungen klären, um dann zu Stufe vier zu wechseln, dort die in drei hinzugefügten Schritte überprüfen usw.

Am Ende dieser Phase haben Sie eine gemeinsame Orientierung, wohin Ihr Coachingpartner möchte – und gemeinsam ein wichtiges Vertrauenspotential geschaffen.

5. Erfolgsstrategien entwickeln

Die Erfolgsstrategie

Gute Ergebnisse bei geringem Energieaufwand

Entwickeln Sie nun eine sinnvolle Strategie, damit Ihr Partner mit dem geringstmöglichen Energieaufwand die bestmöglichen Ergebnisse erzielen kann und so im laufenden Prozeß häufig Erfolgserlebnisse hat.

Eine wirksame Erfolgsstrategie ist um so erfolgreicher, je genauer Ihr Coachingpartner sich bewußt wird, wo bisher schon seine Stärken liegen, auf die er aufbauen kann. Diese Stärken ermitteln Sie im ersten Schritt. Anschließend befassen Sie sich mit den Chancen, den Schwächen und den Risiken.

Das Vorgehen:

Fragen zur Arbeitssituation

Bitten Sie Ihren Coachingpartner, ein Arbeitspapier in zwei Spalten zu gliedern und die folgenden Fragen für sich schriftlich zu beantworten.

Die Analyse meiner derzeitigen Arbeitssituation

Was läuft gut und befriedigend?	**Welche Möglichkeiten und Chancen gibt es?**
Arbeitsergebnisse Mit welchen Produkten erziele ich gute und befriedigende Ergebnisse? Woran liegt das? Was sind die Gründe dafür? Welche Produkte verkaufe ich am liebsten?	*Arbeitsergebnisse* Welche Entwicklungs- und Wachstumsmöglichkeiten sehe ich bei welchen Produkten? Was sind bekannte, aber noch nicht genutzte Verkaufschancen?
Kundengruppen Bei welchen Kundengruppen erziele ich gute und befriedigende Ergebnisse? Woran liegt es? Was sind die Gründe dafür? Bei welchen Kundengruppen bereitet mir die Verkaufstätigkeit am meisten Freude? Welche Kunden besuche ich am liebsten?	*Kundengruppen* Bei welchen Kundengruppen sehe ich noch Entwicklungsmöglichkeiten und Chancen? Was sind bekannte, aber noch nicht genutzte Chancen? Wo, bzw. bei welchen Kundengruppen sollte ich systematisch nach neuen Möglichkeiten und Chancen suchen?
Arbeitsprozesse Welche Arbeitsprozesse (z. B. Neukundenakquisition, telefonische Terminvereinbarung, Arbeitsplanung und -organisation, Werbekampagnen, Verkaufsgespräche usw.) laufen gut und befriedigend? Woran liegt das? Was sind die Gründe dafür? Welche Arbeiten erledige ich besonders gern?	*Arbeitsprozesse* Bei welchen Arbeitsprozessen (z. B. Neukundenakquisition, telefonische Terminvereinbarung, Arbeitsplanung und -organisation, Werbekampagnen, Verkaufsgespräche usw.) sehe ich Verbesserungsmöglichkeiten und Chancen? Was sind bekannte, aber noch nicht genutzte Chancen? Wo, bzw. bei welchen Arbeitsprozessen sollte ich systematisch nach Verbesserungsmöglichkeiten suchen?

Was läuft weniger gut und eher unbefriedigend?	Welche ungünstigen oder bedrohlichen Entwicklungen kommen auf mich zu?
Arbeitsergebnisse Mit welchen Produkten erziele ich gute und befriedigende Ergebnisse? Woran liegt das? Was sind die Gründe dafür? Wo liegen Fehler, Unzulänglichkeiten, Schwierigkeiten, Schwachstellen? Welche Produkte verkaufe ich ungern?	*Arbeitsergebnisse* Welche ungünstigen Entwicklungen sehe ich bei welchen Produkten? In welchem Zeitraum und in welcher Form sind diese Entwicklungen zu erwarten? Was passiert, wenn nichts passiert?
Kundengruppen Bei welchen Kundengruppen erziele ich unbefriedigende Ergebnisse? Woran liegt das? Was sind die Gründe dafür? Wo liegen Fehler, Unzulänglichkeiten, Schwierigkeiten, Schwachstellen? Bei welchen Kundengruppen fühle ich mich unwohl? Welche Kunden besuche ich ungern?	*Kundengruppen* Bei welchen Kundengruppen sehe ich ungünstige oder bedrohliche Entwicklungen? In welchem Zeitraum und in welcher Form sind diese Entwicklungen zu erwarten? Was passiert, wenn nichts passiert?
Arbeitsprozesse Welche Arbeitsprozesse (z. B. Neukundenakquisition, telefonische Terminvereinbarung, Arbeitsplanung und -organisation, Werbekampagnen, Verkaufsgespräche usw.) laufen weniger gut und unbefriedigend? Woran liegt das? Was sind die Gründe dafür? Wo liegen Fehler, Unzulänglichkeiten, Schwierigkeiten, Schwachstellen? Welche Arbeiten erledige ich nur ungern?	*Arbeitsprozesse* Bei welchen Arbeitsprozessen (z. B. Neukundenakquisition, telefonische Terminvereinbarung, Arbeitsplanung und -organisation, Werbekampagnen, Verkaufsgespräche usw.) sehe ich ungünstige oder bedrohliche Entwicklungen? In welchem Zeitraum und in welcher Form sind diese Entwicklungen zu erwarten? Was passiert, wenn nichts passiert?

Die Beantwortung dieser Fragen eröffnet einen deutlichen Blick in das konkrete Arbeitsfeld des Verkäufers und läßt bereits in Ansätzen erkennen, was getan werden muß, um vorhandene Chancen zu nutzen und Risiken zu minimieren. Gemeinsam mit dem Coach bewertet der Verkäufer seine Situation und legt fest, in welchen Bereichen, bei welchen Kunden und in welchen Produktsparten er sich besonders engagieren will und wo sein Engagement die größtmöglichen Erfolgschancen hat.

Nach der Analyse Festlegung zukünftiger Engagements

Anmerkung:

Sie haben nun eine breite Palette an Möglichkeiten, an denen Ihr Coachingpartner mit strategischen Veränderungen ansetzen kann. Ziel ist es, vorhandene Chancen zu nutzen, Risiken zu minimieren und Erfolge aufzubauen. Dies tun Sie mit dem Handlungsplan.

Test einer neuen Strategie

Setzen Sie diese Arbeitshilfe ein, nachdem sie gemeinsam einen Handlungsplan zur Erreichung erster Ziele erarbeitet haben.

Das Ziel:

Sie überprüfen, ob die besprochene Strategie zu der Persönlichkeit Ihres Mitarbeiters paßt und er sie schlüssig und damit auch erfolgreich umsetzen kann.

Paßt die festgelegte Strategie zu Ihrem Mitarbeiter?

Die Anleitung:

Lassen Sie Ihren Mitarbeiter die folgenden Fragen schriftlich beantworten. Fordern Sie ihn auf, sich vorzustellen, er würde bereits mit dem neuen Handlungsplan arbeiten. Fragen Sie ihn: »*Was genau würden Sie tun? Wie genau würden Sie das machen?*« Lassen Sie ihn dann die folgenden Fragen beantworten:

- Was wird geschehen, wenn Sie die neue Strategie anwenden?
- Mit welchen Veränderungen rechnen Sie?

- Welche positiven Aspekte sind zu erwarten?

- Welche negativen Aspekte sind zu erwarten?

- Wie könnten Sie diesen begegnen?

- Was wird geschehen, wenn Sie die neue Strategie nicht einsetzen?

- Was wird so bleiben, wie es war?

- Welche Befürchtungen könnten wahr werden?

- Welche positiven Aspekte sind zu erwarten?

- Was wird nicht geschehen, wenn Sie die neue Strategie anwenden?

- Welche positiven Aspekte würden verhindert?

- Welche Befürchtungen werden nicht eintreten?

- Was wird nicht geschehen, wenn Sie die neue Strategie nicht anwenden?

- Welche Befürchtungen würden nicht wahr werden?

- Welche Ziele könnten Sie nicht erreichen?

Anmerkung:

Umsetzungs-erfahrungen vorwegnehmen

Da dieser Test vor der konkreten Handlung erfolgt, ist er ein effizientes Mittel, mit Hilfe der Phantasie reale Umsetzungserfahrungen vorwegzunehmen. Er überprüft die Wirksamkeit der Strategie schon im Vorfeld der Umsetzung und minimiert so Enttäuschungen in der Praxis.

Einsatzmöglichkeiten in anderen Phasen:

Sie lassen diesen Test zu einem festen Bestandteil Ihrer Reflexionsgespräche werden und versetzen Ihren Mitarbeiter so in die Lage, seine Handlungspläne eigenständig zu überprüfen.

6. Ziel- und Zeitplanung

Der Handlungsplan

Vorbemerkung:

Bisher haben Sie mit Ihrem Coachingpartner seine Ziele erarbeitet und die Bereiche identifiziert, in denen Veränderungen Erfolge versprechen. Bei der Erstellung des Handlungsplanes kommt es nun darauf an, die Ziele in realistische und möglichst konkrete Teilziele zu gliedern und diesen Zielen dann konkrete Handlungsbeschreibungen zuzuordnen. Hier kommt Ihnen als Coach eine wichtige Funktion zu, in der Sie Ihre Erfahrungen als Praktiker einfließen lassen können. Denn besonders junge und noch unerfahrene Coachingpartner neigen dazu, sich zu große Aufgaben auf einmal zuzumuten, die dann nicht vollständig umgesetzt werden können und so zu Enttäuschungen führen.

Auch der Weg zum Handlungsplan gliedert sich in mehrere Schritte:

Die Prioritäten für berufliche und private Ziele:

Wir machen Sie jetzt mit einem Formular bekannt, mit dessen Hilfe ihr Coachingpartner seine individuellen Ziele benennen und ihnen dann jeweilige Prioritäten zuordnen kann:

Erstellen Sie den Handlungsplan gemeinsam mit Ihrem Coachingpartner

Meine beruflichen Ziele im Coachingprozeß:

Ziel	Priorität A-B-C	Termin
1.		
2.		
3.		
4.		
5.		
6.		
7.		
8.		
9.		
10.		

Ihr Vorgehen:

1. Schritt:

Einzelschritte nach der A-B-C-Methode

Bitten Sie Ihren Coachingpartner, anhand der ermittelten Ziele diejenigen zu formulieren, die ihm besonders wichtig sind und fordern Sie ihn auf, diese in das Formular einzutragen.

2. Schritt:

Nun fordern Sie ihn auf, die Liste noch einmal durchzugehen und in der Spalte für A-B-C erste Prioritäten nach folgendem Muster zu kennzeichnen:

A für die Ziele, die für ihn eine hohen Wert haben

B für die Ziele, die für ihn einen mittleren Wert haben

C für die Ziele, die für ihn einen niedrigen Wert haben.

Es kann jeweils eine beliebige Anzahl von A-, B-, oder C-Zielen sein.

3. Schritt:

Bitten Sie Ihren Coachingpartner nun, sich zunächst den A-Zielen zuzuwenden und zu entscheiden, welches A-Ziel für ihn das wichtigste ist. Dieses soll er dann in der zweiten Spalte »Priorität« mit einer 1 kennzeichnen, das nächste mit 2 usw.

Mit den B- und C-Zielen kann Ihr Coachingpartner ebenso verfahren.

Wenn Sie auch die private Zielsetzung gemeinsam erarbeitet haben, verwenden Sie das folgende Formular und verfahren ebenso.

Meine privaten Ziele im Coachingprozeß:

Ziel	Priorität A-B-C	Termin
1.		
2.		
3.		
4.		
5.		
6.		
7.		
8.		
9.		
10.		

Aus den Prioritäten lassen sich nun die kurz- mittel- und langfristigen Ziele gemeinsam ermitteln.

4. Schritt

Ermuntern Sie Ihren Coachingpartner nun, aus den Ansatzmöglichkeiten, die er aus der Analyse seiner Arbeitssituation entwickelt hat, diejenigen auszuwählen, die zu seinen Zielen passen, und sie in die folgende Liste einzutragen.

Fragen Sie: Welche Stärken und Chancen helfen Ihnen, Ihre Ziele zu verwirklichen?

Handlungsplan für meine wichtigsten beruflichen Ziele:

Aktivitäten	Priorität		Erledigt bis:
1.			
2.			
3.			
4.			
5.			
6.			
7.			
8.			
9.			
10.			
11.			
12.			
13.			
14.			
15.			
16.			
17.			
18.			
19.			
20.			

Auch die Handlungsmöglichkeiten werden dann nach dem oben beschriebenen Muster erst mit A, B, C und dann mit 1, 2 usw. priorisiert. Jetzt haben Sie eine Übersicht über die Aufgaben, die sich Ihr Coachingpartner selbst gestellt hat. Legen Sie nun gemeinsam fest, *bis wann* er die einzelnen Handlungsschritte erledigt haben will.

Termin für Handlungsschritte festlegen

5. Schritt: Absprachen bis zum nächsten Coachingtreffen

- Verabreden Sie einen Termin, an dem Sie sich zum Coaching wieder treffen wollen.

- Sinnvoll ist es, jetzt Absprachen zu treffen:

  - wie Sie in der Zwischenzeit in Kontakt bleiben,

  - in welcher Form Sie bei Bedarf Unterstützung anbieten,

  - wie Ihr Partner bei auftretenden Schwierigkeiten in der Praxis handeln kann.

Der Wochenplan

Es ist sinnvoll, die Coachinggespräche im Abstand von drei bis vier Wochen fortzuführen. Zunächst ist es vielleicht für den Coachingpartner noch schwierig, alleine die Orientierung zu behalten. Wir bieten ihm deshalb einen schriftlichen Wochenplan und wöchentliche Reflexionen an, die er seinem Coach übermittelt. Beide bleiben in regelmäßigem Kontakt, damit der Coach weiß, wie es seinem Coachingpartner gerade geht und zu welchen Themen er vielleicht Unterstützung anbieten kann. Der Coachingpartner wird so angeregt, sein Handeln wöchentlich zu reflektieren. Er lernt aus eigenen Erfahrungen und kann bei Bedarf früh genug gegensteuern.

Schriftlicher Wochenplan und wöchentliche Reflexionen

Ihre konkrete Vereinbarung muß sich an den jeweiligen Rahmenbedingungen orientieren. Zu dem wöchentlichen Informationsaustausch bieten wir Ihnen folgende Vorschläge an:

Mein Wochenplan für die Woche von … bis …

Bitte jede Woche an den Coach weiterleiten!

Was ist mir wichtig in dieser Woche? Mein Wochenmotto:			

Meine wichtigsten Ziele für diese Woche	Diese konkreten Schritte werde ich tun, um meine Ziele zu erreichen:	Was darf nicht (mehr) passieren?	Was werde ich konkret dafür tun, daß das nicht (mehr) passiert?

Den Wochenplan füllt der Coachingpartner zu Beginn jeder Woche aus und übermittelt ihn an seinen Coach, der darauf bei Bedarf mit nützlichen Tips oder Hinweisen antwortet. Als Coach sollten Sie darauf achten, daß die Ziele und Schritte möglichst konkret benannt sind.

Wochenplan wichtiges Signal für Coach

Achten Sie darauf, daß Ihr Coachingpartner seine Wochenziele nach den Kriterien der oben beschriebenen positiven Zielbestimmung formuliert. Wenn Sie nicht genau wissen, was Ihr Coachingpartner meint, fragen Sie zurück. Dies kann ein Hinweis darauf sein, daß Ihr Partner sich selbst nicht genau im klaren ist, was er wirklich will. Klare Ziele und Absichten lassen sich auch klar vermitteln.

7. Positives Energiemanagement

Widerstände nutzen

In vielen Coachingprozessen tauchen Widerstände unterschiedlicher Art auf, die zunächst unüberbrückbar scheinen. Auch beim Kunden begegnen dem Verkäufer Einwände oder Vorwände. Ähnlich wie bei der Einwandbehandlung im Verkaufsgespräch nutzen wir hier die »Als-Ob-Strategie«: Was wäre, wenn dieser Einwand ausgeräumt werden könnte?

Widerstände und Ängste akzeptieren

Das Ziel:

Sie nutzen Widerstände zur Klärung der Situation, entwickeln erfolgsfördernde Lösungen und erhöhen die Identifikation Ihres Mitarbeiters mit dem Prozeß.

Anleitung:

1. Schritt: Widerstände und Ängste akzeptieren

Ihr Mitarbeiter trägt den Grund für seinen Widerstand vor. Befragen Sie ihn nach seinen Ängsten und Befürchtungen. Akzeptieren Sie die Sichtweise Ihres Gesprächspartners, würdigen Sie diese und nehmen Sie sie als begründet hin.

2. Schritt: Die Struktur der Widerstände erkunden

Fragen Sie Ihren Mitarbeiter: »Angenommen, wir können Ihren Einwand ausräumen, würden Sie sich dann aktiv an dem geplanten Prozeß beteiligen?« Stimmt Ihnen Ihr Coachingpartner zu, gehen Sie zu Schritt vier. Andernfalls arbeiten Sie die zusätzlichen Hindernisse gemeinsam heraus.

Einwände nicht ausreden wollen

3. Schritt: Die gute Absicht erkennen

Würdigen Sie die Einwände und versuchen Sie nicht, sie Ihrem Mitarbeiter auszureden. Bearbeiten Sie die Einwände einzeln nacheinander, indem Sie sich fragen: Was ist das Interessante und Wichtige an diesem Einwand? Wovor bewahrt er Sie?

4. Schritt: Lösungen suchen

Befragen Sie Ihren Mitarbeiter nach seinen Vorschlägen: Was würden Sie empfehlen, damit es uns gelingt, den Vorteil dieses Einwandes zu nutzen und gleichzeitig unser Ziel zu erreichen?

5. Schritt Lösungen vereinbaren:

Integrieren Sie die gefundenen Lösungen in die Strategie. Entwickeln Sie Handlungsschritte und terminieren Sie diese.

Anmerkung:

Widerstände werden letztlich zum Instrument für Verkaufsgespräche

Sie wandeln auf diesem Weg Widerstände in wichtige Ressourcen um und erhöhen den Wert Ihrer Reflexionsgespräche für den Mitarbeiter erheblich. Ihr Mitarbeiter erfährt zugleich ein wichtiges Instrument für das Verkaufsgespräch, um Kunden zu Entscheidungen zu verhelfen.

Sieben Zauberfragen

Das Ziel:

Sie lösen Blockaden in Problemsituationen und gewinnen Zugang zu weiteren Ressourcen.

Die Anleitung:

Fragen Sie in Problemsituationen:

- Was könnte das Gute an dieser Situation sein?
- Wovor will mich dieses Problem bewahren?
- Mit welcher guten Absicht habe ich mich verhalten?
- Was wollte ich Gutes bewirken?

240

- Wozu könnte mein Verhalten nützlich gewesen sein, obwohl es nicht zu meinem Ziel geführt hat?

- Wie könnte ich von diesem Verhalten anders profitieren?

- Für wen könnte die Situation so, wie sie jetzt ist, vorteilhaft sein?

- Was kann ich daraus lernen? Für welches Ziel eignet sich mein bisheriges Verhalten?

- Was will ich verändern, damit ich mein ursprüngliches Ziel besser erreiche?

Anmerkung:

Der Erfolg dieser Strategie ist von der Wahl des richtigen Zeitpunktes abhängig: Nachdem ein Problem aufgetreten ist, muß der Betroffene sich erst einmal »Luft machen« und ist für diese Fragen nicht offen. Danach aber sind sie eine Unterstützung, um sich erneut auf das Ziel zu orientieren.

Der richtige Zeitpunkt entscheidet

8. Reflexion – Lernen aus Erfahrung

Der Wochenreflexionsbericht

Dieses Formular bildet den Wochenabschluß Ihres Coachingpartners. Hier kann er reflektieren, was er für die Verwirklichung seiner Ziele getan hat, ob er alle seine Vorhaben umsetzen konnte und welche Erfolge erzielt werden konnten. Die dritte Spalte auszufüllen löst gelegentlich bei den Coachingpartnern Widerstände aus, weil niemand gerne seine Mißerfolge veröffentlicht. Hier sind Ihre Geduld, Ihr Verständnis und Ihre Konsequenz gefragt. Wir werden nicht müde zu betonen, daß wir Mißerfolge als sehr ergiebige Lernchancen verstehen, die Hinweise darauf geben, was zukünftig zu verbessern ist.

Ein sinnvoller Abschluß für Ihre Coachingpartner

Fragen zu Engpässen

Fragen Sie zurück, wenn Engpässe genannt werden:

- Was könnte das Gute an diesem Engpaß sein? Wovor schützt er Sie?

- Wozu könnte er nützlich sein?

- Was könnten Sie tun, um daraus eine Chance zu machen?

- Welches Ziel könnten Sie daraus ableiten?

- Wie könnten Sie das für Ihre Strategie nutzen?

Die Bewältigung dieser Klippe fällt vielleicht leichter, wenn Sie die Auswertung dieser Spalte und die Beantwortung der Frage, was Ihr Coachingpartner daraus gelernt hat, in der ersten Zeit zum Thema des wöchentlichen Austausches machen.

Während Sie zunächst noch gezielt auffordern müssen, dies zu tun, werden Sie schnell erleben, wie Ihr Partner zu einem Mißerfolg neue Handlungsmöglichkeiten ganz alleine entwickelt.

Muster eines Wochen- reflexions- berichtes

Wochenreflexionsbericht für die Woche von … bis …

Anzahl der Kundenbesuche: …

Bitte jede Woche an den Coach weitergeben!

Was habe ich in dieser Woche für die Verwirklichung meiner Ziele unternommen?	Was hat in dieser Woche gut geklappt? (Angenehme Erfahrungen erinnern und nachfühlen)	Was hat nicht so gut geklappt?	Was habe ich daraus gelernt?

Die Auswertungstreffen

Zu den gemeinsamen Folgeterminen empfehlen wir Ihnen, ein Ritual zu entwickeln, das sich bei jedem Treffen wiederholt. Zu Beginn fragen Sie Ihren Coachingpartner:

■ Was hat in der Zeit seit dem letzten Treffen gut geklappt?

■ Was hat weniger gut geklappt?

■ Welche Themen möchten Sie heute ansprechen?

Sie sichern mit diesen Fragen, daß die Elemente der Wochenreflexionen beibehalten werden und Ihr Coachingpartner sie leicht verinnerlichen kann. Außerdem übergeben Sie Ihrem Partner einen Teil der Mitverantwortung für die Inhalte Ihrer gemeinsamen Gespräche, wodurch Sie seine Selbstverantwortung stärken. So erfährt er, daß es um seinen Erfolg geht, den *nicht Sie* in den Gesprächen für ihn gestalten, sondern *den er* mit Ihrer Unterstützung selbst gestaltet.

Ihre Coachinggespräche münden jeweils wieder in Handlungspläne für die Zeit bis zum nächsten Treffen.

Die Engpaß-Analyse

Das Ziel:

Der Coachingpartner analysiert seinen aktuellen Engpaß in Eigenarbeit und entwickelt Lösungswege.

Die Anleitung:

Listen Sie Ihre Antworten zu folgenden Fragen stichwortartig auf:

■ Was genau klappt momentan nicht so, wie Sie es sich wünschen? Versuchen Sie, das Problem so genau wie möglich zu benennen.

■ Woran liegt das?

Regelmäßige Auswertungstreffen vereinbaren

Engpaß in Eigenarbeit analysieren

243

Fragenkatalog
zu Engpässen

- Welche Ursachen fallen Ihnen spontan ein?

- Woran könnte es sonst noch liegen?

- Was genau tun Sie, damit es *nicht* klappt?

- Wie gelingt es Ihnen, sich so zu verhalten, daß Sie den Erfolg *nicht* erreichen?

- Gibt es Hindernissse in Ihrer Umwelt, Ihren Rahmenbedingungen, in Ihrem Verhalten: Tun Sie etwas, was Sie am Erfolg hindert?

- Liegen Hindernisse in Ihren Fähigkeiten: Können Sie etwas nicht, um das Ziel zu erreichen?

- Liegt es an Ihren Einstellungen und Prinzipien? Hindert Sie Ihre Haltung am Erfolg? Können oder wollen Sie nicht »über Ihren Schatten springen«?

- Behindert Sie Ihr Selbstbild oder Ihre Persönlichkeit: Müßten Sie jemand anderes sein, wenn Sie dieses Ziel erreichen wollen?

- Was genau brauchen Sie, um Ihren Engpaß/das Hindernis zu überwinden? (Sind es zusätzliche Informationen? Weitere Fähigkeiten?)

- Welche Hilfen könnten Sie sich von Ihrem Coach holen?

- Was genau sollte das sein?

- Was werden Sie unternehmen, um sich die zusätzlichen Möglichkeiten zu erschließen, die Sie für die Überwindung Ihres Engpasses benötigen?

- Was werden Sie sich selber erarbeiten?

- Wen werden Sie um Unterstützung bitten?

- Bis wann werden Sie alle Ressourcen beisammen haben, um diesen Engpaß zu überwinden?

Anmerkung:

Dieses Instrument stellen Sie Ihrem Coachingpartner schon früh im Coachingprozeß vor und verwenden es regelmäßig in den Reflexionssitzungen. Sie unterstützen damit seine Selbstverantwortung, Problemlösungskompetenz und die positive Einstellung zu Engpässen.

Sechs Schritte zu erfolgreichen Handlungsalternativen

Das Ziel:

Sie fördern die Selbstverantwortung Ihres Mitarbeiters durch die Anleitung zu selbständiger Zielfindung und zur Entwicklung geeigneter Verhaltensweisen und bieten eine Methode an, neues Verhalten zur Gewohnheit werden zu lassen.

Endziel: Selbst-verantwortung

Die Anleitung:

1. Schritt: Setzen Sie sich klare und eindeutige Ziele.

- Was genau wollen Sie erreichen?

- Wie genau soll das angestrebte Ziel aussehen? (Zielklarheit)

- Was ist Ihnen bei der Zielerreichung wichtig? Warum wollen Sie genau dieses Ziel verwirklichen? (Zielbegründung)

- Was hat Sie bisher daran gehindert, dieses Ziel zu erreichen? (Hinderungsgründe)

2. Schritt: Entwickeln Sie neue Verhaltensmuster.

- Welches neue Verhalten wird Ihnen für die Zielerreichung nützlich sein?

- Was davon können Sie schon?

- Was werden Sie hinzulernen?

245

3. Schritt: Bauen Sie eine starke Motivation auf.

Die Hin-zu-Motivation

Die Hin-Zu-Motivation (Der angestrebte Lustgewinn):

- Welche Vorteile und Annehmlichkeiten sind für Sie mit dem Erreichen Ihres Zieles verbunden?

- Was werden Sie gelernt haben?

- Wie wird sich der Erfolg auf Ihr Einkommen auswirken?

- Wie wird sich Ihr Ansehen verbessern?

Die Weg-von-Motivation

Die Weg-Von-Motivation (Unlust vermeiden):

- Welche Nachteile und Unannehmlichkeiten wären für Sie damit verbunden, wenn alles so bleiben würde wie bisher und Sie das Ziel nicht erreichen würden?

- Worauf müßten Sie verzichten?

4. Schritt: Analyse der gewohnten Verhaltensweisen.

A. Die Detailanalyse:

- Was genau tun Sie, wenn Sie sich nach dem alten Muster verhalten?

- Aus welchen Einzelschritten besteht das alte Verhaltensprogramm?

- Was denken Sie?

- Welche inneren Dialoge nehmen Sie wahr?

- Welche inneren Bilder sehen Sie?

- Welche Gefühle kommen auf?

Sekundäre Gewinne

B. Die sekundären Gewinne erkennen:

- Welche »heimlichen« Vorteile hatte das alte Verhalten bisher für Sie?

- Welcher Lustgewinn war damit für Sie verbunden?

- Konnten Sie so Konflikte vermeiden?

- Konnten Sie so besser aus der zweiten Reihe agieren? Hatten Sie weniger Verantwortung zu tragen?

- Hatten Sie mehr Freiräume?

C. Eine innere »Umleitung« einbauen:

- An welchen Stellen wollen Sie die alten Verhaltensmuster unterbrechen und neue ausprobieren?

- Wo können Sie bequem anfangen?

- Wo verspricht das neue Verhalten besonderen Erfolg?

Die »innere Umleitung«

5. Schritt: Durch das neue Programm alte Sehnsüchte verwirklichen.

A. Der neue Weg muß genußvoller sein als der alte:

Die Bedürfnisse, die Sie bisher mit dem alten Verhalten befriedigt haben, müssen auch mit dem neuen (besser?) befriedigt werden.

B. Orientieren Sie sich an Vorbildern:

- Kennen Sie Menschen, die das von Ihnen angestrebte Verhalten schon praktizieren?

- Beobachten Sie diese genau: Wie bewegen sie sich? Welche Mimik zeigen sie? Wie schauen sie? Wie sprechen sie?

Wenn Sie mögen, fragen Sie diese Menschen, wie sie es geschafft haben, dieses Verhalten zu zeigen, warum sie es tun, welche Vorteile und angenehmen Empfindungen sie dadurch haben.

Schlüpfen Sie innerlich in die Rolle Ihrer Vorbilder. Lassen Sie einen »inneren Film« ablaufen, in dem Sie das neue Verhalten detailliert mit allen Sinnen erleben.

Übernehmen Sie die Rollen Ihrer Vorbilder

6. Schritt: Üben Sie Ihre neuen Gewohnheiten und belohnen Sie sich immer wieder dafür.

Durch häufiges Üben wird neues Verhalten zur Gewohnheit, und Sie profitieren dauerhaft davon.

Anmerkung:

Dieses Instrument baut auf Erfahrungen der ersten Phasen des Coachingprozesses auf. Es eignet sich daher für Coachingpartner, die die Phasen Visions- und Zielfindung bereits erlebt und Erfahrungen mit Handlungsplänen erworben haben.

Das SECO®- System

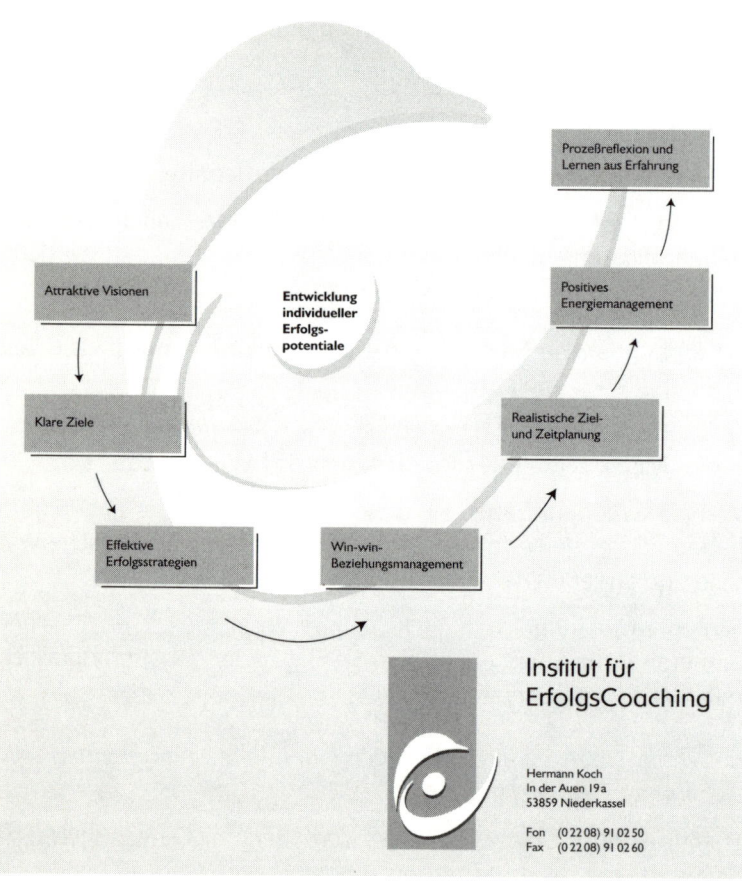

So erreichen Sie uns:

Literaturempfehlungen

Mit dieser Zusammenstellung wollen wir auf einige Veröffentlichungen hinweisen, die wir guten Herzens empfehlen.

Baumgärtner, Irene u.a.; *OE-Prozesse*, Haupt Verlag, Bern

Bleicher, Knut, *Das Konzept »Integriertes Management«*, Campus Verlag, Frankfurt

Doppler, Klaus und Lauterberg, Christoph; *Change Management*, Campus Verlag, Frankfurt

Goleman, Daniel; *Emotionale Intelligenz*, dtv-Taschenbuch, München

Hamann, Angelika und Huber, Johann H.; *Coaching. Der Vorgesetzte als Trainer*, Rosenberger Fachverlag, Leonberg

Koch, Hermann; *Der Delphin-Verkäufer*, Metropolitan Verlag, Düsseldorf

Lynch, Dudley und Cordis, Paul; *Delphin Strategien*, Paidia Verlag, Fulda

Pakoßnick, Kurt-H.; *Vernetztes Verkaufen*, Gabler Verlag, Wiesbaden

Peters, Tom, *Der Wow! Effekt. 200 Ideen für herausragende Erfolge*, Campus Verlag, Frankfurt

Richardson, Linda, *Sales Coachin. Making the Great Leap From Sales Manager to Sales Coach*, Verlag McGraw-Hill, New York

Robbins, Anthony, *Das Power Prinzip*, Rentrop Verlag, Bonn

Schreyögg, Astrid, *Coaching. Eine Einführung für Praxis und Ausbildung*, Campus Verlag, Frankfurt

Schulz von Thun, Friedemann; *Miteinander reden 1: Störungen und Klärungen*, Rowohlt Taschenbuch, Reinbek

Schulz von Thun, Friedemann; *Miteinander reden 2: Stile, Werte und Persönlichkeitsentwicklung*, Rowohlt Taschenbuch, Reinbek

Sprenger, Reinhard; *Die Entscheidung liegt bei Dir. Wege aus der alltäglichen Unzufriedenheit*, Campus Verlag, Frankfurt

Sprenger, Reinhard, *Das Prinzip Selbstverantwortung*, Campus Verlag, Frankfurt

Ulrich, Hans und Probst, Gilbert, *Anleitung zum ganzheitlichen Denken und Handeln. Ein Brevier für Führungskräfte*, Haupt Verlag, Bern

Whiteley, Richard und Hessan, Diane; *Wachstumsmotor Kunde*, Moderne Industrie Verlag, Landsberg/Lech.

Stichwortverzeichnis